両親に贈りたい旅

GUIDE BOOK FOR TRAVELLING WITH PARENTS

編集：A-Works

26選

雄大な大自然へ。

はじめに

この本は、世界中に溢れる素敵な旅先から、
「両親に贈りたい旅」を集めたガイドブックだ。

海外旅行は初めて…
英語はまったくわかんないし…
飛行機の乗り換えは難しくて不安…
海外旅行って、高いんでしょ…
という家族やお年寄りの方でも、
安心して楽しめるであろう海外旅行先を、
26箇所、厳選してみた。

退職祝い、還暦、結婚記念日…などの記念に、
お世話になったお父さん、お母さんへ、感謝を込めて。
「夢の旅」をプレゼントしてみてはどうだろう？

両親と一緒に旅をして、最高の思い出を作る。
そんな、親孝行トリップはいかが？

「ありがとう」の気持ちと一緒に、
笑顔の溢れる、幸せな旅へ。

HAVE A HAPPY FAMILY TRIP!

A-Works 代表　高橋歩

Invitation

CONTENTS 目次

GUIDE BOOK FOR TRAVELLING WITH PARENTS

China

01

『自然を感じる旅』

**大小100もの湖泉滝が創り出した奇跡の色彩！
中国の山脈奥地に佇む秘境、九寨溝(きゅうさいこう)へ。**

 中国 P32
China

Tahiti 02

『自然を感じる旅』
一生に一度は泊まりたいタヒチの水上コテージ。
煌めく海に囲まれて過ごす、南国の旅。

 タヒチ P42
Tahiti

England 03

『文化にふれる旅』
はちみつ色に輝く、世界一美しい村へ。
コッツウォルズと湖水地方を巡り、イギリスの故郷に出逢う旅。

 英国 P52
England

France

04

『文化にふれる旅』
華の都パリを散策し、西洋の驚異モン・サン・ミッシェルを訪ねる、憧れのフランス旅。

 フランス P62
France

Hawaii

05

『船で巡る旅』
**アロハ・スピリットが満ち溢れる楽園へ。
ハワイ4島をまるごと満喫する、極楽クルーズ。**

 ハワイ P72
Hawaii

Egypt

06

『遺跡を望む旅』
一度は訪れたい、古代文明発祥の地！ 悠久の歴史を語る巨大遺跡群と、母なる大河ナイルをゆく、エジプト縦断の旅。

 エジプト P82
Egypt

Vietnam

07

『自然を感じる旅』
**降龍伝説の地、ハロン湾へ。
山水画のような神秘の別世界を親子で堪能！**

ベトナム P92
Vietnam

Taiwan 08

『文化にふれる旅』

**アジアの美食に舌鼓を打ち、レトロな町並みや美しき湖畔を歩く。
麗しの島、台湾をゆく快適&グルメトリップ。**

 台湾 P102
Taiwan

Canada 09

『自然を感じる旅』

**カナダの大パノラマを親子でドライブ！
息を呑む自然美の宝庫、カナディアンロッキーへ。**

 カナダ P112
Canada

Asia
10

『船で巡る旅』
**シンガポールの巨大船型空中パークで
空と融合&快適クルーズで巡る南国アジア旅行！**

アジア....P122
Asia

Australia
11

『自然を感じる旅』
**オーストラリアの大地も海も制覇！ 世界最大級の一枚岩エアーズ
ロック&世界最大の珊瑚礁グレートバリアリーフへ。**

 オーストラリア....P132
Australia

Cambodia

12

『遺跡を望む旅』

ジャングルから目覚めた偉大なる王都。
アジアの至宝、アンコール遺跡群を巡る旅！

 カンボジア P142
Cambodia

South Africa

13

『自然を感じる旅』

世界屈指の野生の王国＆驚異の大瀑布。
地球の鼓動を感じる南部アフリカへ！

 南アフリカ P152
South Africa

Korea 14

『文化にふれる旅』
世界遺産、本場韓国料理、エステも！
最も身近な海外、韓国を満喫する3泊4日の旅！

 韓国 P162
Korea

Canada 15

『自然を感じる旅』
カナダの至宝「ナイアガラの滝」、「オーロラ」。
地球＆宇宙からの贈り物に出逢う旅。

 カナダ P172
Canada

Italy 16

『文化にふれる旅』

アモーレ＝愛に溢れる、太陽の国イタリアへ。
美しき永遠の都ローマで、のんびり親子の休日を。

 イタリア P182
Italy

Thailand 17

『遺跡を望む旅』

壮大な歴史が眠る、美しき遺跡アユタヤへ！
活気に満ちた首都＆栄華を伝える古都を訪れるタイの旅！

 タイ P192
Thailand

New Zealand 18

『自然を感じる旅』
**南半球の楽園ニュージーランドへ！
地球が育んだ芸術作品の宝庫を巡る親子ドライブ！**

ニュージーランド P202
New Zealand

Turkey 19

『自然を感じる旅』
**世界最大の奇岩群カッパドキア、
文明の十字路イスタンブールを巡る、エキゾチックトルコ旅！**

トルコ P212
Turkey

China

20

『遺跡を望む旅』
世界最大の建築物、万里の長城を歩く。
数多の歴史を抱く、悠久の都「北京」へ。

 中国 P222
China

Indonesia

21

『自然を感じる旅』
究極のプライベート空間に満ちる自由の風。
ヴィラを丸ごと貸し切り、神々の島バリに暮らす。

 インドネシア P232
Indonesia

22

USA

『自然を感じる旅』
動く家「キャンピングカー」に乗って大地を駆け抜ける。
美しき荒野に出逢うアメリカンドライブ！

🇺🇸 米国 P242
USA

23

Asia

『列車で巡る旅』
豪華列車イースタン＆オリエンタル・エクスプレスで、
マレー半島を縦断！ 美しき東洋の風景に出逢う旅。

アジア P252
Asia

Nepal

24

『自然を感じる旅』

大迫力のヒマラヤ山脈に抱かれ過ごす天空トレッキング。
世界最高峰、エベレストを望む旅！

 ネパール P262
Nepal

Japan

25

『自然を感じる旅』

紀元前より続く、神秘の息吹。
生命力みなぎる世界遺産の島、屋久島へ！

日本 P272
Japan

Around the world 26

『船で巡る旅』
**地球を舞台にした最大スケールの親孝行へ！
幾多もの感動に出逢う、憧れの世界一周クルーズ！**

世界一周 P282
Around the world

素敵な旅作りの為のヒント集
....P292

両親に贈りたい旅

TABI-GUIDE SERIES:5
presented by A-Works

TRIP: 01

国名: **中国**
CHINA
5泊6日　時差: -1時間

- ■旅の快適度　★★★★☆
- ■アクセスの良さ　★★★☆☆
- ■歩く時間の短さ　★★☆☆☆
- ■物価の安さ　★★★★☆

① 日本語ガイドが同行するので、言語の心配が不要
② 現地の食事が、日本人の口にも合いやすい
③ 比較的飛行機での移動時間が短い

フライト時間: ✈6時間45分（成田～成都）▶1時間（成都～九寨溝）

TRIP:01　自然を感じる旅

大小100もの湖泉滝が創り出した奇跡の色彩！
中国の山脈奥地に佇む秘境、九寨溝へ。
（きゅうさいこう）

　世界一の人口を誇る中国。国土も世界第3位と、とてつもなく広大で、絶景スポットも無数にある。しかし、それらの中でも我が目を疑うほどの風景と言えば…九寨溝だ。多くの人々に知られるようになったのも実は最近の話。1970年代に森林伐採をしていた労働者によって偶然発見され、TVなどで特集されたことから一躍有名になった。奇跡とも言える輝きを放ち続ける大小100以上もの湖、泉、滝の光景。これらは、山脈の合間にあるY字の峡谷にあり、山の湧き水によって創られたもの。その水は透明度が非常に高く、数メートルもの湖の底に沈んでいる木の木目でさえハッキリと見ることができるほど。加えて、コバルトブルー、エメラルドグリーン、黄色…などいくつもの鮮やかな色が湖を彩り、その神秘さから「童話世界」、「人間仙境」とも呼ばれているほどだ。それぞれの湖沼まではバスを使うこともあるが、基本はハイキング。辺りを囲むのは高山植物と凛とした空気。清々しい気持ちで、奇跡の湖沼を親子で巡る旅へ。

初日は成都で宿泊し、翌日に九寨溝へ！

DAY 1▶2

九寨溝へ行くには、まず成田から成都へと飛ぶ。この日は成都で1泊し、翌日、国内線で九寨黄龍空港へ。ここから車で2時間ほど揺られると、九寨溝が目前に現れる。午後から九寨溝を歩くことが可能だ。この日は九寨溝で一番大きい長海、美しいコバルトブルーの五彩池、湖面に映った景色が本物と見分けがつかない犀牛海、森が湖面に映り虎の毛皮のように見える老虎海、豪快に水しぶきをあげる樹正瀑布、棚田状に湖が連なる樹正群海、もともとこの土地に住んでいるチベット族の村のひとつ樹正寨民族村などを巡る。夕方にはホテルに戻り、明日からのハイキングに向けてゆっくり休もう。

長海
| SPOT:01 | DAY 1-2 |

渓谷の最深部にある九寨溝最大の湖。湖の淵からそそり立つような4,000m級の山々、静かな湖面、深い群青色に心が少しずつほぐれていく。階段を下れば、湖面近くまで行くことができる。

チェック!!

五彩池
| SPOT:02 | DAY 1-2 |

色彩の鮮やかさは一番とも言われるこの池の色は、目の覚めるようなエメラルドグリーン。さらに約6mの底まではっきり見えるほどの抜群の透明度。鉱物を含んだ水が、太陽の光で神秘的な色に変わる。

チェック!!

スケジュール Schedule

- **1日目** （午後）✈ 成田発〜成都着
  - （夜）🏨 ホテルチェックイン［成都のホテル泊］
- **2日目** （午前）✈ 成都発〜九寨黄龍空港着、専用車で九寨溝へ
  - （午後）🚶 九寨溝ハイキング
  - 🏨 ホテルチェックイン［九寨溝のホテル泊］

もうひとつの谷も、ハイキング！

DAY 3

3日目は終日九寨溝でハイキング！ ゆっくりと家族のペースで歩こう。まずは、鏡海（きょうかい）。魚が空を泳ぎ、鳥が水中を飛んでいるように見える湖だ。そして、木々の間を流れる清流を眺め、爽やかなせせらぎを聞きながら歩みを進めていくと、滝壺になだれ込む水量が豪快な珍珠灘瀑布（ちんじゅなだ）が現れる。息を呑むほどの大迫力だ。ビジターセンターで昼食を済ませたら、五花海をはじめとした美しい湖沼や滝を満喫していく。夜は、疲れた身体に染み渡る、さっぱりした九寨溝名物きのこ鍋に舌鼓を。

鏡海（きょうかい） | SPOT:01 | DAY 3
チェック!!

この旅では、特に美しく見える朝一に行けるのが嬉しい。風がなければ、まさに鏡のように周りの風景を映す。湖面を覗くと、鱗のない珍しい魚がたくさん泳いでいるのが見える。

五花海（ごかかい） | SPOT:2 | DAY 3
チェック!!

真っ青な湖底に生えた水草が、幻想的な世界を創り出している。あまりの透明度で、水没林が浮き上がり、手が届いてしまうように見えるほど。水の色が五色に輝くので、五花海と呼ばれる。

スケジュール / Schedule　3日目　終日　九寨溝ハイキング［九寨溝のホテル泊］

EXAMPLE ITINERARY ✈ CHINA

黄龍とチベット族の村を訪問！

DAY 4▶6

4日目はチベット族が暮らす村の見学と、世界遺産に登録されている景勝地、黄龍へ。九寨溝とはまた違った絶景を眺めながら、五彩池まで1時間半かけてゆっくりハイキング。めくるめく絶景が堪能できる。翌日は午前中に成都に戻り、午後からパンダ繁殖研究基地で可愛いパンダを観賞。夜はホテルで疲れを癒しながら、本場四川の麻婆豆腐を堪能しよう。6日目は、中国の大いなる自然の不思議を思いながら帰路につく。

チベット村　　SPOT:01　DAY 4-6

チベット民族は、チベット自治区だけでなく、四川省、青海省、甘粛省、雲南省などにも暮らしている。カラフルな旗や、家々の壁画、鮮やかな刺繍のエプロンをした女性も、チベット文化特有のものだ。彼らの生活の様子を垣間見てみよう。

黄龍 -こうりゅう-　　SPOT:02　DAY 4-6

不思議な地形は、カルスト地形という石灰岩が侵食されて出来たもの。美しい段丘や層もさることながら、水の色は場所によって黄色、緑色、青色、茶色と様々に変化して見えて、とても素晴らしい。晴天時は日光の角度で金色に輝くことも。

成都パンダ繁殖研究基地　　SPOT:03　DAY 4-6

中国国内の稀少野生動物を保護する目的で作られた施設。広い施設内には博物館もあり、自然に近い環境でパンダが生活している。ここは「51（ウーイー）世界で一番小さくうまれたパンダ」という映画の主人公となったパンダもいる。

スケジュール Schedule

- **4日目** 午前　黄龍到着後、チベット族の村を見学
  - 午後　黄龍ハイキング
  - ホテルチェックイン［黄龍のホテル泊］
- **5日目** 午前　国内線にて九寨溝〜成都
  - 午後　成都パンダ繁殖研究基地を見学
  - ホテルチェックイン［成都のホテル泊］
- **6日目** 午前　成都発〜成田着

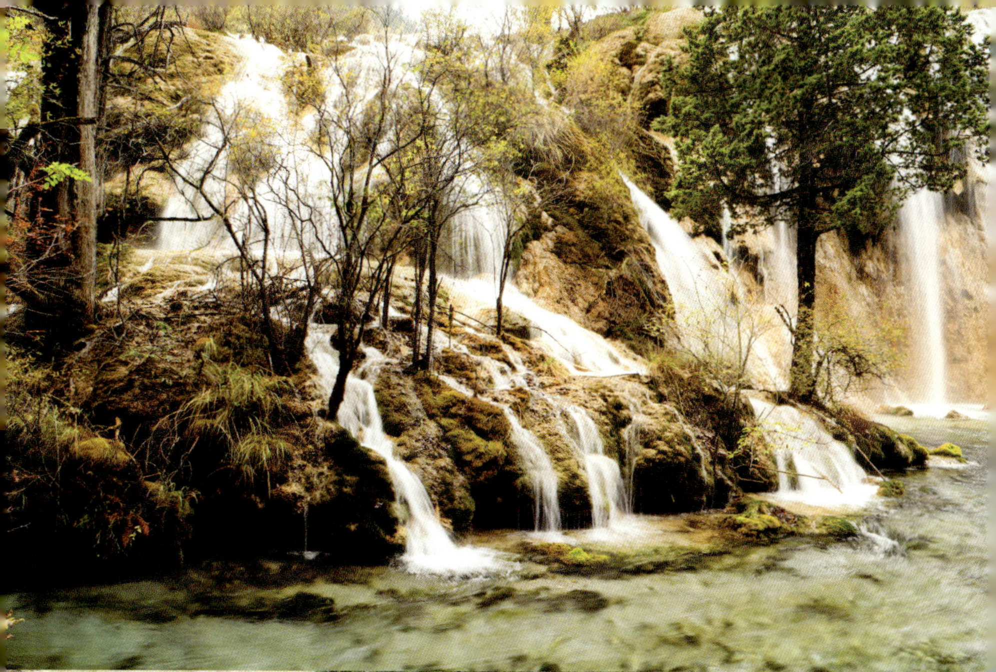
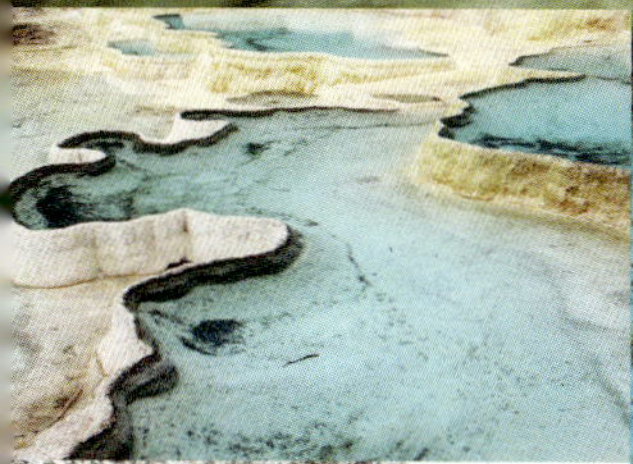
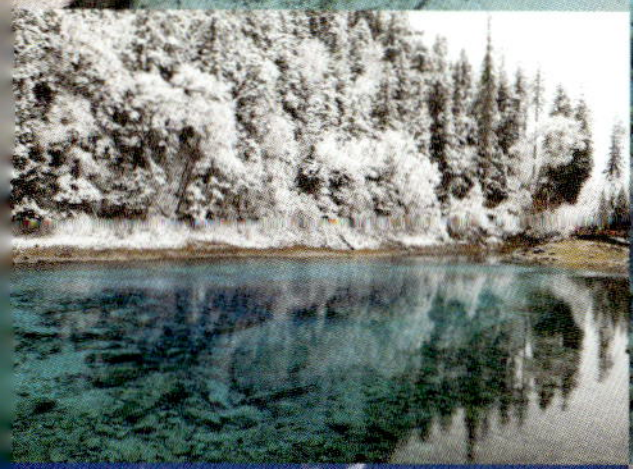
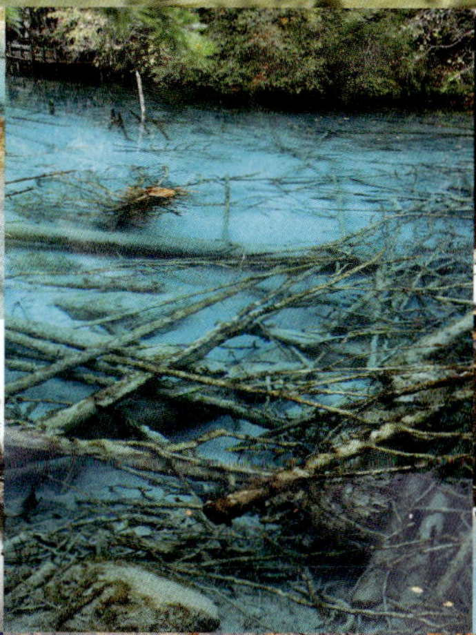
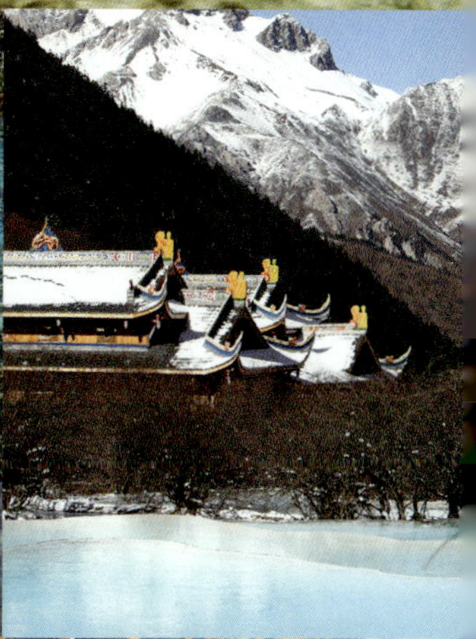
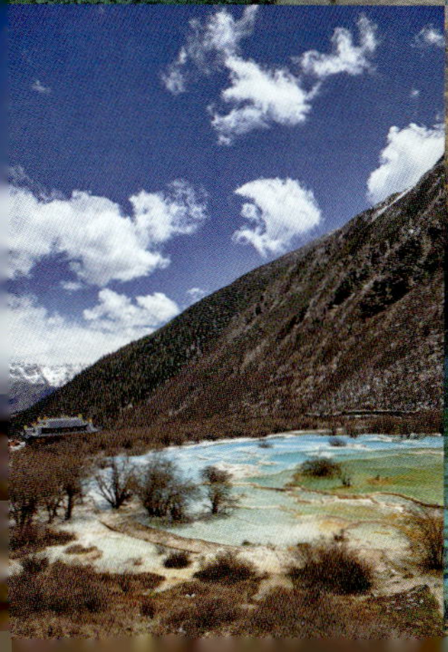
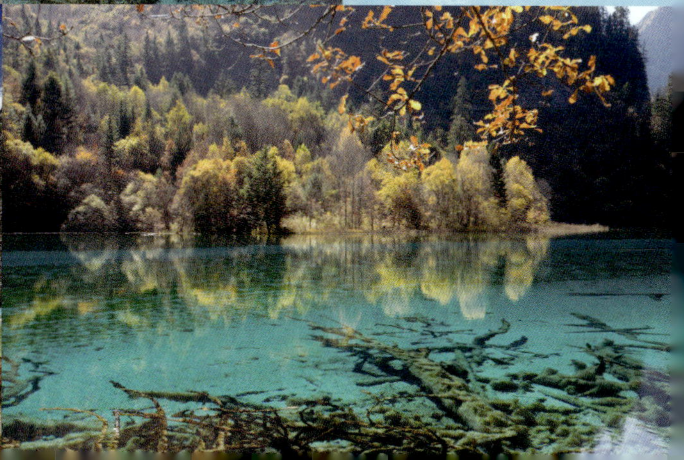

travel information:

旅の予算 / Budget

大人1名分の総予算　21万円～

総予算内訳

現地予算　21万円～
※現地予算は本書オススメスケジュールのパッケージ料金目安
飛行機代、ホテル代（2人部屋利用時の1名分料金）、食事（朝5回、昼4回、夕4回）、現地日本語ガイド含む、燃油サーチャージ、一部食費含まず

親子旅にオススメのホテル / Recommended hotel

九寨溝のホテルは下記がオススメ。成都や黄龍は、旅行会社に予算や条件を伝え、相談して決めよう。

Sheraton Jiuzhaigou Resort（シェラトン九寨溝リゾート）
▶ www.sheraton.com/jiuzhaigou
深い山の中に建つ、一流ホテル"シェラトン"。チベット風のインテリアで、独創的な雰囲気が漂っている。インターネット環境も整っているし、チベット民族舞踏劇も観賞できるのが嬉しい。食事はビュッフェスタイルが中心で、日本食もある。

時差 / Time difference

「-1時間」　日本より1時間遅れ。成都が正午の時、日本は午後1時。

飛行機に関して / About the flight

成田～成都は、直行便で**約6時間45分**。成都～九寨溝は国内線で**約1時間**。成田～成都、成都～九寨溝共に、毎日多くの航空会社が運行している。オススメは往復共に運行している全日空の直行便。中国国内線は中国系航空会社となる。

旅のシーズン / Best Season

九寨溝は一年中観光が可能。紅葉で景色が賑わう9～10月が観光のピークを迎えるが、氷雪を装う12～2月、高山植物が咲き乱れる6～8月、水量が増える8～9月といったように季節によって様々な表情を見ることができる。しかし黄龍は、真冬になると凍結してしまい、観光不可となってしまうので注意が必要だ。

この旅の問い合わせ先 / Arranging the trip

[日中平和観光]　▶ www.nicchu.co.jp
50年もの歴史を持ち、日中の友好に貢献し続けてきた中国専門の旅行会社。経験豊富で、文化や歴史、経済など中国の最新情報にも詳しく、安心で安全な旅を提供している。本書で紹介したパッケージも日中平和観光が提供しているもの。

01: 中国

この旅のヒント
Hints for the trip

- ハイライトとなる九寨溝や黄龍は歩いて見学する為、個人旅行はあまりオススメできない。本書で紹介したようなパッケージの旅行に参加するのが得策だろう。その場合、現地で日本語ガイドが同行することになるので、言語の心配も不要。安心して楽しめる。
- 黄龍などの高地では高山病の恐れがあるため、睡眠を十分とり、水分・栄養補給、アルコール・タバコを控えるなど体調を整えておこう。
- 日本の高地と同様、朝夕の寒暖差が大きい。夏でも長袖シャツ、薄手のセーター、フリースなどを用意しておくといい。

+α 周辺情報
One more trip

寛窄巷子（かんさくこうし）
| ONE MORE TRIP | SPOT:01

四川省成都の300年前の町並みを残す歴史文化保護区。建物はそのまま観光地となり最先端のレストランや茶館、土産屋などが軒を連ねている。のんびり町歩きしたい人にオススメのスポット。

峨眉山、楽山大仏（がびさん、らくさんだいぶつ）
| ONE MORE TRIP | SPOT:02

世界文化遺産と自然遺産に登録されている。90年をかけて崖を削り作られた大仏は、高さが71m、頭部の長さは14.7mと近代以前では世界最大。苔むした体や何とも言えない表情は、一見の価値あり。成都からバスに乗って1時間半ほどで行くことができる。

川劇（せんげき）
| ONE MORE TRIP | SPOT:03

仮面の早変え（変面）で有名な伝統芸能。中国の古い物語を題材にした演目に、火噴きや打楽器の演奏なども加わる。変面の仕掛けは先祖代々伝わる秘伝の技で、国家機密とも言われている。その素晴らしい技を劇場で見てみよう。

海上の楽園へ
～Heaven on the Sea～

TRIP: 02	国名：**タヒチ**	
	🇵🇫 **TAHITI**	
	6泊8日	時差：-19時間

- ■旅の快適度　★★★★☆
- ■アクセスの良さ　★★★☆☆
- ■歩く時間の短さ　★★★★★
- ■物価の安さ　★☆☆☆☆

①直行便で行くことができる
②旅行会社が現地にあるので、安心して旅ができる
③現地での移動時には日本語のアシスタントの手配が可能

フライト時間：✈11時間10分（成田～パペーテ）▶45分（パペーテ～ボラボラ）

TRIP:02　自然を感じる旅

一生に一度は泊まりたいタヒチの水上コテージ。
煌めく海に囲まれて過ごす、南国の旅。

偉大なる画家ポール・ゴーギャンが愛した島、エメラルドグリーンの海、輝く白砂のビーチ、南国の楽園…様々な表情を持つ仏領ポリネシア、タヒチ。南太平洋に点在する118の島々から構成されている地域だ。

多種多様なアクティビティや観光名所が多くある中でも、一生に一度は体験したいのが、憧れの水上コテージでの滞在。中でもオススメなのが、空の玄関口タヒチ島のパペーテからわずか45分で行ける「太平洋の真珠」と称されるボラボラ島の水上コテージだ。タヒチ屈指の透明度を誇る海に囲まれた世界は、群を抜いて美しい。室内の床に設置されたガラス板からは、いつでも煌めく水中を覗くことができ、窓枠によって縁取られた景色は、まるで絵画のよう。目前に迫るボラボラ島のシンボル、オテマヌ山を望むのも楽しみのひとつだ。

のんびり泳いだり、シュノーケルしたり、読書したり、うたた寝したり…。そんな極楽のような時間を、家族と共に。南国に浮かぶ、極上のロケーションを満喫しよう。

煌めく海に囲まれた水上コテージ
憧れの南国生活を家族と共に

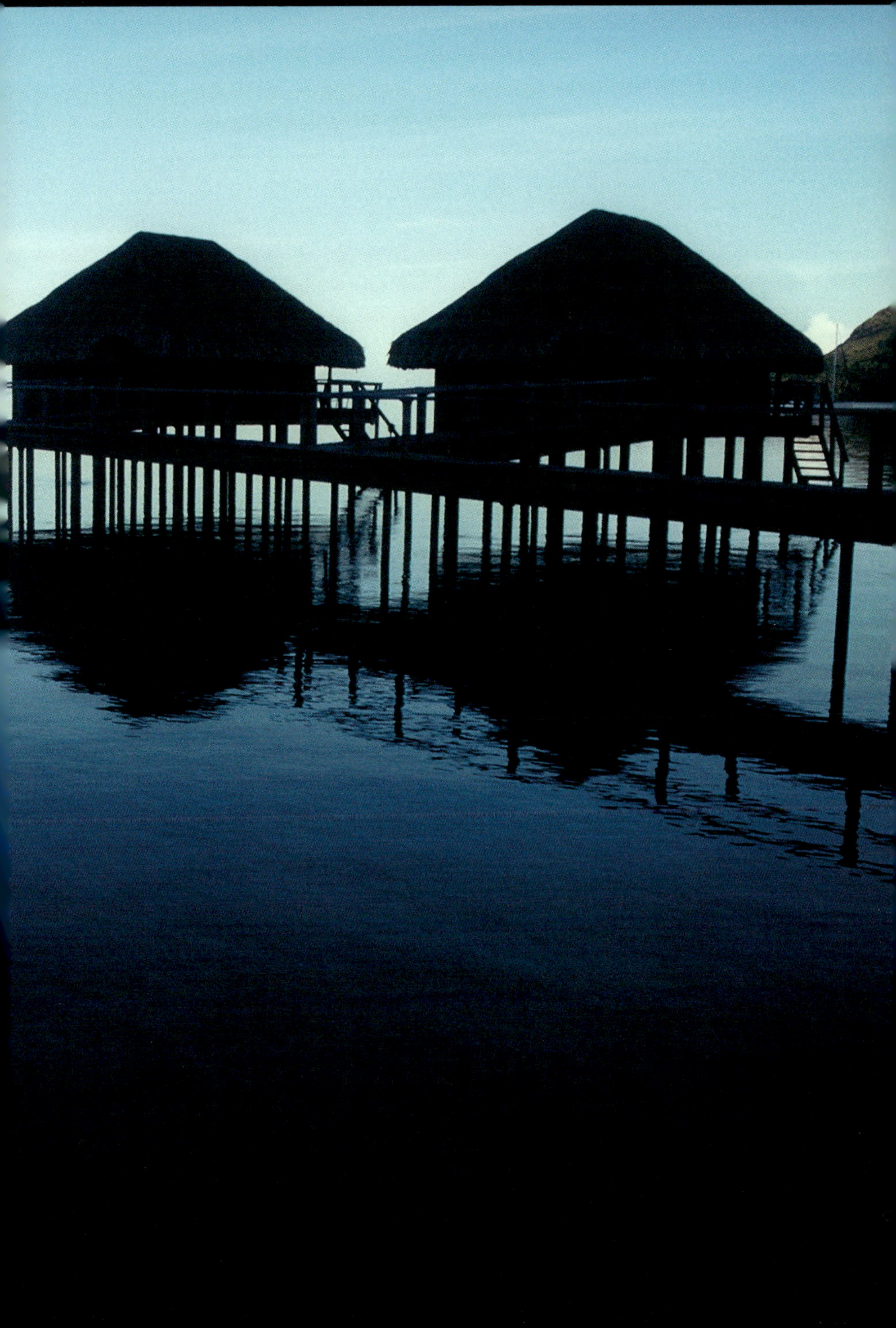

EXAMPLE ITINERARY
オススメのスケジュール例

日本出発と同日に、憧れの水上コテージへ！

DAY 1

日本からタヒチの玄関口、タヒチ島のパペーテまでは直行便で。ボラボラ島へは国内線で行くことになるが、乗り継ぎ時には現地の日本語対応可能スタッフが案内してくれる。不安なくボラボラ島へ行くことができるのだ。

チェック!!

ボラボラ島　　SPOT:01　DAY 1

タヒチを構成する島々の中でも、屈指の透明度を誇る海を持つ島。日本ではハネムーナーの行き先と考えられがちだが、欧米からは熟年夫婦もよく訪れている。ブルーグラデーションの海に囲まれる贅沢な時間を過ごすことができる。

スケジュール
Schedule

1日目　午後　✈ 成田発〜パペーテ着
　　　　　　 ✈ 国内線でボラボラ島へ、着後ホテルチェックイン

水上コテージ滞在を楽しもう！

DAY 2▶4

2日目の朝。テラスに出て南国の朝日に照らされた輝く海を眺めてみよう。日本の景色とはかけ離れた別世界が、そこには広がっているはずだ。また、オススメのボラボラ・パール・ビーチ・リゾートの水上コテージには、室内の床にガラス板がある。水中を覗くことができる仕掛けで、部屋にいながらも四六時中、海の美しさを満喫できる。

2〜4日目は終日フリー。ホテルで催行している無料のプログラムに参加したり、現地に用意されているオプショナルツアーに参加したり、コテージでゆっくり過ごしたり。それぞれの楽しみ方を追求しよう。

カヌーブレックファースト | SPOT:01 | DAY 2-4 チェック!!

リゾート内レストランではなく、朝食を自分たちの部屋でとるというもの。南国の花々に囲まれた朝食が、カヌーに載せられて部屋に到着する、という趣向を凝らした演出が特徴。

ポリネシアンディナーショー | SPOT:02 | DAY 2-4 チェック!!

ハワイ、イースター島、ニュージーランドを結んだ三角形の中にある島々は、類似した伝統を持ち、ポリネシア文化圏と呼ばれている。ポリネシアに古くから伝わる歌や踊りを観賞しながらの贅沢ディナーをぜひ。

他にも色々楽しめるボラボラ島 | SPOT:03 | DAY 2-4 チェック!!

高台から海のブルーグラデーションを眺めに行くツアーや、エアコン付き潜水艦に乗艦しての水中散策、サメやエイへの餌付け体験、無人島でのピクニック、ダイビング…など、海を存分に楽しむための様々なアクティビティもある。

スケジュール / Schedule　2-4日目　終日　フリー ［ボラボラのホテル泊］

EXAMPLE ITINERARY ✈ TAHITI

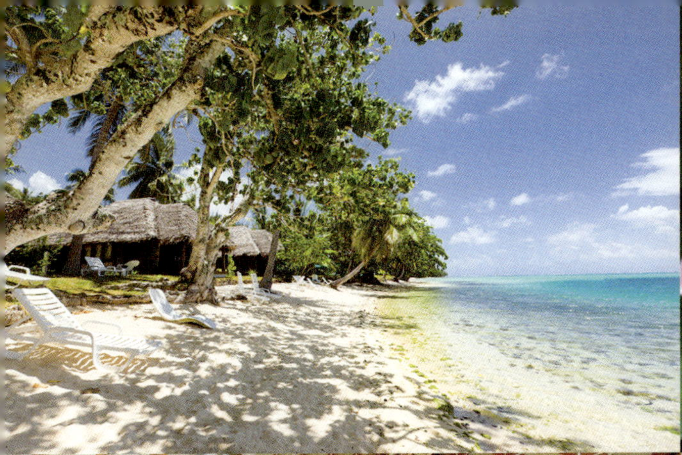
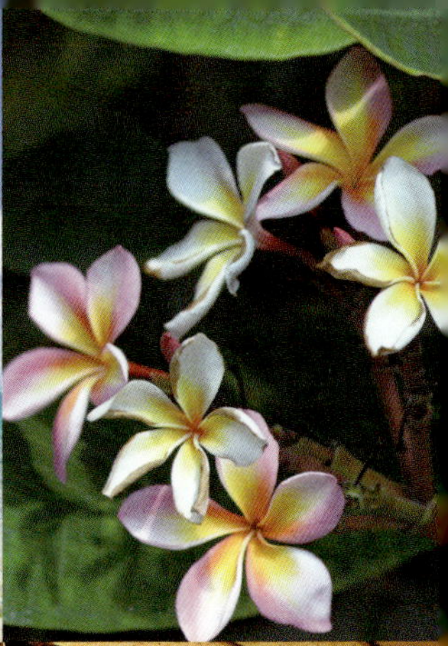
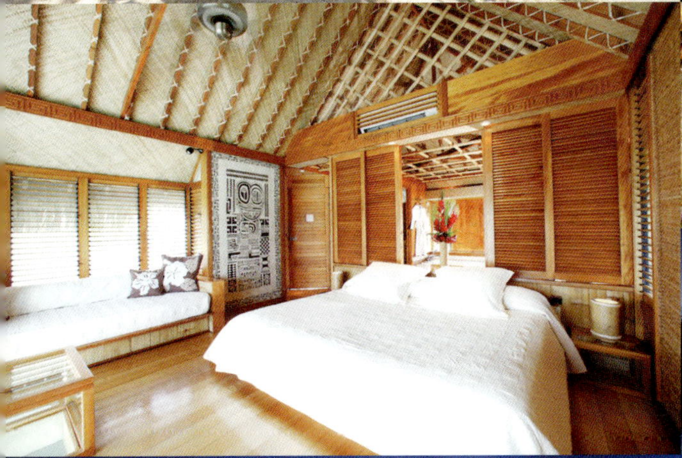
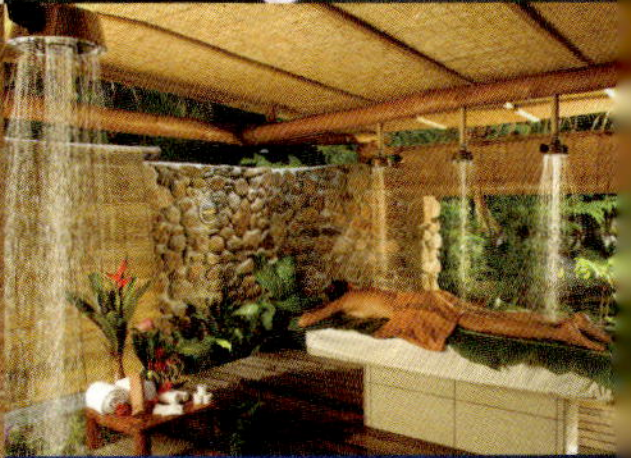
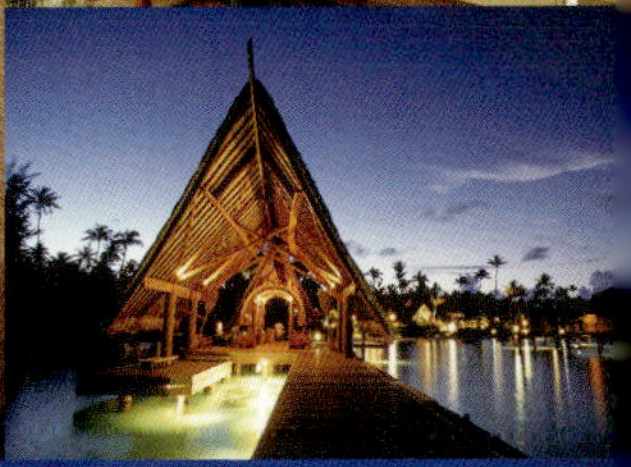
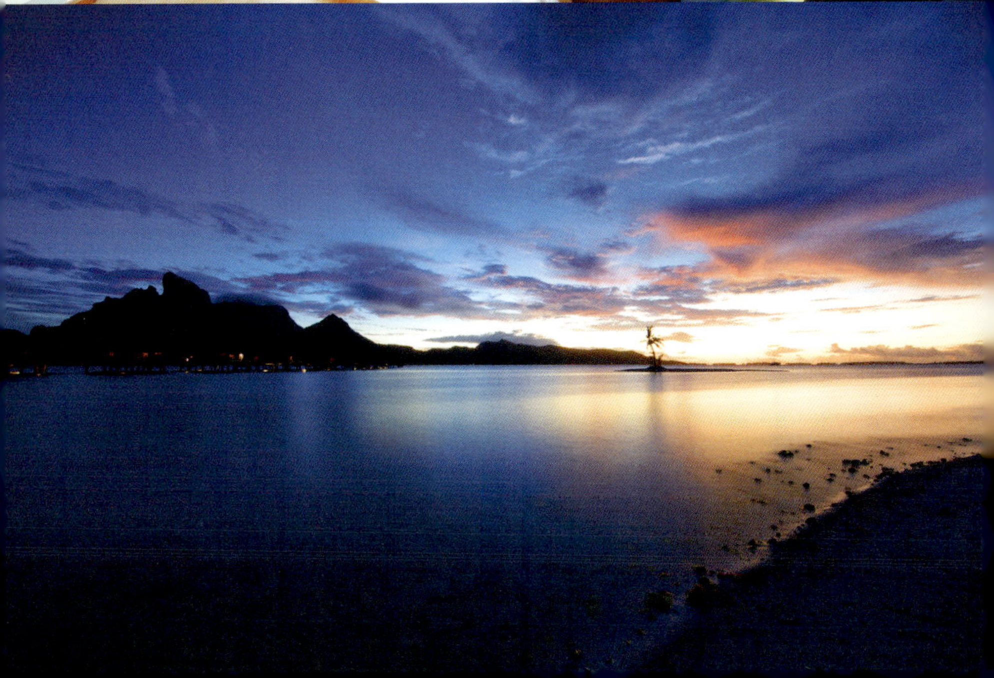

DAY 5▶8

タヒチ島にモーレア島。
まだまだ奥深きタヒチを堪能しよう！

後期印象派を代表する画家、ゴーギャンが愛したタヒチ。美しい自然、穏やかな人々を題材とした絵を多く残している。タヒチ島では、ゴーギャンの歴史に触れることができる博物館を訪れたり、ルロットと呼ばれる屋台街やマルシェと呼ばれる市場を散歩したり、黒真珠やパレオをはじめとしたお土産屋を巡ってみたり。できれば、最寄りの離島モーレア島にも足を伸ばしてみよう。タヒチ島からフェリーで30分ほどの距離にあるので、気軽に行くことができる。

タヒチ島 | SPOT:01 | DAY 5-8

時代を越え、魅力を放ち続ける黒真珠。タヒチ島には多くの黒真珠ショップが軒を連ね、様々なデザインで仕上げられた商品が揃っている。記念となるこの旅の思い出に、最高の黒真珠を見つけてみては？

ティキビレッジ | SPOT:02 | DAY 5-8

モーレア島にある、ポリネシア文化をまるごと詰め込んだテーマパーク。伝統的な歌や踊りのショー、ファイヤーダンス、ポリネシア料理、植物の編み物や木彫りなど、多くのものを見たり、体験したりできる。

スケジュール Schedule

- 5日目 午前 ✈ ボラボラ島発〜パペーテ着
- 　　　 午後 🚗 ホテルチェックイン、休憩 [パペーテのホテル泊]
- 6日目 終日 🚶 フリー [パペーテのホテル泊]
- 7日目 午前 ✈ パペーテ発〜成田へ [機内泊]
- 8日目 午後 ✈ 成田着

EXAMPLE ITINERARY ✈ TAHITI

travel information:

旅の予算
Budget

大人1名分の総予算　31万円〜

総予算内訳

🌞 **日本発着ツアー代金の目安　31万円〜**
※本書オススメスケジュールのパッケージ料金目安
飛行機代、現地送迎、現地日本語アシスタント（空港到着時等）、ホテル代（2人部屋利用時の1名分料金）を含む、食費、現地オプショナルツアー代、燃油サーチャージを含まず

親子旅にオススメのホテル
Recommended hotel

🏨 **Bora Bora Pearl Beach Resort**（ボラボラ・パール・ビーチ・リゾート）
▶ www.pearlresorts.com
ボラボラ島にある天然木を生かし建てられた、伝統的なポリネシア様式のリゾート。淡い碧から深い碧へとグラデーションを描く海と、南国情緒を盛り上げる椰子の樹々に囲まれている。シュノーケリングをはじめとしたマリンアクティビティやスパなども充実している。また、日本語対応可能な従業員が常駐しているのも嬉しいポイント。街の中心地にも近く便利だ。

🏨 **Manava Suite Resort Tahiti**（マナバ・スイート・リゾート・タヒチ）
▶ manavasuiteresorttahiti.blogspot.com
タヒチ島に2009年にオープンした新しいホテル。空港から5分、タヒチ島中心地から10分という位置にあり、海にも面する抜群のロケーション。客室内は伝統的なポリネシアン模様を基調としながらもモダンに仕上がっていて、快適に過ごすことができる。

時差
Time difference

「**-19時間**」　日本より19時間遅れ。タヒチが正午の時、日本は翌日の午前7時。

飛行機に関して
About the flight

成田〜タヒチの玄関口パペーテまでは直行便で**約11時間10分**。オススメの航空会社は往復共に運行しているエア・タヒチヌイ。また、ハワイ乗り継ぎでも行くことが可能だ。直行便は週2便の運行となるので、あらかじめスケジュールを確認しておこう。

旅のシーズン
Best Season

タヒチは常夏の島だが、4〜10月は乾期、11〜3月は雨期と分かれている。しかし、1年を通して海で泳ぐことができるので、思い立ったらすぐに訪れることが可能だ。ただし、4〜10月がハイシーズン扱いとなるため、ホテルなどが混雑しやすい時期でもある。

この旅の問い合わせ先
Arranging the trip

ℹ️ ［エス・ティー・ワールド］　▶ stworld.jp
日本を拠点としながらも、タヒチにも支店を持つ旅行会社。すべて日本語で手配依頼ができ、日本語ガイドも簡単に手配が可能。旅の準備段階はもちろん、現地滞在中も日本語となるので、とても頼りになる。旅の日数や宿も含め、色々とアレンジできるので、まずは気軽に相談してみよう。

この旅のヒント
Hints for the trip

- 紹介したオススメホテルは、どちらにも日本語対応可能なスタッフが勤務している。状況によっては不在の場合もあるので、何か困ったことがあれば、エス・ティー・ワールド タヒチ支店に連絡するのもOK。
- ホテルで催行される無料アクティビティや、現地オプショナルツアーは前日の予約でも間に合うことが多いが、旅を決めた際は、なるべく早く予約を入れた方がベター。

+α 周辺情報
One more trip

イースター島
ONE MORE TRIP | SPOT:01

タヒチ本島から、絶海の孤島と呼ばれるイースター島まで直行便が運行している。謎に包まれたモアイ像は、一度は見てみたい。タヒチからが一番行きやすいので、この機会に行くのはいかが？

ランギロア島
ONE MORE TRIP | SPOT:02

「果てしない大地」という意味を持つ、ランギロア島。240以上もの小さな島々が首飾りのように連なるこの島へは、タヒチ島から飛行機で1時間ほど。タヒチでも屈指のダイビングポイントとしても知られている。遠浅の海が続いているので、気軽に水中探検をすることができる。

パレオ作り
ONE MORE TRIP | SPOT:03

ポリネシアの伝統的な布、パレオ。タヒチの言葉で"巻き付けるスカート"を意味し、日本でもお馴染みのもの。これを本場タヒチの白砂のビーチの上で作る体験ができる。鮮やかな色を駆使して、この世に1枚だけのオリジナルパレオを作ろう。

時が止まった場所
～Time has stopped～

TRIP: 03

国名: **英国**
ENGLAND
7泊9日　時差: -9時間

- ■旅の快適度　★★★★☆
- ■アクセスの良さ　★★★☆☆
- ■歩く時間の短さ　★★★☆☆
- ■物価の安さ　★★☆☆☆

① 直行便で行くことができる
② 旅行会社の強力なバックアップで安心して行ける家族旅行
③ ゆったりしたスケジュールで見所を巡ることができる

フライト時間: ✈12時間15分（成田〜ロンドン）

TRIP:03　文化にふれる旅

はちみつ色に輝く、世界一美しい村へ。
コッツウォルズと湖水地方を巡り、イギリスの故郷に出逢う旅。

世界的に有名な児童書のキャラクター"ピーターラビット"の作者ビアトリクス・ポター。"ロミオとジュリエット"、"ハムレット"など数々の名作を残した劇作家シェイクスピア。このふたりをはじめ、多くの優れた文学者の感性には、少なからずイギリスの豊かな自然の影響があっただろう。イギリスの郊外には、余計な看板やガードレールが少ない。これこそ、この地に暮らす人々が美しい景観を重要視してきた証。その代表となるのが、なだらかな丘陵、穏やかな湖面、凛々しい山々を擁する湖水地方。そしてコッツウォルズと呼ばれる、南北160kmに渡る広大な丘陵地帯のふたつだ。また、それらの自然美だけでなく、コッツウォルズに点在する村々も魅力に溢れている。立ち並ぶはちみつ色の家や先祖代々伝わる石造りの家、それらの庭に咲く可愛い花々に小川に架かる小さな石橋…。そのどれもが絵本、映画、小説などからそのまま飛び出したかのようなメルヘンチックなもの。数々の芸術家を魅了した自然美を眺め、イングリッシュガーデンでアフタヌーンティーを楽しむ。素敵なイギリスの休日を。

伝統と格式に護られた、壮大なる自然美
絵本の世界を歩き、ふれる英国情緒

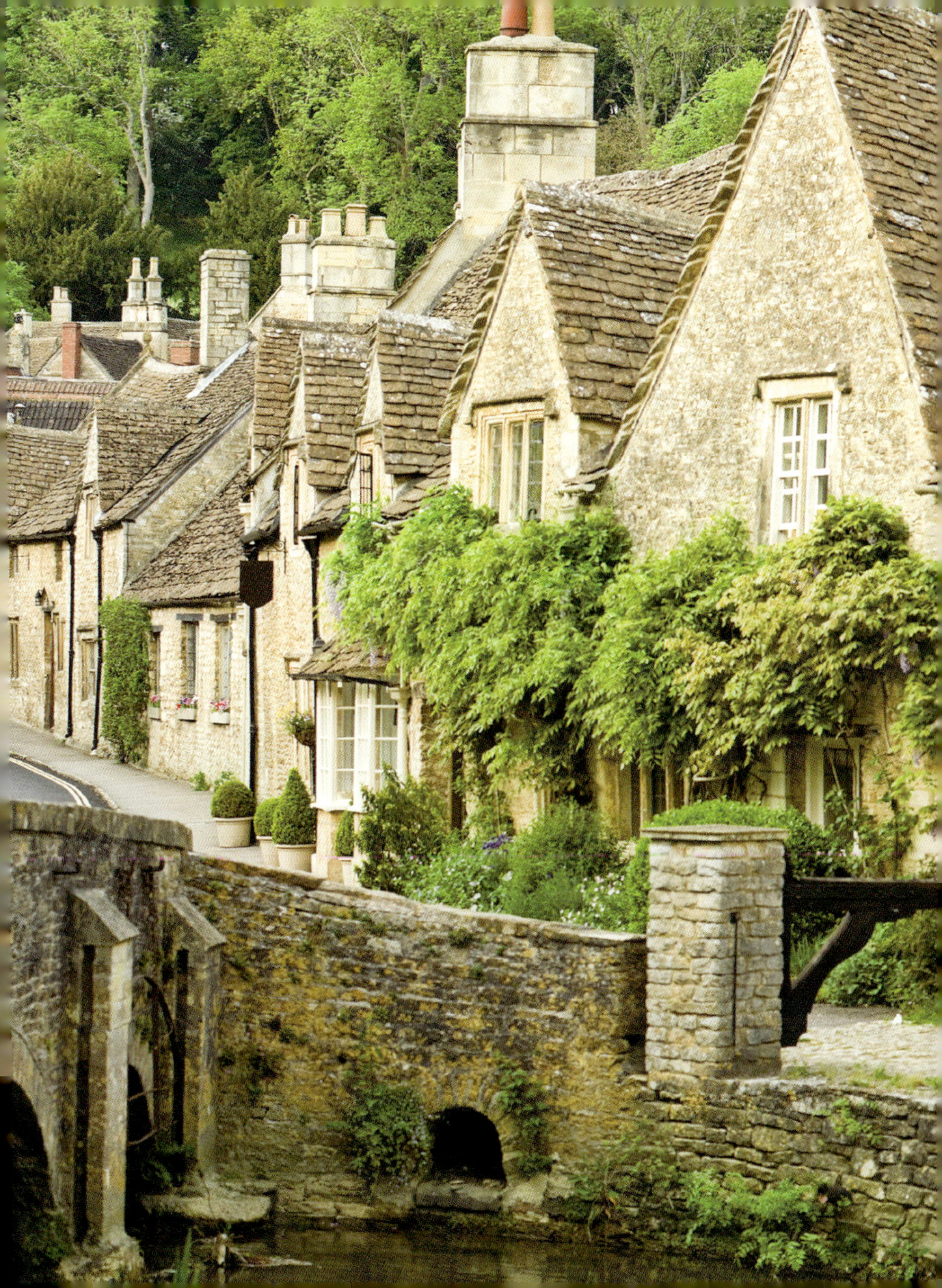

EXAMPLE ITINERARY オススメのスケジュール例

湖水地方へは列車で

DAY 1▶3

世界都市ロンドンに到着したら、まずはホテルで1泊を。翌日は、4時間30分ほどの電車の旅。行き先は、湖水地方南部のウィンダミア湖畔の町ボウネスだ。イギリスの車窓風景を楽しみながら移動しよう。ホテルにチェックインしたら自由時間。休憩したり、町を散策したり。3日目は、ピーターラビットの作者ビアトリクス・ポターの世界館へ。小動物たちが織りなす世界に迷い込んでみよう。

ポターは、この湖水地方の美しい田園風景を守る為、書籍の印税やキャラクター製品の収益で、この地方の土地を買い続けた。彼女がそこまでして愛した自然は実に美しい。変化に富んだウィンダミア湖畔の散歩道を歩けば、森からひょっこり飛び出すピーターラビットに出くわすかも!?

SPOT:01 DAY 1-3
ビアトリクス・ポターの世界館
出版されてから100年経っても、今なお人々を魅了し続けているピーターラビット。その原画を忠実に再現している展示館だ。リアルな動物や家具からは、今にも彼らのおしゃべりが聞こえてきそう。

SPOT:02 DAY 1-3
ヒルトップ
ボウネスの町から10分ほどフェリーに乗り、バスで10分ほど走るとニアソーリー村に着く。ここに、ビアトリクスが半生を過ごした家と農場がある。数々の物語が生み出されたとても美しい場所。

スケジュール Schedule

- **1日目** 〔終日〕 成田発〜ロンドン着
  ホテルチェックイン[ロンドンのホテル泊]
- **2日目** 〔午前〕 列車でロンドン発〜ウィンダミア着
  〔午後〕 ボウネスの町へ移動
  ホテルチェックイン[ボウネスのホテル泊]
- **3日目** 〔終日〕 ウィンダミア湖周辺の町を散策[ボウネスのホテル泊]

コッツウォルズを巡ろう！

DAY 4▶5

4日目は、列車に乗ってコッツウォルズの観光拠点となる町チェルトナムへ。田園風景を楽しみながら4時間ほどの移動となる。チェルトナムは競馬場と温泉の町。到着したら、自由に町を散策しよう。5日目はバスでコッツウォルズに点在する村々へ。はちみつ色の町ブロードウェイ、可愛い小川が流れる村ボートン・オン・ザ・ウォーター、イギリスで最も古く、中世のような町並みが残る村カッスル・クーム、シェイクスピアの生家があるストラトフォード・アポン・エイヴォン…など見所満載だ。

ブロードウェイ | SPOT:01 | DAY 4-5
コッツウォルズを訪れる観光客が、必ずと言っていいほど立ち寄る村。家々がはちみつ色なのは、黄色みがかった石灰岩を使用しているから。郊外にあるブロードウェイタワーは趣があり人気のスポット。登ればコッツウォルズが見渡せる。

ボートン・オン・ザ・ウォーター | SPOT:02 | DAY 4-5
町の中心に、水深10cmのウィンドラッシュ川が流れている。ロマンチックな川辺に座って寛ぎのひとときを。ボートン・オン・ザ・ウォーターを1/9のミニチュアにしたモデル・ビレッジもあるので訪れてみたい。

バイブリー | SPOT:03 | DAY 4-5
コッツウォルズの中央に位置する、「英国で最も美しい村」と詩人ウィリアム・モリスに賞賛されたバイブリー。14世紀に羊毛小屋として建てられ、17世紀に入ると機織り職人が住む家となった歴史を持つ。

カッスル・クーム | SPOT:04 | DAY 4-5
古い建物が多いイギリスの中でも、最も古い町並みが残る村。17～18世紀の家が残っていて、歩いているだけでも、中世の絵画を見ているかのよう。カフェやレストランもあるので、ぜひ屋内にも入ってみよう。

スケジュール / Schedule

- **4日目** (終日) 列車でウィンダミア発～チェルトナム着
  - 自由時間[チェルトナムのホテル泊]
- **5日目** (終日) 路線バスでコッツウォルズの村々を散策
  - [チェルトナムのホテル泊]

EXAMPLE ITINERARY ✈ ENGLAND

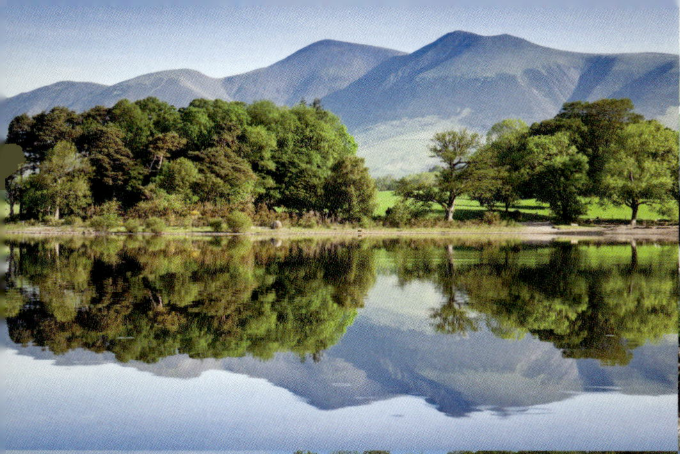
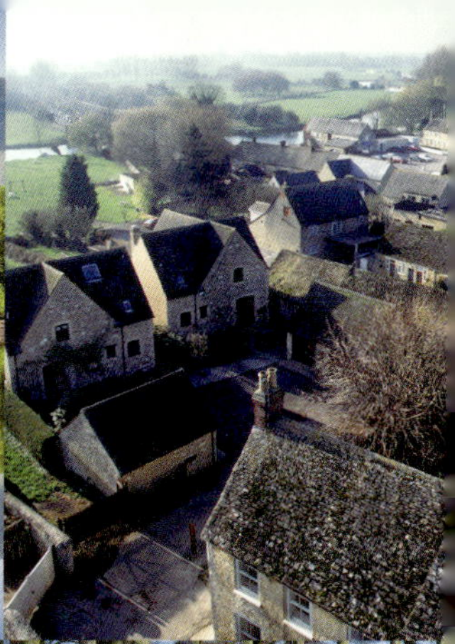
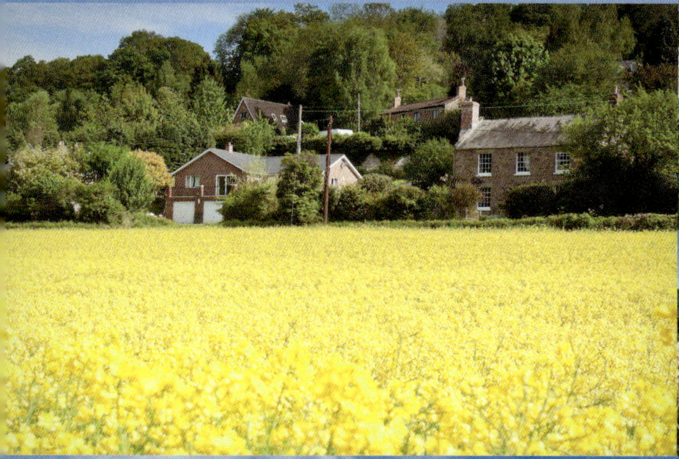
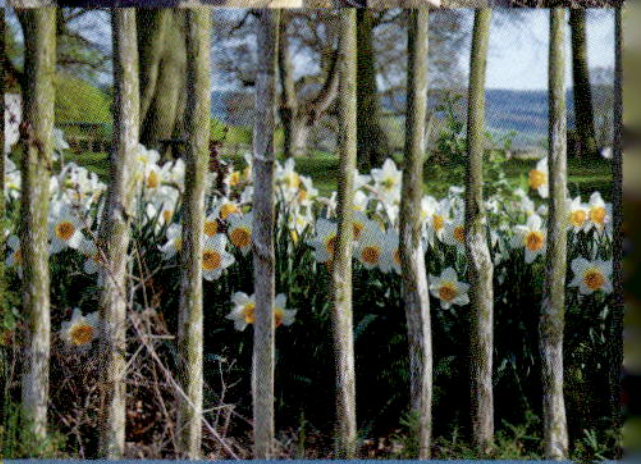
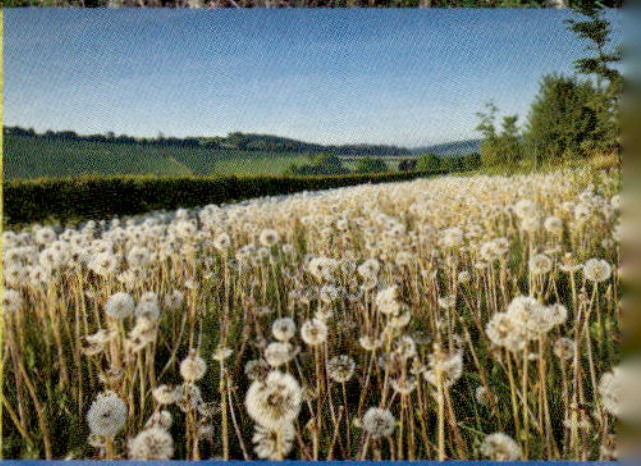
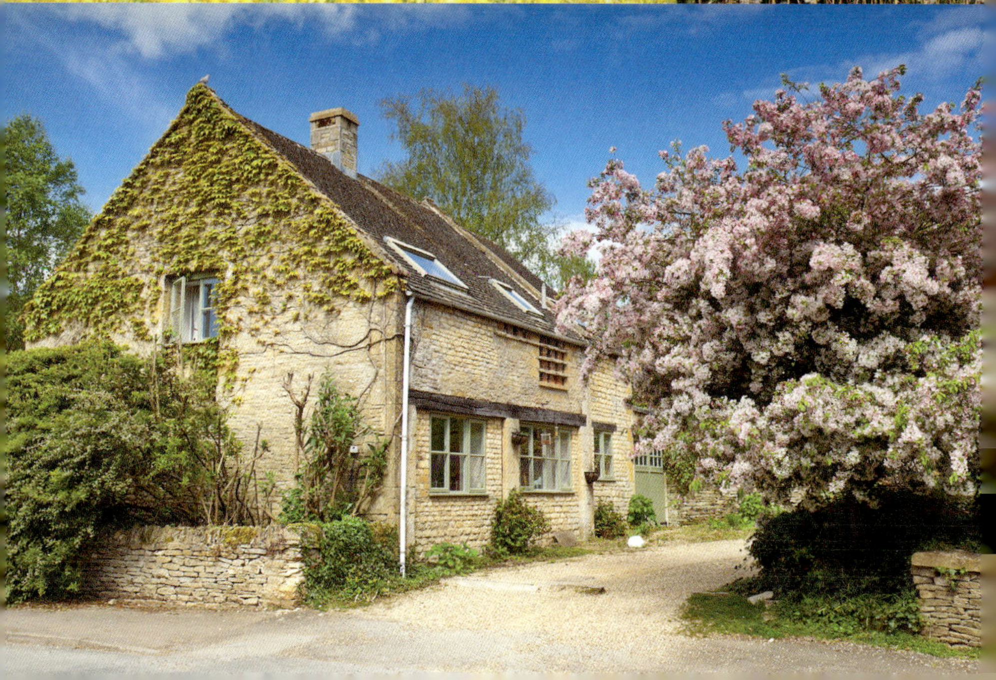

ロンドン観光とショッピングへ！

DAY 6▶9

イギリスの田舎を存分に満喫したら、最終日はロンドン市内も巡ってみよう。世界遺産ウェストミンスター寺院と、併設する時計塔ビッグ・ベン、そしてテムズ川にかかるタワーブリッジはやっぱり見てみたい。そしてショッピングをしたり、アフタヌーンティーの本場で一息ついたり。夜は地元民に交じってパブで乾杯し、旅の成功を祝おう。

ウェストミンスター寺院 | SPOT:01 | DAY 6-9

隣接するウェストミンスター宮殿、聖マーガレット教会と共に世界遺産に登録されている。戴冠式などの王室行事が執り行われる場所でもあり、歴代の王、王女が埋葬されている。日本語音声ガイドがあるのが嬉しい。

ビッグ・ベン | SPOT:02 | DAY 6-9

ウェストミンスター宮殿（国会議事堂）に付属する時計台の、大きな鐘の愛称。「キーンコーンカーン」でお馴染みの学校のチャイムの音はこの鐘のメロディが元だと言われている。毎日正午に奏でられるので聴いてみよう。

タワーブリッジ | SPOT:03 | DAY 6-9

テムズ川にかかる跳ね橋。2つの塔の間には高さは約40mのガラス張りの通路があり、通ることもできる。開閉時間は日によって違うので、日本語もある公式サイトで確かめてから行こう。
▶ www.towerbridge.org.uk/TBE/JP/

スケジュール / Schedule

- **6日目** 午前　フリー
  - 午後　列車でチェルトナム発〜ロンドン着
  - 【ロンドンのホテル泊】
- **7日目** 終日　ロンドン観光　【ロンドンのホテル泊】
- **8日目** 終日　ロンドン発〜成田へ　【機内泊】
- **9日目** 成田着

EXAMPLE ITINERARY ✈ ENGLAND

travel information:

旅の予算 Budget

大人1名分の総予算　28万円～

総予算内訳

現地予算　18万円～
※現地予算は本書オススメスケジュールの料金目安
現地送迎（空港～ホテル往復）、ホテル代（2人部屋利用時の1名分料金）を含む、食費、現地交通費、各所入場料を除く

航空券　10万円～　※エコノミークラス往復料金、燃油サーチャージ含まず

親子旅にオススメのホテル Recommended hotel

この旅では、3都市に宿泊することになる為、選択肢も豊富。本書では快適な滞在を約束してくれるホテルを紹介するが、旅行会社に相談しながら決めるのがベターだ。

Park Lane Mews Hotel（パーク・レーン・ミューズ・ホテル）
► www.parklanemewshotel.net
ロンドンの中心部に位置し、バッキンガム宮殿へも徒歩5分ほど。可愛らしい外観、内装が旅の始まりをロマンチックなものにしてくれる。中心部にありがならも、静かな時間を過ごすことができる。

Macdonald Old England Hotel & Spa, Wnidermere
（マクドナルド・オールドイングランド・ホテル・アンド・スパ・ウィンダーミア）
► www.macdonaldhotels.co.uk/our-hotels/macdonald-old-england-hotel-spa
湖水地方ボウネスのホテル。ウィンダミア湖畔に佇み、眺めが抜群だ。石造りの外観が、古きよきイギリス情緒を醸し出している。室内は重厚感のある落ち着いた色合いでまとめられている。

Mercure Queen's（メルキュール・クイーンズ）
► mercure.com/gb/hotel-6632-mercure-cheltenham-queen-s/
チェルトナム中心部近くに立地するエレガントな白亜のホテル。チャールズ皇太子が滞在したこともでも知られる。客室はシックな雰囲気で、落ち着いた滞在が期待できる。

時差 Time difference

「-9時間」　日本より9時間遅れ。ロンドンが正午の時、日本は午後9時。
※サマータイム実施時は-10時間となる。

飛行機に関して About the flight

成田～ロンドンは直行便で**約12時間15分**。全日空、日本航空、ブリティッシュエアウェイズなどが毎日運行している。また、羽田からも週5日ほど直行便が運行しているので、選択肢は幅広い。どの便であっても同日にロンドンに到着が可能だ。

旅のシーズン Best Season

冬場は寒さが厳しいので、暖かくなる5～9月がオススメ。ただ「イギリスには一日の中に四季がある」とも言われるほど、季節を問わず天気は変わりやすい。折りたたみ傘などの雨具や、羽織れるものを持って行こう。

この旅の問い合わせ先
Arranging the trip

[ヨーロッパトラベル] ▶ www.europe-tr.com

"幸せと感動を呼ぶ旅"を作る為、オーダーメイドの旅にこだわり続ける旅行会社。そのおもてなしは超がつくほど手のこんだもので、旅行者のこだわりをとことん形にしてくれる強い味方。また、旅行中の緊急連絡先もある為、安心して旅を送ることができる。相談はもちろん無料なので、まずは気軽に連絡してみよう。

この旅のヒント
Hints for the trip

- すべて日本語で手配を進められるし、個人プランなのでよりプライベートな旅行になる。好みのホテルや航空会社を相談してオリジナルな計画を立てよう。もちろん、好み以前にどういった選択肢があるのかも提案してもらえる。
- コッツウォルズは素敵な家々が並んでいるが、実際に人々が住む生活の場所でもある。住民のプライバシーを尊重し、勝手に住民の写真を撮ったり、庭に入ったりしないように。
- ロンドンは残念ながらスリやひったくりが多い。あらゆる手口で財布や貴重品などを狙ってくることも。鞄などを視界に入らない後ろに持つことはNG。すべて目に入る範囲に持っておこう。また、人混みの多い観光地や乗り物などは特に気をつけよう。
- 日本人には馴染みの薄いチップ。サービス料に含まれていないレストランやタクシーでは、よほど不快な思いをしなければ10％前後のサービス料を追加しよう。パブやカフェなどで飲み物だけ頼んだ場合は必要ない。

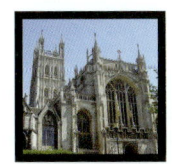

+α周辺情報
One more trip

グロスター大聖堂 | ONE MORE TRIP | SPOT:01
チェルトナムから列車で約10分の位置にある町、グロスター。ここにあるグロスター大聖堂は、イギリスで最も美しい建築物のひとつと言われている。また、映画「ハリーポッター賢者の石」の"ホグワーツ魔法学校"の舞台として使われたことでも知られ、訪れると「魔法」が使えるようになるという噂も!?

レイトオープニング | ONE MORE TRIP | SPOT:02
日中は混雑している博物館や美術館。しかし、閉館時間を延長している日を狙えばゆっくり観賞できる。例えば大英博物館では、毎週木曜日と金曜日が20:30まで延長している。他にもテイト・モダンやナショナルポートレートギャラリーなどいくつかあるので調べてみよう。

ハバースウェイト鉄道 | ONE MORE TRIP | SPOT:03
ボウネスから遊覧船に乗船し、ウィンダミア湖南部のレイクサイドへ。そこで船を降り、乗車するのは昔懐かしい蒸気機関車！終点ハバースウェイト駅までは約15〜20分。列車に乗りながら、湖水地方の風を感じる特別な体験を是非！

艶やかな空気の中へ
~Walk in fascinating air~

TRIP: 04

国名: **フランス**

FRANCE

5泊7日　　時差: **-8時間**

- ■旅の快適度　★★★★☆
- ■アクセスの良さ　★★★☆☆
- ■歩く時間の短さ　★★☆☆☆
- ■物価の安さ　★★☆☆☆

①直行便で行くことができる
②旅行会社の強力なバックアップで安心して行ける家族旅行
③ゆったりしたスケジュールで見所を巡ることができる

フライト時間: ✈12時間30分 (成田〜パリ)

旅のポイント

TRIP:04 文化にふれる旅

華の都パリを散策し、西洋の驚異モン・サン・ミッシェルを訪ねる、憧れのフランス旅。

パリジェンヌにパリジャン。前者はパリで育った女性を、後者は男性を指す言葉だ。この響きから、艶やかなイメージを連想する人も少なくないだろう。それもそのはず。パリは古来より世界の文化、芸術の中心地として栄え、現代においても輝き続けている街だから。世界三大料理のひとつフランス料理から、歴史ある建造物、人々のファッションまで。街を歩くだけでも、パリの纏う空気が楽しい気持ちにさせてくれる。

この一大都市には、凱旋門から、シャンゼリゼ大通り、ノートルダム大聖堂、ルーヴル美術館、エッフェル塔など、誰もが一度は耳にしたことのある名所が点在し、見所も満載。また、少し足を伸ばして、自然と共に美しい景観を織り成すモン・サン・ミッシェルを訪れ歴史にふれたり、パリを流れるセーヌ川の流れに身を委ねてみたり。

見所を巡るのも、カフェで街ゆく人々を眺めながらゆっくりするのも、どれもこれもがパリの魅力。親子でぶらりとフランスの旅へ。

岩山に築かれし、修道院
西洋の驚異と謳われた、神秘の小島へ

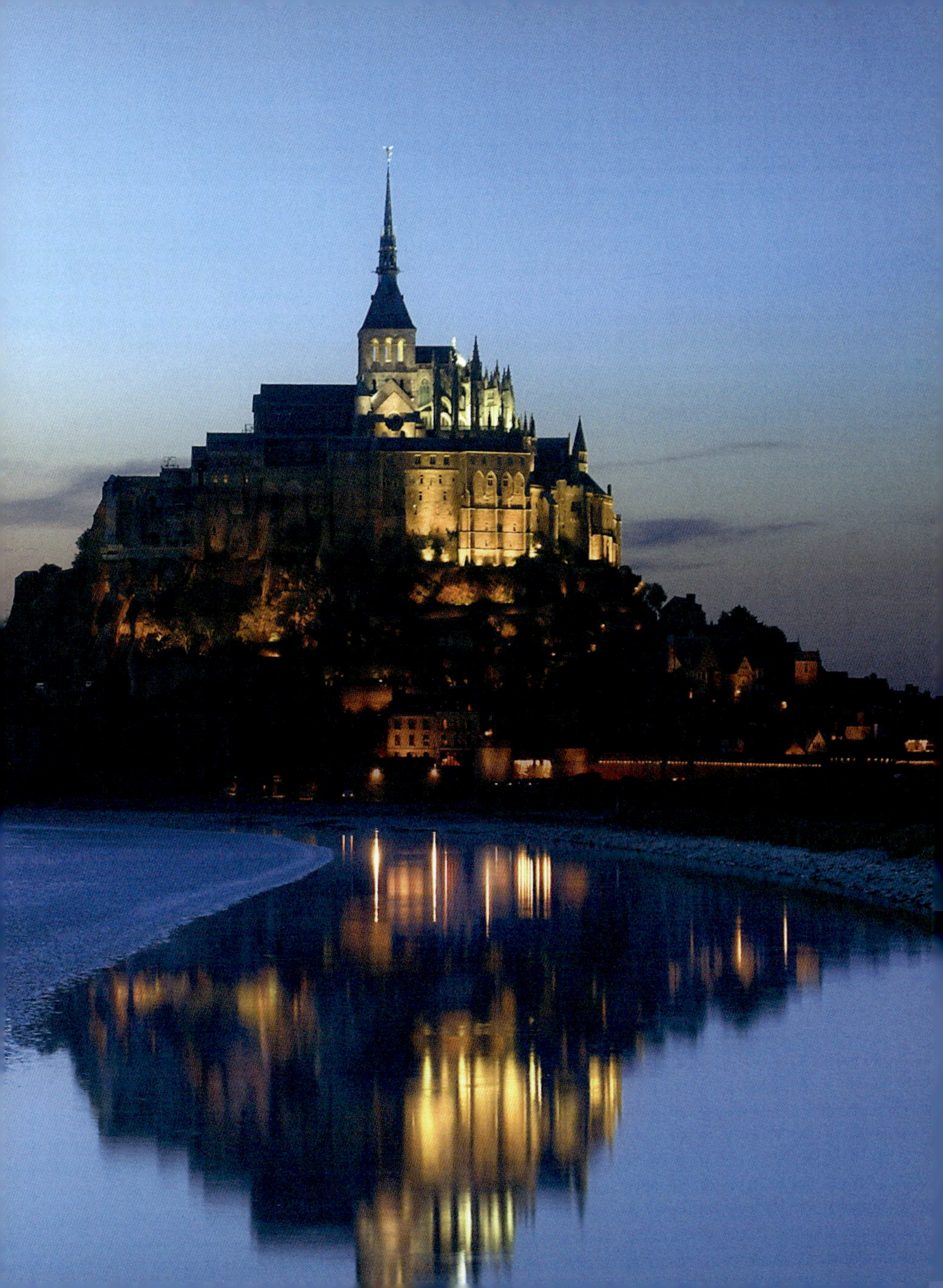

華の都パリの見所を一巡りしよう！

DAY 1▶2

空港に到着したら、事前に手配しておいた送迎車に乗り込みホテルへ。チェックイン後はゆっくり過ごそう。翌日はパリの見所を巡る1日に。移動はタクシーがオススメだが、あえて地下鉄を駆使してみるのも面白い。ちょっと休憩したいときには、気軽にカフェを利用してみよう。

SPOT:01　DAY 1-2
ルーヴル美術館
米国のメトロポリタン、ロシアのエルミタージュと並び、世界三大美術館のひとつに数えられるルーヴル美術館。レオナルド・ダ・ヴィンチの「モナ・リザ」をはじめとした有名なものから、古代エジプト、アジアの作品まで。様々なジャンルを楽しめる。

SPOT:02　DAY 1-2
凱旋門
ひとえに「凱旋門」と言っても、実はパリ市内に多数ある。中でも一大名所となっている門が、エトワール凱旋門だ。高さ50mもあるこの門には、階段やエレベーターで登ることができる。凱旋門から眺めるパリの街並みは必見。

SPOT:03　DAY 1-2
シャンゼリゼ大通り
凱旋門からコンコルド広場まで延びる全長約3kmの道。ここが、世界で最も美しいと呼ばれる通り、シャンゼリゼ大通りだ。左右には青々とした樹々が並び、ブランドショップや雑貨店、カフェ、レストランなどが軒を連ねる。

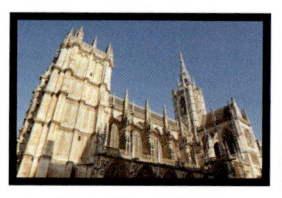

SPOT:04　DAY 1-2
ノートルダム大聖堂
14世紀に完成した、ゴシック建築の最高峰と言われるノートルダム大聖堂。内部に足を踏み入れると、聖書の世界を描いたステンドガラスが美しく輝いている。日本語のオーディオガイドも常備されている。

スケジュール / Schedule

- 1日目
  - （午前）成田発〜パリ着
  - （夜）ホテルチェックイン［パリのホテル泊］
- 2日目
  - （午前）ルーヴル美術館
  - （午後）凱旋門、シャンゼリゼ大通り、ノートルダム大聖堂など
  - ［パリのホテル泊］

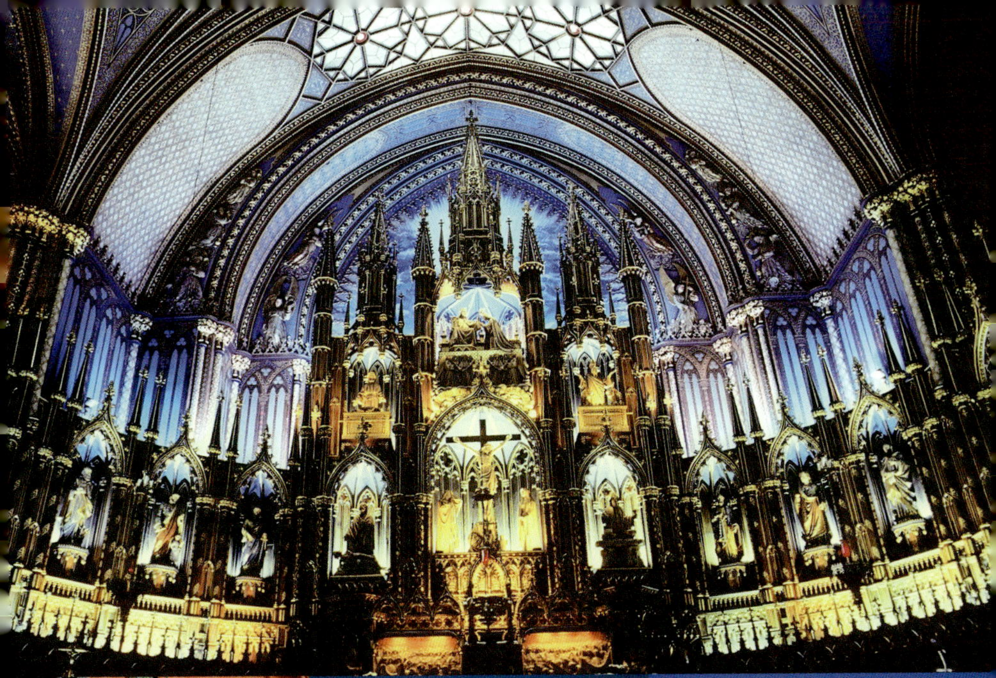

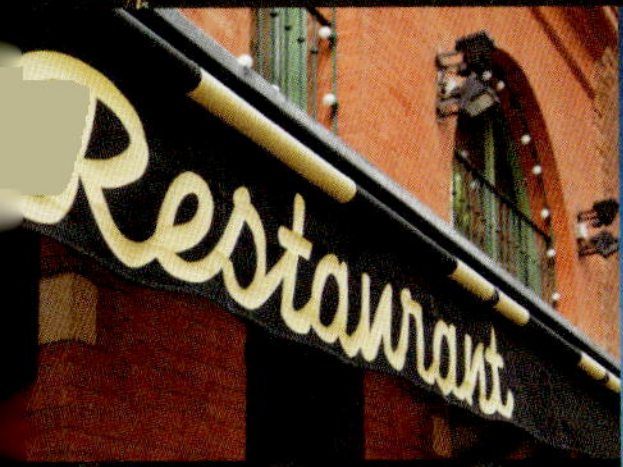
Restaurant

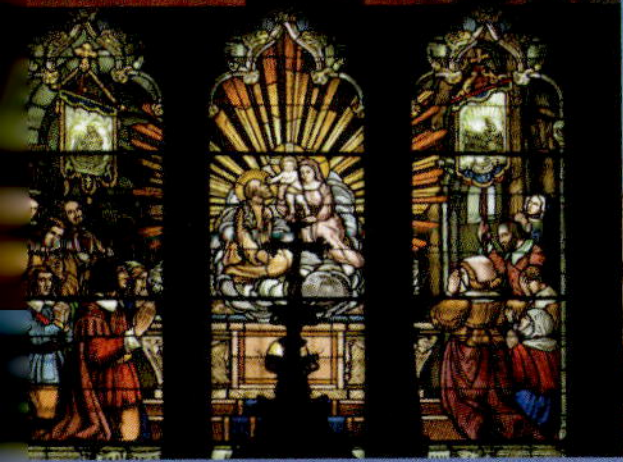

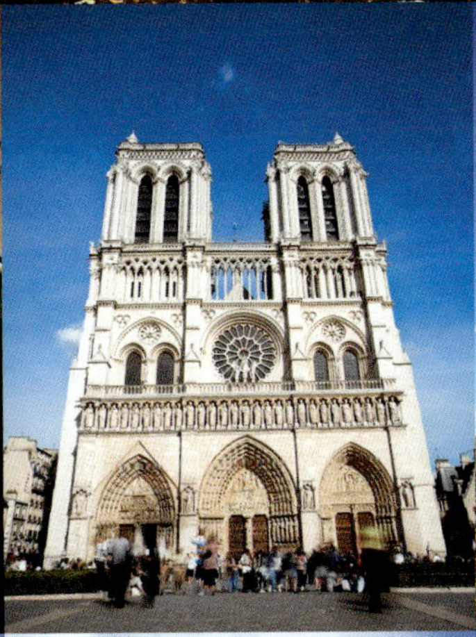

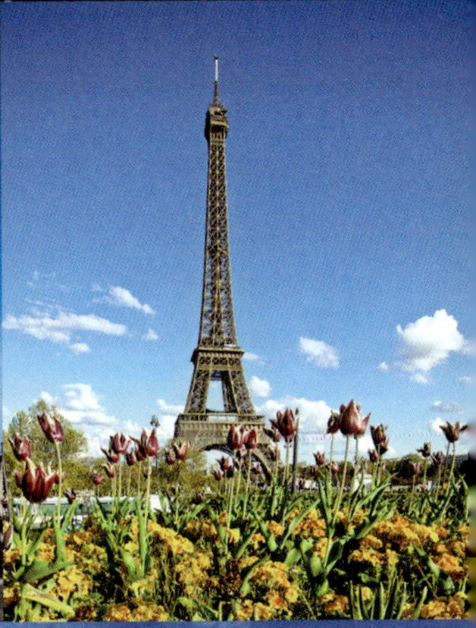

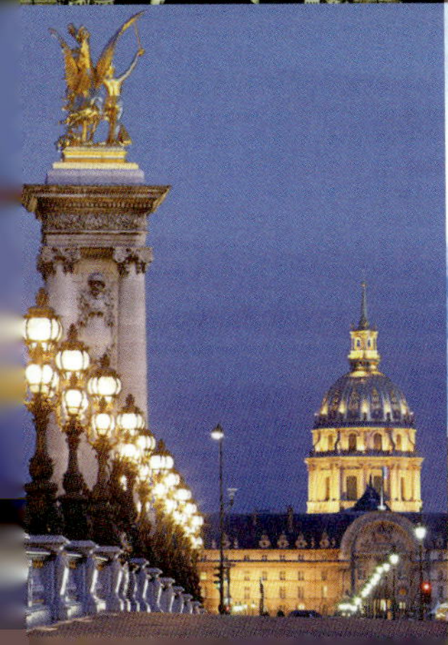

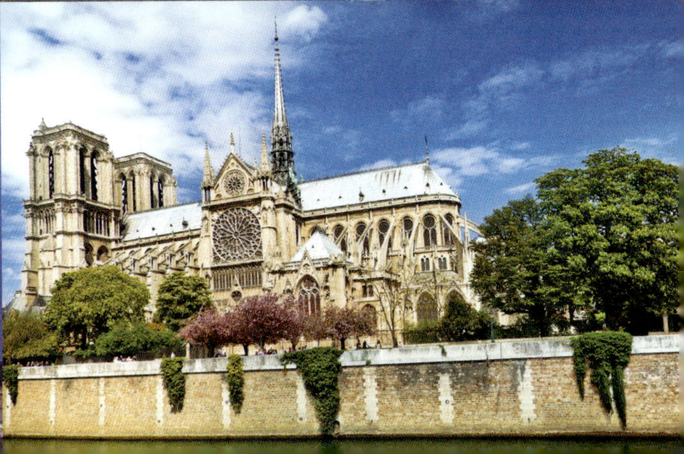

DAY 3▶4

「西洋の驚異」と呼ばれる モン・サン・ミッシェルも訪れよう！

パリからモン・サン・ミッシェルまでは、陸路で5時間ほど。若干の長距離移動となるが、絶対に見ておきたい世界遺産。日帰りでの訪問も可能だが、できればゆっくりと1泊してモン・サン・ミッシェルを楽しみたい。

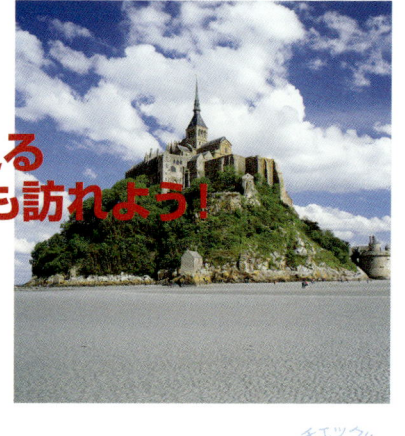

モン・サン・ミッシェル | SPOT:01 | DAY 3-4 | チェック!!

小島に築かれた修道院モン・サン・ミッシェル。今でこそ命を賭さずに訪れることができるようになったが、過去には満潮時の潮に飲み込まれて命を落とした者も少なくない。現在は地続きとなり、容易に訪れることができる。

プラールおばさんのオムレツ | SPOT:02 | DAY 3-4 | チェック!!

モン・サン・ミッシェルに訪れたら、名物の「オムレツ」をぜひ。これは当時、プラールおばさんによって考案されたもの。「遠くからやってくる巡礼者の為に」と丹念に卵を泡立てて作る、ふわふわのオムレツは超絶品。

スケジュール / Schedule

- 3日目
  - 午前　モン・サン・ミッシェルへ移動
  - 午後　モン・サン・ミッシェル観光
  - 夜　　ホテルチェックイン[モン・サン・ミッシェルのホテル泊]
- 4日目
  - 午前　休憩
  - 午後　パリへ移動[パリのホテル泊]

DAY 5-7

パリ最終日は優雅に。

6日目を移動日と考えると、実質5日目がパリを楽しめる最終日。この日は、優雅をテーマにゆっくりとした1日にしよう。午前中はセーヌ川を下り、午後は買い物したり、カフェでのんびりしたり。夜にはパリの夜景を一望できるエッフェル塔のレストランへ。パリ最後の夜は極上のディナーを家族で楽しもう！

セーヌ川下り | SPOT:01 | DAY 5-7

パリに流れるセーヌ川でクルーズもできる。世界遺産に指定された一帯を、ゆっくり景観を楽しみながら、橋桁をくぐりながら下っていく。船内で食事ができるクルーズもあるので、お昼時などに合わせて乗船しよう。

エッフェル塔 | SPOT:02 | DAY 5-7

パリのシンボル、エッフェル塔。ここの地上125mに、世界唯一の6つ星シェフ、アラン・デュカス監修のレストラン「Jules Verne」がある。パリ最後の晩餐は、眼下に広がる夜景を眺めながら、特別なディナーを楽しもう。

スケジュール Schedule

- **5日目**
  - 午前　セーヌ川下り
  - 午後　フリー
  - 夜　　エッフェル塔にてディナー［パリのホテル泊］
- **6日目**
  - 午後　パリ発〜成田へ［機内泊］
- **7日目**
  - 成田着

EXAMPLE ITINERARY → FRANCE

travel information:

旅の予算 / Budget

大人1名分の総予算　28万円〜

総予算内訳

- **現地予算　18万円〜**
  ※現地予算は本書オススメスケジュールの料金目安
  現地送迎（空港〜ホテル往復）、モン・サン・ミッシェル観光代、ホテル代（2人部屋利用時の1名分料金）、最終日の特別ディナー代を含む、食費、現地交通費、各所入場料を除く
- **航空券　10万円〜**　※エコノミークラス往復料金、燃油サーチャージ含まず

親子旅にオススメのホテル / Recommended hotel

Hotel Saint Petersbourg Opera（ホテル・サンペテルスブール・オペラ）
▶ www.hotelsaintpetersbourg.com/japanese/index.html

パリの中心地にあり、シャンゼリゼ大通りまでは徒歩15分、凱旋門までは地下鉄で5分と抜群の立地に構えるホテルで、100年以上もの歴史を持つ。客室はリフォームされているので、快適に過ごすことができる。

時差 / Time difference

「-8時間」　日本より8時間遅れ。フランスが正午の時、日本は午後8時。
※サマータイム実施時は-7時間となる。

飛行機に関して / About the flight

成田〜パリは直行便で約12時間30分。エールフランス、日本航空、全日空が往復共に直行便を運行している。毎日飛んでいるので、スケジュールが合わせやすく便利。

旅のシーズン / Best Season

ベストシーズンは5〜10月だが、11〜4月の寒い時期でも様々なイベントがあるため、通年を通して楽しむことができる街だ。とは言っても、親子旅。日照時間の長い夏の時期をオススメしたい。

04: フランス

この旅の問い合わせ先
Arranging the trip

[ヨーロッパトラベル] ▶ www.europe-tr.com

"幸せと感動を呼ぶ旅"を作る為、オーダーメイドの旅にこだわり続ける旅行会社。そのおもてなしは超がつくほど手のこんだもので、旅行者のこだわりをとことん形にしてくれる。また、旅行中の緊急連絡先もあるので、安心して旅を送ることができる。相談はもちろん無料なので、まずは気軽に連絡してみよう。

この旅のヒント
Hints for the trip

旅をオーダーメイドで作るといっても、自分であれこれ提案しないといけないわけではない。漠然とパリに行きたいということであれば、まずはその旨を旅行会社に伝えてみよう。そうすると様々な提案があるので、それを元に両者で作り上げていくというイメージ。特に気負う必要はないので、気軽にオーダーメイドにトライしてみよう。

+α 周辺情報
One more trip

コート・ダジュール | ONE MORE TRIP | SPOT:01

フランス南部に広がるコート・ダジュール（紺碧海岸）。暖かい気候とその風光明媚な景観を求めて、世界中から観光客が訪れる。しっかりとしたリゾート施設が多いので、1〜2泊しながら、南仏の休日を過ごしてみるのもオススメ。

ロワール | ONE MORE TRIP | SPOT:02

フランス西部の都市ロワール。この街を流れるロワール川流域には、シャトーホテルと呼ばれる古城を改装したホテルがたくさんある。お城に泊まってプチタイムスリップ体験。王女様、王子様気分を味わってみては？

アロマテラピー講座 | ONE MORE TRIP | SPOT:03

今でこそ日本全国に広がったアロマテラピー。その発祥はここフランス。パリ市内にある、フラゴナール香水美術館では、香水の歴史を展示している他に、アロマテラピー入門講座も実施している。一度覚えてしまえば、日本でも気軽に心身に安らぎと癒しを与えることができるはず。

楽園へ
～The best mind in paradise～

TRIP: 05

ハワイ
HAWAII

7泊9日　時差：-19時間

- ■旅の快適度　★★★★★
- ■アクセスの良さ　★★★★★
- ■歩く時間の短さ　★★★★☆
- ■物価の安さ　★★★☆☆

① 比較的移動時間の短い直行便で行くことができる
② 洋上生活でも日本語が通じる
③ 船旅の為、簡単に島巡りができる

フライト時間：約7時間（成田〜ホノルル）

TRIP:05 自然を感じる旅

アロハ・スピリットが満ち溢れる楽園へ。
ハワイ4島をまるごと満喫する、極楽クルーズ。

南国の日射しを受けて光り輝く海。恵みの雨が降り注ぐ豊かな大地。最高の心の状態を表現する「アロハ」の響きが創りだす心地良い空気———。太平洋に浮かぶ楽園、ハワイ諸島。ハワイの魅力をより深く感じるには、1島のみの滞在ではなく、2つ、3つ…と、できるだけ多くの島を訪れたいところ。とは言え、飛行機で飛び回るのはちょっと大変。そこで今回は、ハワイ諸島の主な4つの島、オアフ島、マウイ島、ハワイ島、カウアイ島を、快適に巡る方法を紹介したい。それが、大型客船「プライド オブ アメリカ」号を利用するクルーズだ。船内には、レストランはもちろん、バーやラウンジ、プール、ジム、シアター、ショップ…と充実した設備。そして外国客船では貴重な日本語コーディネーターも乗船しているので、言語の心配も無用。服装もカジュアルでOKなので気楽だ。奇跡の景観"ナパリ・コースト"や、地球の息吹を感じる"キラウエア火山"を沖合から眺める贅沢も、船旅ならでは。快適に、そしてリーズナブルに。美しきハワイの島々を巡る旅へ。

地球が創造した、美しき島々をゆく航海へ

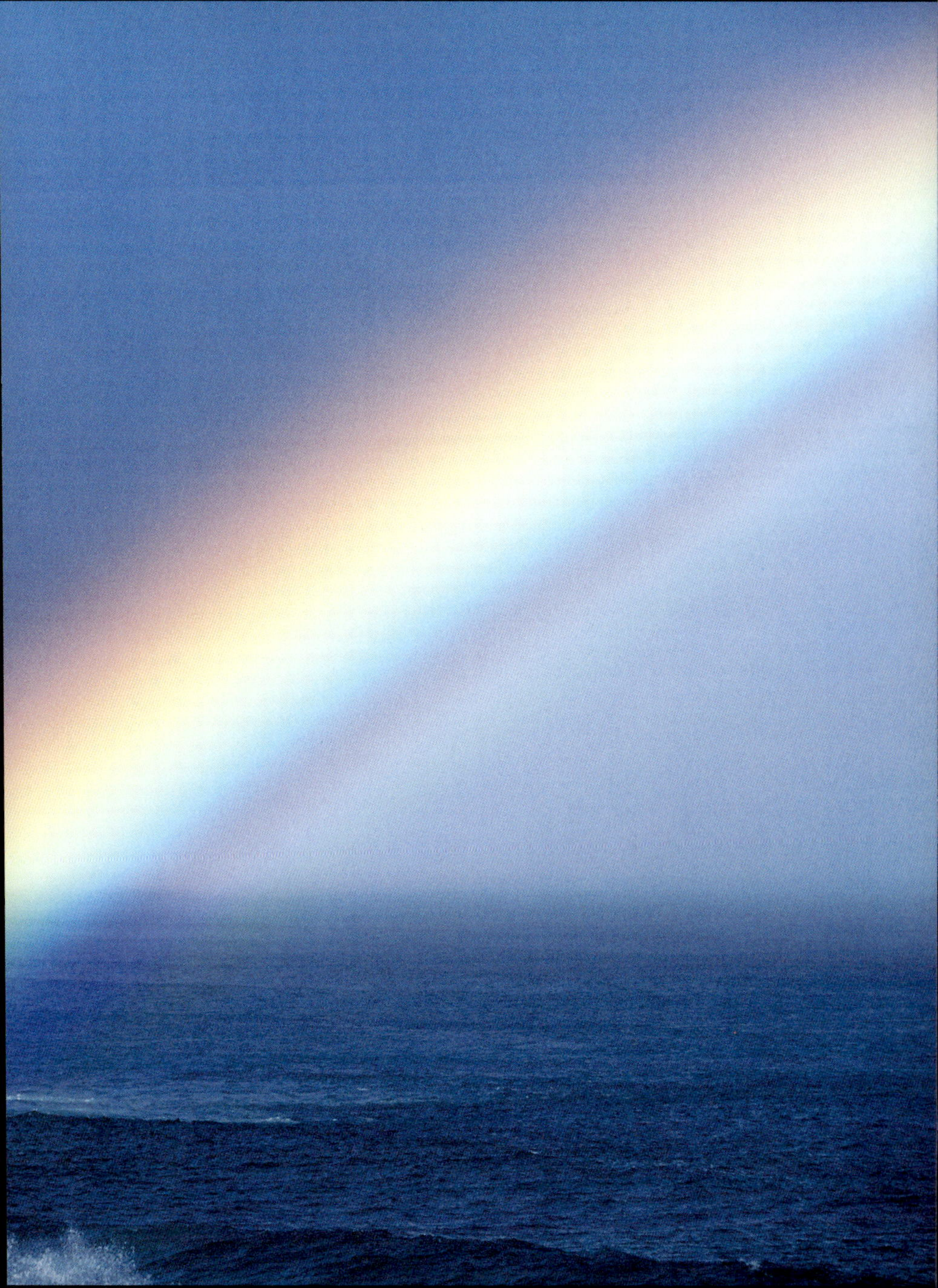

EXAMPLE ITINERARY オススメのスケジュール例

ハワイの玄関口ホノルルへ！ DAY 1▶3

ホノルル、ワイキキビーチ、ダイヤモンドヘッド、パールハーバー…これらの有名観光名所を抱くハワイ諸島で一番有名な島、オアフ島。この島からプライド オブ アメリカ号に乗船して他の島々への旅が始まる。

船に足を踏み入れてまず驚くのは、なんといっても船内の広さだろう。まさに洋上の動く街だ。ここで、我が家のように暮らし、日々異なる島へと航海していく。オアフ島出航翌日は、マウイ島に到着。

SPOT:01　DAY 1-3
プライド オブ アメリカ
全長280m、全幅32m、80,439トン…。2,000人以上の乗客と900人以上の乗組員が乗船する大型客船。親子、カップル、友人同士でも。誰もが楽しめるように追求されたこの船は、ハワイ巡りに最適だ。

SPOT:02　DAY 1-3
マウイ島
2日間に渡って上陸できるマウイ島。素敵なビーチや美しき休火山ハレアカラ、12〜4月にかけてやってくる数千頭ものザトウクジラで有名だ。それらの魅力から、別名「魔法の島」とも呼ばれている。

スケジュール Schedule

1日目	午前	成田発〜ホノルル着	
	午後	プライド オブ アメリカ乗船 [船内泊]	
2,3日目	終日	マウイ島カフルイ寄港 [船内泊]	

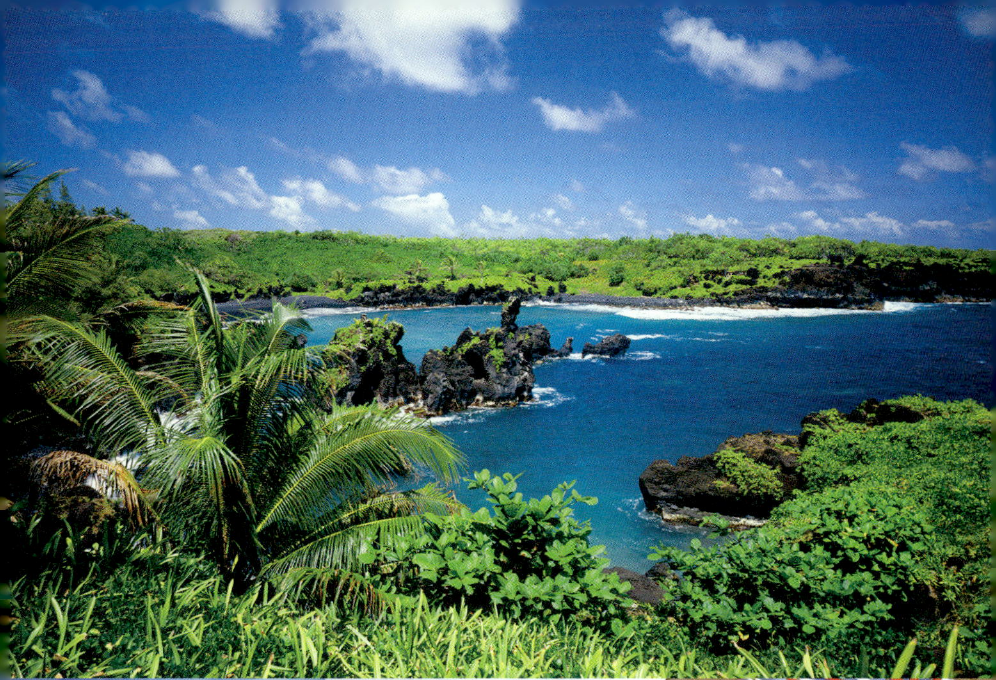
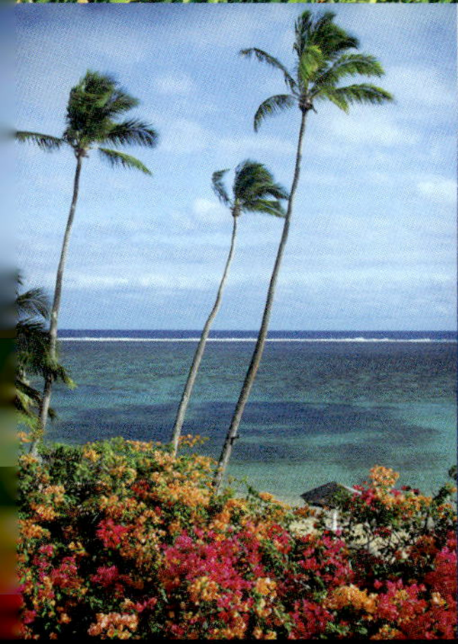
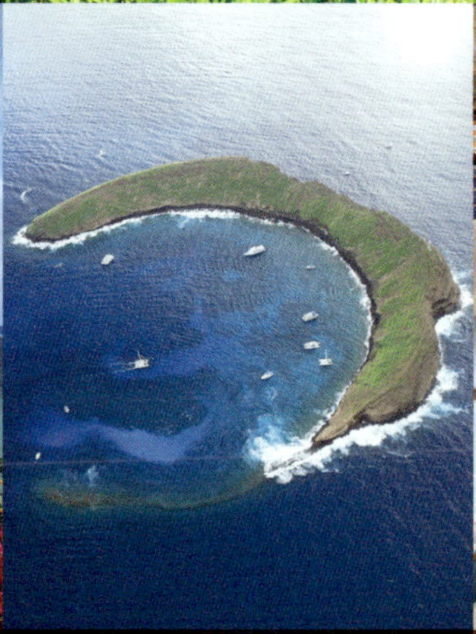
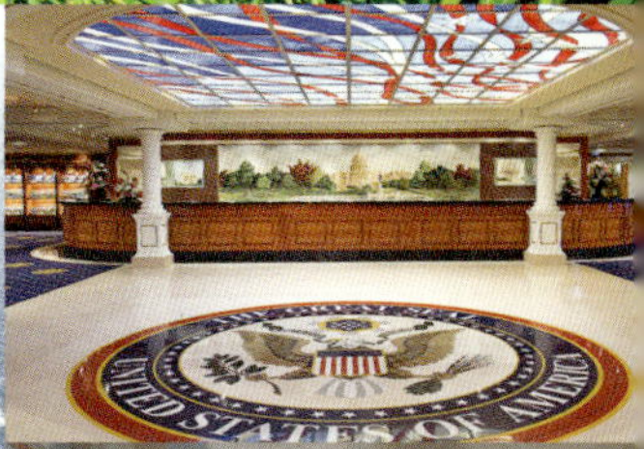
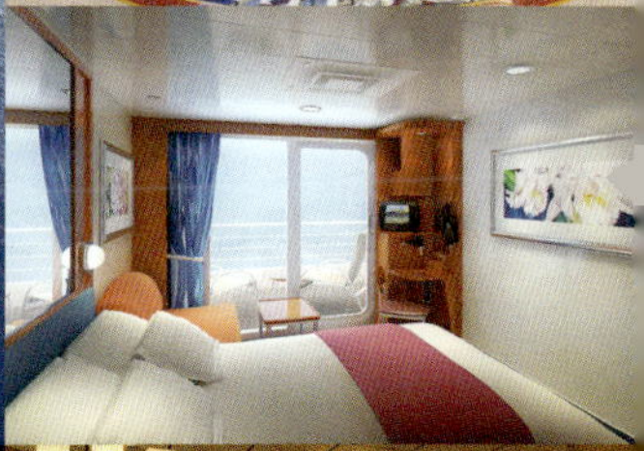
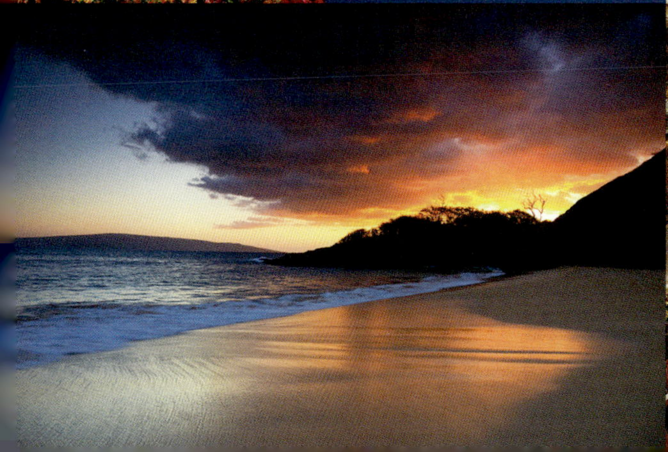
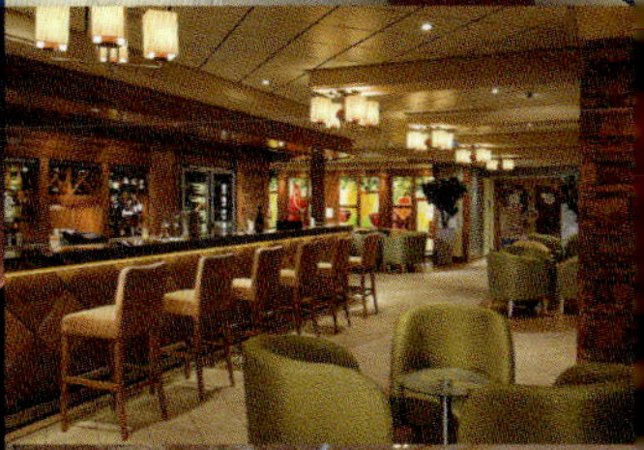
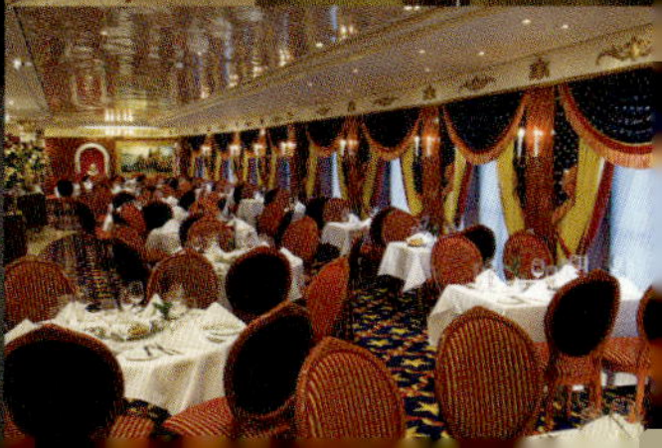

EXAMPLE ITINERARY
オススメのスケジュール例

ハワイ諸島最大の
ビッグアイランドへ！

DAY 4▶5

ハワイ諸島で一番大きな島、ハワイ島。通称ビッグアイランドと呼ばれ、大自然に包まれる島だ。ハワイ諸島の中でも大地から湧き出るエネルギーが一番多いと言われ、世界有数のパワースポットとしても知られている。東にヒロ、西にコナという観光の拠点となる大きな街があり、2日間に渡りそれぞれに寄港する。ヒロ出港後に行われる「キラウエア火山を沖合から眺める遊覧」では、状況次第では海に流れゆく溶岩を見ることができ、地球の鼓動を感じられる。

ハワイ島・ヒロ　SPOT:01　DAY 4-5
チェック!!

ハワイ最高峰、マウナケア（標高4,200m）へ。車で頂上へ行くこともできるし、ハイキングやサイクリングでも楽しめる。また、他にも洞窟や滝、渓谷、植物園などへ行くツアーも準備されている。

ハワイ島・コナ　SPOT:02　DAY 4-5
チェック!!

島の西側に多くのイルカが棲息していることで有名。ドルフィンウォッチングは、底がガラスになっているボートに乗って行うこともできるので、海に潜らなくてもOK。イルカはもちろん、熱帯魚や珊瑚礁なども見ることができる。

スケジュール Schedule

4日目　終日　ハワイ島ヒロ寄港［船内泊］
5日目　終日　ハワイ島コナ寄港［船内泊］

ハワイ4島巡り完結！

DAY 6→9

ハワイ島を出港し、次なる目的地はハワイ諸島北部にあるカウアイ島。ジュラシック・パークをはじめ、数々のハリウッド映画の舞台にもなっている島だ。一番の見所は、太古からほとんど姿を変えることのない雄大な自然。出港後には、鋭い形をした断崖絶壁が連なる海岸線ナパリ・コーストの遊覧も楽しむことができる。下船後は、飛行機の出発時間にもよるが、時間の許す限りオアフ島を楽しもう。

カウアイ島 | SPOT:01 | DAY 6-9

太平洋のグランドキャニオンと呼ばれる雄大なワイメア渓谷。そして風雨によって浸食され創造された、奇跡の海岸線ナパリ・コースト。この島では、地球が創り出した芸術品の数々を堪能しよう。

オアフ島 | SPOT:02 | DAY 6-9

どこに行っても日本語が通じるというぐらい、日本人旅行者に優しい島。ショッピングに食事に観光と、どれも楽しむことが出来る。一時代を風靡した「この木なんの木気になる木」の木も、ここオアフ島のモアナルア・ガーデンで見ることができる。

スケジュール / Schedule

- **6,7日目** 〈終日〉 カウアイ島ナウィリウィリ寄港［船内泊］
- **8日目** 〈午前〉 下船
- 〈午後〉 ホノルル発〜成田へ［機内泊］
- **9日目** 〈午前〉 成田着

EXAMPLE ITINERARY ✈ HAWAII

travel information:

旅の予算 / Budget

大人1名分の総予算　20万円〜

総予算内訳

- 🏷 **現地予算　14万円〜**
  ※現地予算は本書オススメスケジュールの料金目安
  現地交通費、クルーズ代（2人部屋「バルコニー付き船室」利用時の1名分料金）諸経費を含む、一部食費、各島での行動費含まず
- ✈ **航空券　6万円〜**　※エコノミークラス往復料金、燃油サーチャージ含まず

親子旅にオススメのホテル / Recommended hotel

船旅で一番迷うのは、どのクラスの船室にするかということだろう。船の内側にあるインサイドの客室が最も安く、窓が付いたり、バルコニーが付いたり、広くなったりする毎に金額が上がっていく。親子旅なので、ある程度の広さと、すぐに外の空気に触れることができるバルコニー付きの船室を本書ではオススメしたい。

時差 / Time difference

「**-19時間**」　日本より19時間遅れ。ハワイが正午の時、日本は翌日の午前7時。

飛行機に関して / About the flight

成田〜ホノルルは直行便で**約7時間**。日本の航空会社はもちろん海外の航空会社も毎日直行便を運行している。また、羽田空港からも直行便が毎日運行していて、フライト時間は**約7時間20分**。タイミングを選ばずホノルルへ行くことができるので、とても便利だ。

旅のシーズン / Best Season

一年を通じて気候が安定しているハワイ。いつ訪れても快適な滞在が期待できる。しかし、日本が冬の時期や大型連休時は混み合い、料金も上がるので、外した方がベター。

この旅の問い合わせ先
Arranging the trip

[スタークルーズ日本オフィス（ノルウェージャンクルーズライン）] ▶ www.ncljpn.jp

プライド オブ アメリカを運行しているのが、ノルウェージャンクルーズラインという船会社。この旅に参加を希望する際は、まずは上記に連絡を。船旅に関する細かな質問にも丁寧に答えてくれるので、クルーズが初めての人でも安心だ。また希望すれば、飛行機やホテルも含めた手配依頼するのに最適な旅行会社も紹介してくれる。まずは、気軽に相談してみよう。

この旅のヒント
Hints for the trip

- 手配は日本語で進められるし、プライド オブ アメリカにも日本人スタッフが常駐しているので、言語の心配は不要。安心して楽しむことができる。
- 基本的に毎週土曜日にオアフ島を出航するので、それに合わせて準備をしよう。
- 3人以上で1つの客室を利用する場合、3人目のクルーズ料金はグンっと下がり、1人あたりの料金がかなりお得に。
- それぞれの島に上陸したら、船会社が主催する現地のツアーに参加するか自由行動となる。効率良く名所に行けるのはツアーなので、クルーズ申込時に旅行会社に相談して決めよう。
- このクルーズの特徴のひとつが、カジュアルな服装で過ごせるということ。日中はTシャツなどで過ごし、夕方以降でも襟付きのシャツという軽装なので、肩肘張らずに参加できる。
- キラウエア火山で流れ出る溶岩を見ることができるかどうかは状況次第。見ることができない場合は、沖合の遊覧をしない場合も。

+α 周辺情報
One more trip

天国の海
ONE MORE TRIP　SPOT:01

オアフ島の北東にあるヘイア・ケア埠頭からボートで10分。そこに広がるカネオヘ湾は、天国の海と呼ばれるほどの美しさ。特に湾の真ん中に浮かぶ砂浜は、360度エメラルドグリーンの海に囲まれた極上空間だ。

ハワイアンジュエリー
ONE MORE TRIP　SPOT:02

オアフ島での滞在を延ばすとしたら、ぜひハワイアンジュエリー作りにトライしてみよう。プロのインストラクターに教えてもらいながら作るので、失敗する心配もない。一生の想い出に残るアクセサリーを。

フラダンス
ONE MORE TRIP　SPOT:03

古来より受け継がれてきたフラダンス。ハワイの代名詞とも言えるこのダンスは、日本でも大人気。この旅をきっかけに、はじめてみるのはどうだろう？初心者向けや日本語対応も多く、気軽にチャレンジすることができる。

紀元前への旅
~Visit the World of ancient history~

TRIP: 06

国名: エジプト

🇪🇬 EGYPT

7泊10日　時差: -7時間

- ■旅の快適度　★★★★☆
- ■アクセスの良さ　★★☆☆☆
- ■歩く時間の短さ　★★★☆☆
- ■物価の安さ　★★★☆☆

① 直行便で行くことができる
② 日本語ガイドが同行(※一部を除く)するので、言語面も心配不要
③ 旅行会社が現地にあるので、安心して旅ができる

フライト時間：✈14時間 (成田〜カイロ)、45分 (カイロ〜ルクソール)
　　　　　　　✈1時間30分 (アスワン〜カイロ)

旅のポイント

TRIP:06　遺跡を望む旅

一度は訪れたい、古代文明発祥の地！悠久の歴史を語る巨大遺跡群と、母なる大河ナイルをゆく、
エジプト縦断の旅。

2011年、エジプトのひとつの時代に終止符が打たれた。革命によって誕生した新生エジプトは新たなる道を歩き出し、人々も時間も止まることなく進んでいく。しかし、同時に変わらないものもある。それが数千年もの時を超え、現代に継がれてきた古代エジプトの遺跡群だ。

カイロには大迫力の三大ピラミッドにスフィンクス、ツタンカーメンで有名な考古学博物館。ナイル川を下れば、神殿や墓などが大スケールで広がるルクソール遺跡をはじめとした遺産が盛りだくさん…。これらすべてが紀元前という気の遠くなるほどの過去の時代に造られたものなのだ。老若男女を問わず世界中の人々を魅了し続ける、圧倒的な迫力がそこにはある。

首都カイロではデラックスホテルに宿泊し、ナイル川では豪華客船に乗船してクルージング。流暢な日本語を話すガイドと共に、エジプトを縦断しながら名所を訪れ、ナイル川流域に栄えた文明をたっぷりと満喫する。親子の歴史の1ページに重ねる、悠久の歴史をゆくエジプト旅へ。

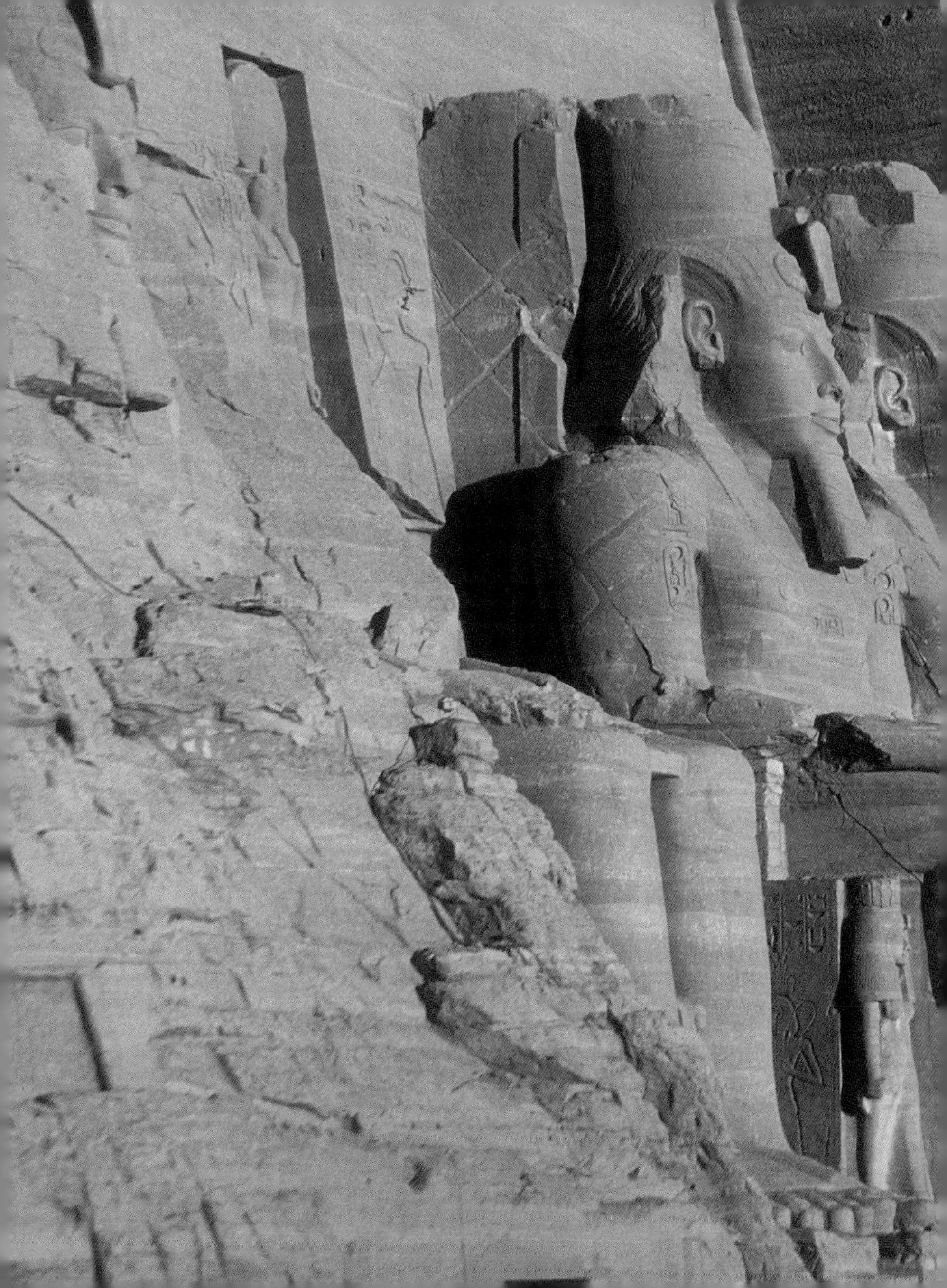

古代エジプトが創造した神秘の巨大遺跡群
数千年もの間立ち続ける荘厳な姿を眺める

古代文明発祥の地、エジプトに到着！

DAY 1▶2

アフリカ北部に位置する国、エジプト。首都カイロの空港に到着したら、専用車でピラミッドの目の前にあるギザのホテルへ向かおう。早朝にホテルに着くので、まずは休憩を。そして、三大ピラミッド、スフィンクス、そしてエジプト考古学博物館へ。ちょっと怖いかもしれないが、ミイラ室もぜひ覗いてみよう。他にもモスクや、バザール（市場）などの散策もオススメだ。

ギザの三大ピラミッド　　SPOT:01　｜　DAY 1-2

世界遺産に登録されている三大ピラミッド。一番大きいクフ王の墓は、紀元前2,540年頃に、20年以上をかけて作られた。高さ139m、石材約280万個という、ピラミッド建築で最大規模のものだ。中に入るとピラミッドパワーで若返るという説も…。

スケジュール Schedule

- **1日目**
  - 夜　✈ 成田発〜カイロへ［機内泊］
- **2日目**
  - 早朝　カイロ着、ホテルチェックイン
  - 午前　ギザの三大ピラミッド、スフィンクス
  - 午後　エジプト考古学博物館、バザール散策など
  - ギザのホテル泊

母なる大河、ナイルをクルーズ！

DAY 3▶4

3日目は国内線でナイル川クルーズの乗船地ルクソールへ。到着したら、まずは近郊の遺跡を見に行こう。古代エジプトの神を奉ったカルナック神殿やルクソール神殿など、見応えのあるものがたくさんある。観光後は豪華客船ソネスタ・セントジョージ号に乗船。ナイルに沈む夕陽を眺めながら、ゆっくり寛ごう。翌日は対岸にある、ツタンカーメンのマスクが出土したことで有名な「王家の谷」へ。荒野に点在する墓に入ってみれば、古代エジプトの象形文字"ヒエログリフ"を間近で見ることもできる。また、王家の谷の反対側にある唯一の女性の王、ハトシェプストの葬祭殿も見逃せない。

カルナック神殿、ルクソール神殿 | SPOT:01 | DAY 3-4

チェック!!

ルクソールはかつてエジプト帝国の首都として「テーベ」と呼ばれ、栄華の中心にあった。そこに建てられたのが、世界最大の神殿建造物であるカルナック神殿と、その副神殿ルクソール神殿だ。

王家の谷 | SPOT:02 | DAY 3-4

チェック!!

ルクソール市街地のナイル川を挟んで西岸にある遺跡。「西」は太陽の沈む方向で死を象徴しており、古代エジプトの王たちの墓が集中的に発見されている。墓に足を踏み入れれば、壁画から当時の様子をうかがうことができる。

スケジュール / Schedule

- 3日目 午前 ✈ カイロ発〜ルクソール着
- 午後 ⚓ クルーズチェックイン、東岸の神殿群観光［船泊］
- 4日目 午前 🚶 西岸の王家の谷観光
- 午後 🚶 クルージング［船泊］

EXAMPLE ITINERARY ✈ EGYPT

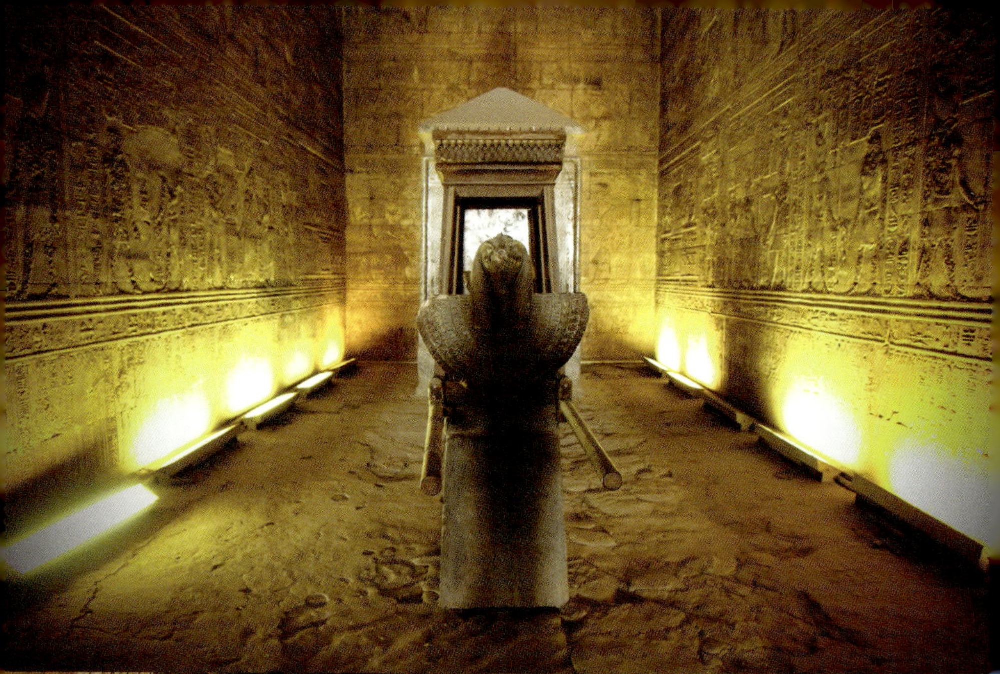
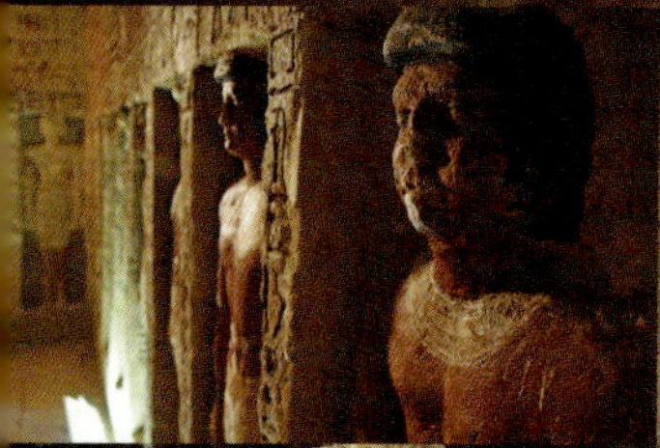
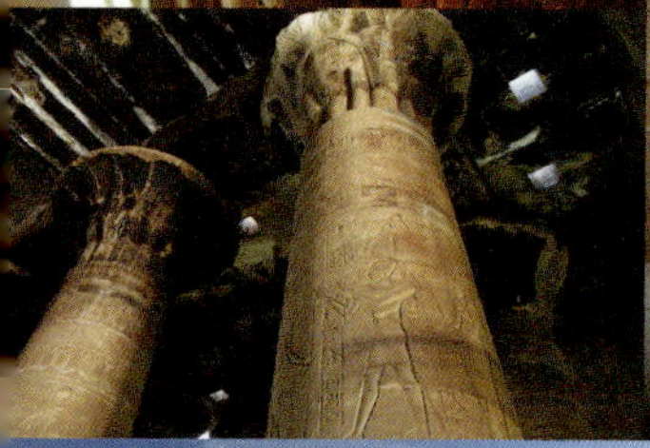
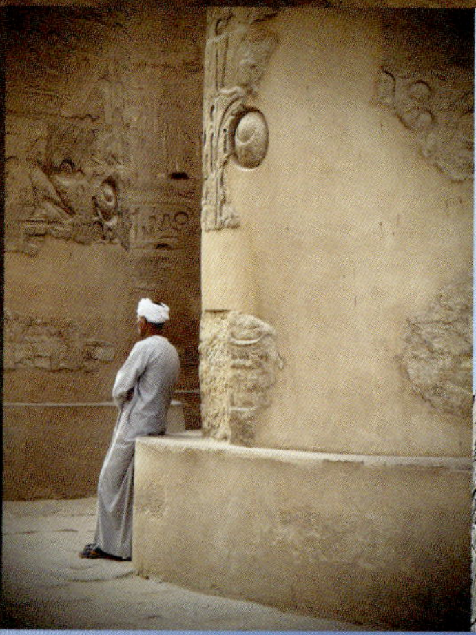
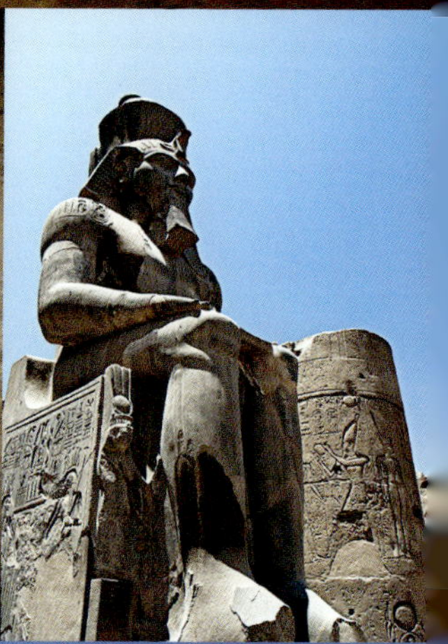
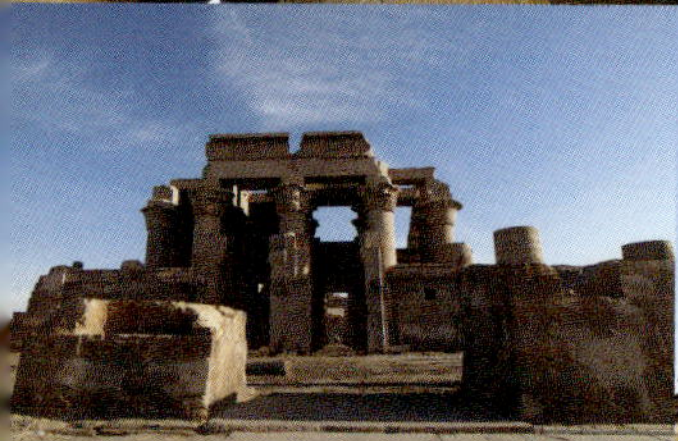
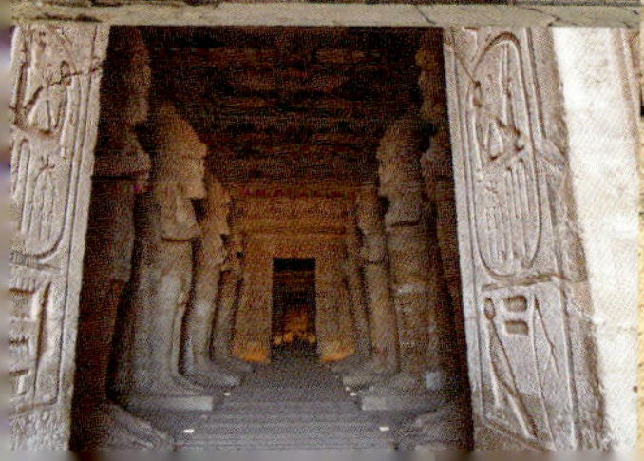
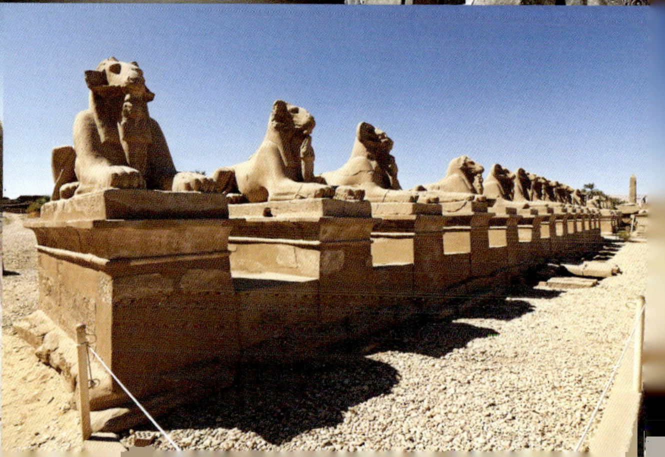

まだまだ続く、大迫力の遺跡群観光！
DAY 5▶10

5〜7日目は、クルーズで南下しながら様々な遺跡を見に行こう。立ち寄るのは、巨大な塔門が迎えるエドフ・ホルス神殿、美しいレリーフと石の重量感があるコム・オンボ神殿、砂漠に囲まれた広大な水源アスワンハイダムなど。アブシンベル神殿はオプショナルツアーとなるが、ぜひ訪れて欲しい。スーダンとの国境近くにあるこの神殿は、巨大な岩山を掘り作られたもの。年に2回だけ、陽の光が神殿の奥にある像を照らすことで有名だ。そして、ここアスワンで船を降りたら国内線でカイロへ。郊外にある赤いピラミッド、屈折したピラミッドなどを巡ろう。

アブシンベル神殿 | SPOT:01 | DAY 5-10
アスワンからアブシンベル神殿までは、車で約3時間。早朝に出発すると、正面から朝日を受ける神殿を拝むことができる。大神殿は高さ33m、幅38m、奥行き63mという桁違いの大きさだ。

ダハシュール、サッカーラ観光 | SPOT:02 | DAY 5-10
ギザの三大ピラミッドも有名だが、ダハシュールにある真正ピラミッドでは、最古となる赤いピラミッドや、表面の化粧板がまだ多く残されている屈折ピラミッドを見ることができる。サッカーラにある階段ピラミッドなど、ギザ以外のピラミッドもぜひ見ておこう。

スケジュール Schedule

- **5日目** 午前：馬車に乗ってエドフ・ホルス神殿観光
  - 午後：コム・オンボ神殿観光［船内泊］
- **6日目** 午前：クルージング
  - 午後：アスワン観光（アスワンハイダムなど）
  - 帆船でナイル川セイリング［船内泊］
- **7日目** 午前：アブシンベル神殿
  - アスワン発〜カイロ着
  - ホテルチェックイン［ギザのホテル泊］
- **8日目** 午前：ダハシュール観光
  - 午後：サッカーラ観光［ギザのホテル泊］
- **9日目** 午前：フリー、ホテルチェックアウト
  - 午後：カイロ発［機内泊］
- **10日目** 午後：成田着

EXAMPLE ITINERARY ✈ EGYPT

travel information:

旅の予算 / Budget

大人1名分の総予算　31万円〜

総予算内訳

現地予算　23万円〜
※現地予算は本書オススメスケジュールのパッケージ料金目安
現地送迎、飛行機代（国内線2区間）、現地日本語ガイド（観光スポットのみ、移動時やクルーズ中は除く）、ナイル川クルーズ代（2人部屋利用時の1名分料金）、各地入場料（ミイラ展示室除く）、ホテル代（2人部屋利用時の1名分料金）、食事（朝8回、昼6回、夕3回）を含む、一部食費を除く

航空券　8万円〜　※エコノミークラス往復料金、燃油サーチャージ含まず

親子旅にオススメのホテル / Recommended hotel

Le Meridien Pyramids Hotel & Spa（ル・メリディアン・ピラミッド・ホテル・アンド・スパ）　▶ www.lemeridien-pyramids.com
世界を代表する高級ホテルグループ。ホテルからピラミッドを望むことができる絶好のロケーションに建っている。快適な滞在が約束される。

Sonesta St.George（ソネスタ・セントジョージ号）
▶ www.sonesta.com/NileCruises
ナイル川に誕生した最新鋭のクルーズ船。プールやラウンジ、バー、ヘアサロン、部屋にはバスタブまで。もちろん食事もすべて付いている。英語のガイドとなるが、外国人慣れしているスタッフばかりなので、快適に過ごすことができる。4連泊するには最適な船だろう。

時差 / Time difference

「-7時間」　日本より7時間遅れ。エジプトが正午の時、日本は午後7時。

飛行機に関して / About the flight

成田〜カイロは直行便で**約14時間**。国内線のカイロ〜ルクソールは**45分**、アスワン〜カイロは**約1時間30分**となる。成田〜カイロの直行便運行日数は変わりやすく、週2便だったり3便だったりする。飛行機の予定を確認するところからはじめよう。

旅のシーズン / Best Season

一年中観光は可能だが、砂漠地帯の夏は大変暑く、特に5〜9月は連日30度以上になる。冬は温暖で、雨も降らないので過ごしやすい。ただ昼夜の気温差が激しいので、温度調節するため長袖の羽織る物を持っていくといいだろう。

この旅の問い合わせ先 / Arranging the trip

[SKY BIRD TRAVEL]　▶ info@skybirdtravel.net
上記は現地旅行の個人ツアーをアレンジできる現地旅行会社。メールで連絡を取ることができる。すべて日本語で手配依頼ができるし、日本語ガイドも簡単に手配可能。もちろん手配依頼以前でも質問できるので、気軽に連絡してみよう。

06: エジプト

この旅のヒント
Hints for the trip

- 歴史も文化も風土も、日本とはまったく異なる国エジプト。家族で快適に、そして欲張りに観光するなら、効率よく旅できるこのツアーが断然オススメ。
- 現地についてからのツアー予約は得策ではないので、日本出発前に完了させておこう。
- 国際観光都市とはいってもイスラム教徒の多い国。特に女性は肌の露出を控えるよう心がけよう。
- エジプトへの旅行を検討する際は、外務省の渡航情報などで治安状況を確認しておこう。

+α周辺情報
One more trip

ヨルダン | ONE MORE TRIP | SPOT:01
中東を代表する遺跡と言えば、ヨルダンのペトラ遺跡も外せない。インディ・ジョーンズ最後の聖戦の舞台になったことでも知られる遺跡だ。他にも赤い大地に岩山が無数に並ぶワディラムや死海での浮遊体験なども楽しめる。帰路に立ち寄ってみるのもオススメだ。

ドバイ | ONE MORE TRIP | SPOT:02
世界中から人々が集まる国際都市、ドバイ。超高級ホテルからテーマパーク、様々なアクティビティが揃う近代都市だ。直行便を利用しない場合、乗り継ぎ地となることも多いので、その場合は1、2泊して遊ぶのも面白いだろう。

シーシャ | ONE MORE TRIP | SPOT:03
他にも様々な呼び名があるが、水タバコのこと。主に喫茶店で楽しむことができ、昼間から吸って寛いでいる人も多い。リンゴやマンゴー、バナナなど、いろいろなフレーバー（匂い）から選択することができる。

龍に創られし地へ
～Dragon created the land～

TRIP: 07

国名: **ベトナム**

VIETNAM

4泊5日　　時差: **-2時間**

- 旅の快適度　★★★★☆
- アクセスの良さ　★★★☆☆
- 歩く時間の短さ　★★★★★
- 物価の安さ　★★★★★

① 比較的移動時間が短い直行便で行くことができる
② 現地の食事が、日本人の口にも合いやすい
③ 1人10万円台〜行くことができる

フライト時間: ✈6時間30分 (成田〜ハノイ)

TRIP:07 自然を感じる旅

降龍伝説の地、ハロン湾へ。
山水画のような神秘の別世界を親子で堪能!

ベトナム北部に舞い降りた龍の親子。口から宝石を吐き出すことによって、迫り来る敵を追い払った。その宝石が地球に突き刺さり、岩へと姿を変えた——。これが、ベトナム随一の景勝地「ハロン湾」に浮かぶ数千もの奇岩群に継承されてきた伝説だ。ベトナムの首都ハノイから車に乗って約3時間半で到着する船着き場。ハロン湾を堪能する方法は、やはり船がベストだ。ここから出港するクルーズ船に乗って伝説の地を堪能しよう。そこでは自然の驚異とも言える数々の奇岩が紡ぐ絶景、そして水上で生活している人々の日常を垣間見ることができる。ワンデークルーズ (所要約3〜4時間) が一般的だが、それらの奇跡の空間を、わずか数時間で堪能するのは少々もったいない。せっかくなら、日没や夜明けの美しいハロン湾が楽しめる1泊2日のクルーズをオススメしたい。外海ではないので、船が揺れる心配もないし、なにより船旅ならではのゆったりとした贅沢な時間を、親子で一緒に楽しむことができるから。まるで山水画の世界に飛び込んでしまったかのような、神秘の別世界を味わおう。

見渡す限りに広がる奇岩群
ベトナム随一の景勝を、船上から望む

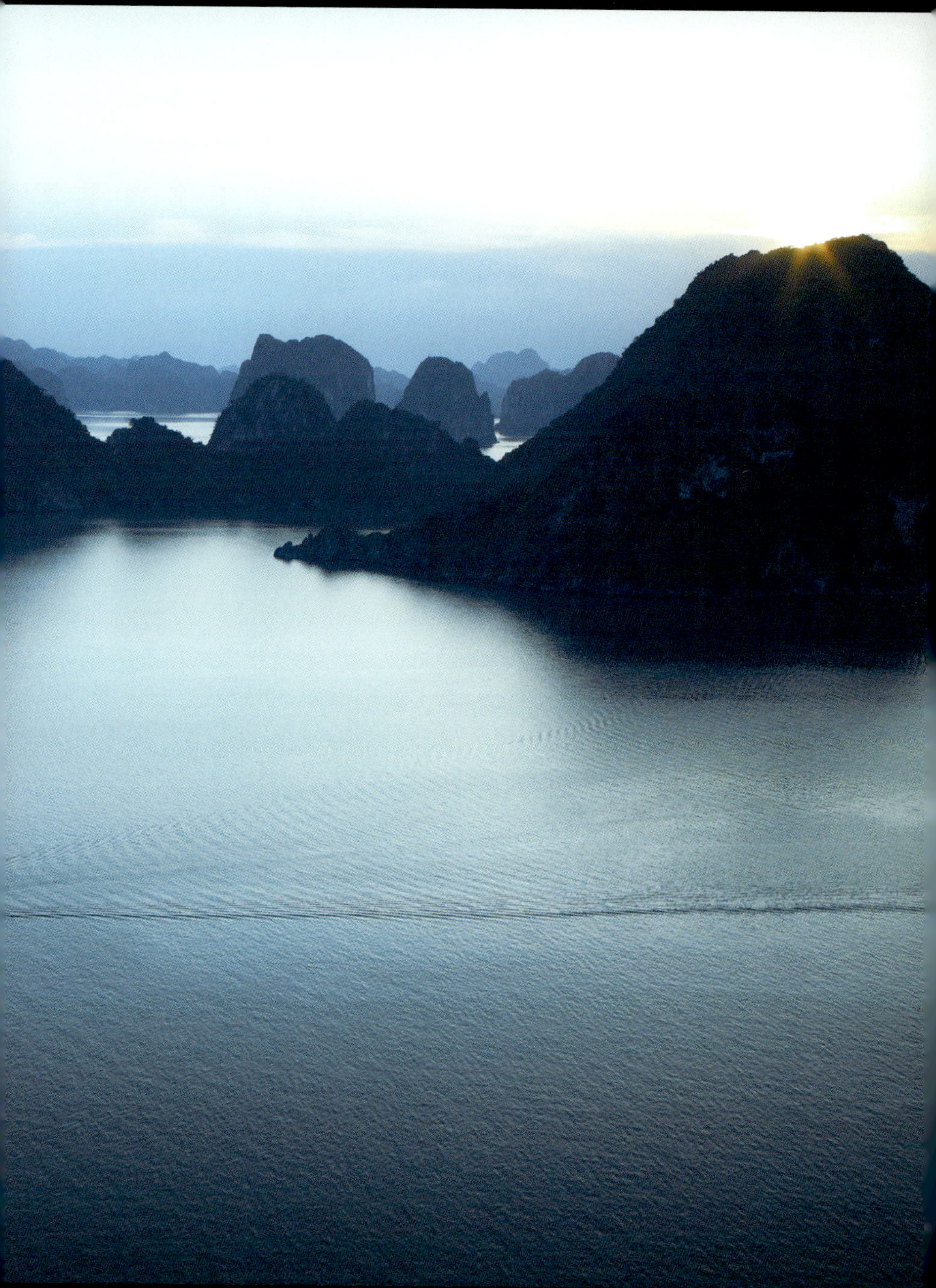

EXAMPLE ITINERARY
オススメのスケジュール例

遂にベトナムに到着。
まずは水上人形劇へ！

DAY 1

初日。直行便とはいえ空の旅は少なからず体力も使うもの。空港に到着したら、まずはホテルにチェックイン。一休みしたら、ハノイで絶対に見ておきたい水上人形劇を楽しもう。夕食時には、ベトナムローカルビール「333（バーバーバー）」で乾杯！

チェック!!

水上人形劇 | SPOT:01 | DAY 1

農民によって生み出され、芸術にまで高められた水上人形劇。水上に浮かぶ人形たちは音楽に合わせて繋がった糸で操られる。その動きはまるで生きているのかと錯覚してしまうほど。1,000年の歴史を持つ伝統芸能を堪能しよう。

スケジュール
Schedule

1日目
- 午前　✈ 成田発～ハノイ着
- 午後　🏨 ホテルチェックイン、休憩
- 夜　　🚶 水上人形劇観賞［ハノイのホテル泊］

96　VIETNAM

街を散策して、ハノイの空気にどっぷり浸かろう！

DAY 2

2日目は、ハノイ市内観光へ！ベトナム市民が作り出す活気溢れる街並みを、シクロ（三輪タクシー）に乗って巡ろう。左右に軒を連ねる商店は見ているだけでも面白い。その中でもアオザイ屋や雑貨屋は必見ポイントだ。ちょっと疲れたら、足マッサージもオススメ。夜はハノイを代表するベトナムの魚料理「チャーカー」に舌鼓を。

アオザイ　　　　　SPOT:01 ｜ DAY 2

ベトナムの民族衣装アオザイは、タイトに着用するのがお洒落。なので、体の十数カ所を採寸してのオーダーメイドが基本。様々な色、模様の生地の中からお気に入りを選べるので、女性には特にオススメだ。

シクロ　　　　　SPOT:02 ｜ DAY 2

シクロと呼ばれる三輪の自転車タクシー、いわゆる力車だ。人力だけにスピードはとてもゆっくり。だからこそ、車からでは気づかないふとした街の風景を眺めることができる。

スケジュール Schedule　2日目　終日　シクロで市内観光［ハノイのホテル泊］

EXAMPLE ITINERARY ✈ VIETNAM

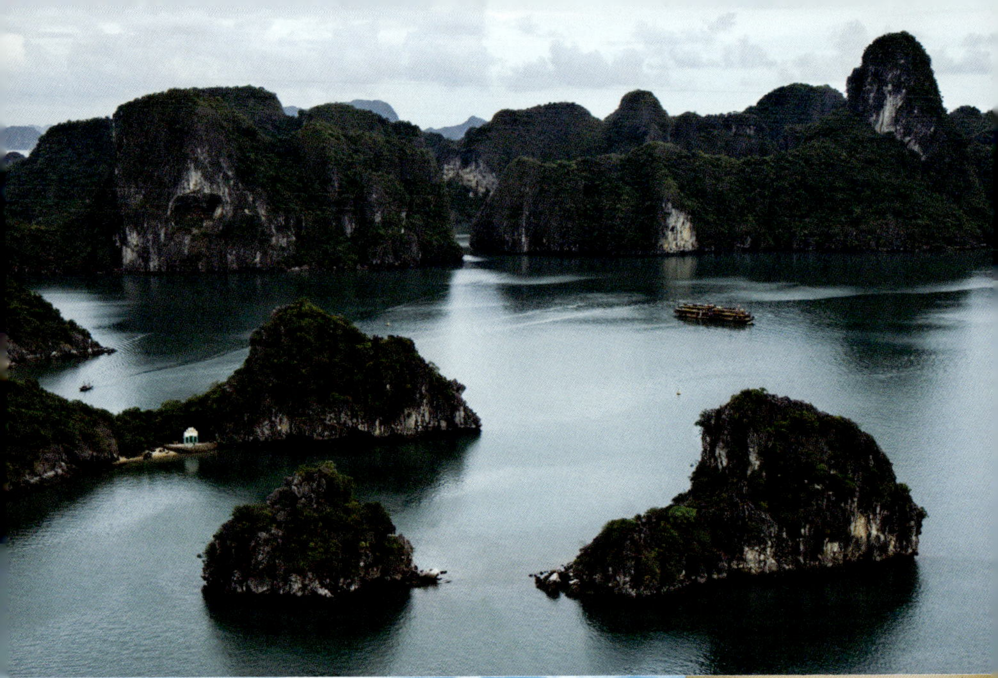

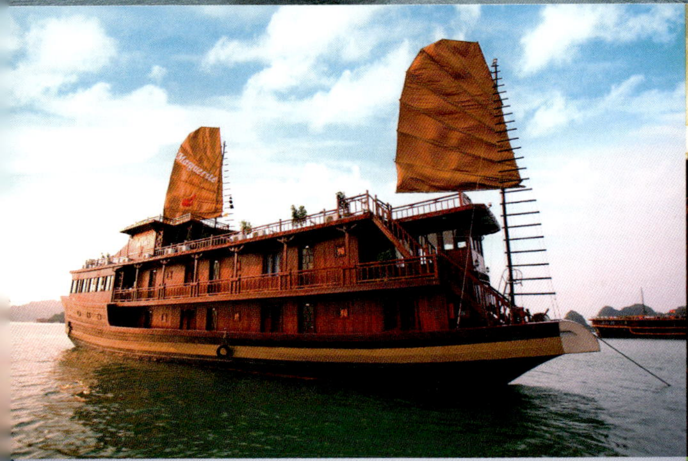

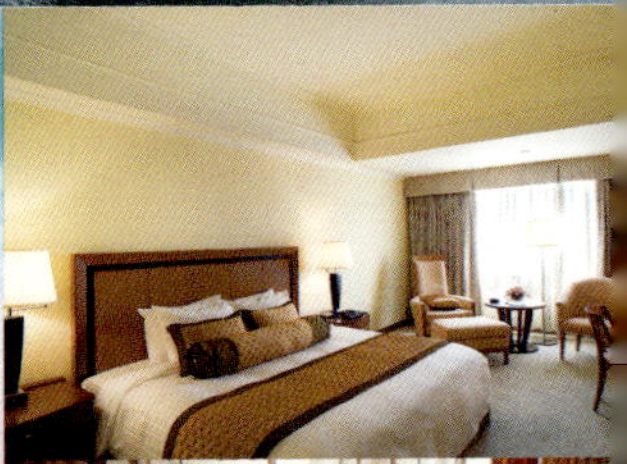

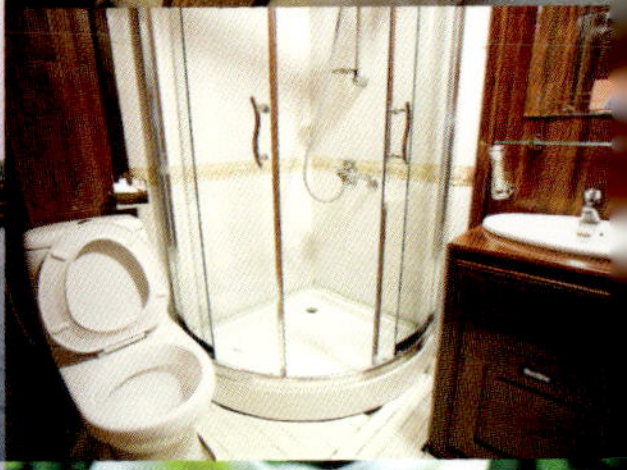

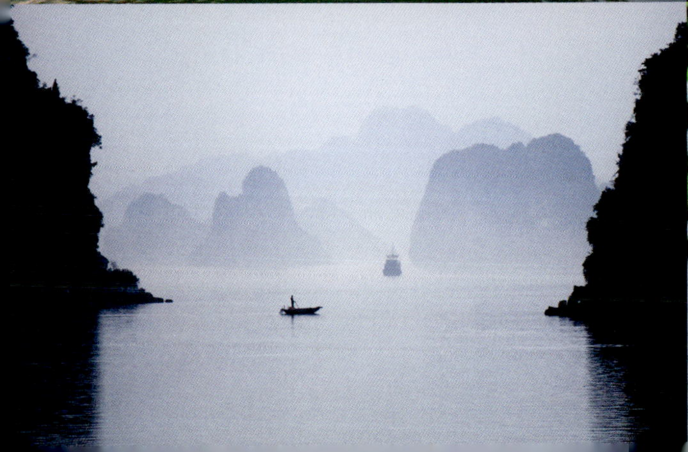

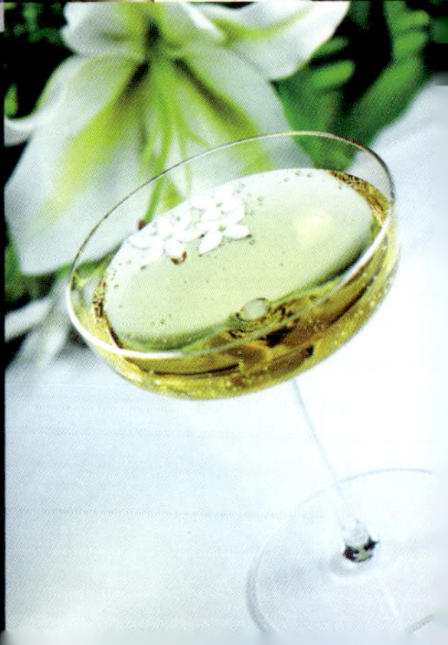

DAY 3▶5

降龍伝説の地「ハロン湾」へ!

3、4日目は、旅のハイライト、ハロン湾クルーズへ。その道中に訪ねたいのが、バッチャン村。お土産に最適な陶器が多く揃っている村だ。そして、いよいよハロン湾をゆく「マルグリット号」に乗船。待ち焦がれた絶景を親子で眺めよう!

バッチャン村 | SPOT:01 | DAY 3-5

バッチャン村は11世紀頃から陶器で栄えた村で、今でも村民の90％以上もの人が焼き物に携わっている。色彩豊かな陶器が所狭しと街を賑やかしているので、歩いているだけでも面白い。クルーズ前に立ち寄ってみよう。

ハロン湾 | SPOT:02 | DAY 3-5

ハロン湾とは漢字で「下龍湾」と書く。読んで字の如く、降龍伝説が存在する。数千もの奇岩、島はただ眺めるだけではない。洞窟探検やシーカヤックなどで間近に迫っていくこともできる。

ハロン湾クルーズ船 | SPOT:03 | DAY 3-5

1泊2日のクルーズを催行している船は多くあり、クラスも様々。その中でもオススメは「マルグリット号」。ジャンク船と呼ばれる伝統的な中国様式の帆船だ。現代風にアレンジして作られた船内には、落ち着きのある空間が広がっている。食事も美味しく、親子旅に最適な船だ。

ホーチミンの家 | SPOT:04 | DAY 3-5

南北に分断されていたベトナムを統一し、独立に導いた主導者ホーチミン。彼の家が現存し、公開されている。レストランや店舗など、いろいろな場所で彼の写真を見ることも多いだろう。人々の心に刻まれる人物の歴史にもふれてみよう。

ベトナムコース料理 | SPOT:05 | DAY 3-5

ベトナム最後の一夜は、フランス統治時代の高級官僚の邸宅を改装したレストランで特別な夕食を。日本人の口にも合う、ハノイ風の揚げ春巻きを始めとしたベトナムコース料理を家族で楽しもう。

スケジュール Schedule

- 3日目 午前 バッチャン村観光
- 午後 ハロン湾クルーズ乗船 [船内泊]
- 4日目 午後 ハロン湾クルーズ下船、ホーチミンの家
- スペシャルディナー [ハノイのホテル泊]
- 5日目 深夜 ハノイ発～成田着

EXAMPLE ITINERARY ✈ VIETNAM

travel information:

旅の予算
Budget

大人1名分の総予算　14万円〜

総予算内訳

現地予算　6万円〜
※現地予算は本書オススメスケジュールのパッケージ料金目安
現地送迎、現地日本語ガイド（ハロン湾、ホテル滞在時を除く）、ハロン湾クルーズ代（2人部屋利用時の1名分料金）、ホテル代（2人部屋利用時の1名分料金）を含む、一部食費含まず

航空券　8万円〜　※エコノミークラス往復料金、燃油サーチャージ含まず

親子旅にオススメのホテル
Recommended hotel

ホテル日航ハノイ　▶ www.jalhotels.com/jp/overseas/asia/hanoi/
日本の航空会社JAL系列のホテル。日本語が通じるのはもちろんだが、やはり日本人の肌に合う快適なサービスが安心感を倍増させる。

時差
Time difference

「-2時間」　日本より2時間遅れ。ベトナムが正午の時、日本は午後2時。

飛行機に関して
About the flight

成田〜ハノイは直行便で**約6時間40分**。オススメは往復共に運行しているベトナム航空の直行便。韓国の仁川などで、乗り継ぎをすることによって、費用が安くなることも。

旅のシーズン
Best Season

雨量の少ない10〜2月がカラっとしているので、ベストシーズンだ。この時期であれば暑さによって体力を奪われる心配も減る。朝晩は若干涼しくなるので、長袖の羽織る物を持っていくといいだろう。

この旅の問い合わせ先
Arranging the trip

[ICC Travel]　▶ www.icctour.net　MAIL: info@icctours.com

現地にある旅行会社。すべて日本語で手配依頼ができ、日本語ガイドも簡単に手配できる。もちろんベトナムに精通しているので、旅の準備段階から、現地滞在中までとても頼りになる旅行会社だ。まずは、気軽にメールを送って相談してみよう。

07: ベトナム

この旅のヒント
Hints for the trip

- すべて日本語で手配を進めることができ、ホテルも日本語対応可なので、言語に心配のある人でも安心して楽しめる。
- ハロン湾クルーズは日本を出発前に予約を完了させておこう。また、水上人形劇の観賞券はすぐに売り切れてしまうので、観賞を希望する場合は、こちらも事前に予約しておいた方が安心。
- ハロン湾クルーズのみは、英語となる。しかし説明を聞きながら、というよりも景色を楽しむ旅なので、特に困ることはないだろう。

+α 周辺情報
One more trip

ホーチミン | ONE MORE TRIP | SPOT:01
国内最大の商業都市ホーチミンの喧噪と活気はベトナム1。ショッピングに観光、戦跡巡りと楽しみ方は様々だが、ハノイとはまた異なる雰囲気のベトナムを感じることができる。

アンコール遺跡群 | ONE MORE TRIP | SPOT:02
隣国カンボジアのアンコール遺跡群は非常に有名な世界遺産。ハノイからも直行便で遺跡最寄りの空港シェムリアップまで行くことができるので、これを機に悠久の歴史にふれてみるのもいいだろう。

犬食文化 | ONE MORE TRIP | SPOT:03
ベトナム全土に根付いている訳ではないが、一部の地域のレストランでは犬肉料理を食すことができる。そのひとつがハノイだ。なかなか日本では馴染みがないが、犬肉の歴史は古く、アジア諸国ではお祝いの料理ともされてきた。なかなかない機会だけに、新たなる"食"にトライしてみては？

アジアの心にふれる
～The heart of Asia～

TRIP: 08

台湾
TAIWAN

3泊4日　時差:-1時間

- ■旅の快適度　★★★★☆
- ■アクセスの良さ　★★★★★
- ■歩く時間の短さ　★★☆☆☆
- ■物価の安さ　★★★★☆

① 移動時間が短い直行便で行くことができる
② 現地の食事が、日本人の口にも合いやすい
③ 1人7万円〜行くことができる

フライト時間：✈ 3時間30分 (成田〜台北)

TRIP:08 文化にふれる旅

アジアの美食に舌鼓を打ち、レトロな町並みや美しき湖畔を歩く。
麗しの島、台湾をゆく快適&グルメトリップ。

面積が小さいながらも、豊かな自然と文化に恵まれている台湾。4,000m近い高山があると思えば、南国風のビーチもある。近代都市、台北があると思えば、台湾先住民族の伝統文化も息づいている。異国であるにも関わらず、どこか懐かしい雰囲気が漂う所も魅力だ。

ジブリ映画「千と千尋の神隠し」のモデルとなったと言われ、海の見えるレトロな町並みが人気の九份。十数種類もの中から茶葉を選び、ゆっくりしたティータイムを味わえる茶館。肌をツルツルにしてくれる、礁溪(しょうけい)温泉。初代総統の蒋介石を記念した中正紀念堂や、英霊を祀る忠烈祠(ちゅうれつし)、世界4大博物館と言われる故宮博物院。先住民族の文化を紹介する九族文化村で歌と踊りを見学したり、日月潭(にちげつたん)という湖畔にある落ち着いたリゾートで寛いだり…この小さな島には魅力が満載だ。また、食事も忘れてはいけない。高級レストランで、市場で、そして屋台で。様々な種類の絶品台湾料理を食べることができる。デラックスバスで効率良く巡る快適な台湾の旅を。

親しみが湧く昭和レトロな町並みに出逢い
強烈なアジアの薫り漂う台湾料理を食す

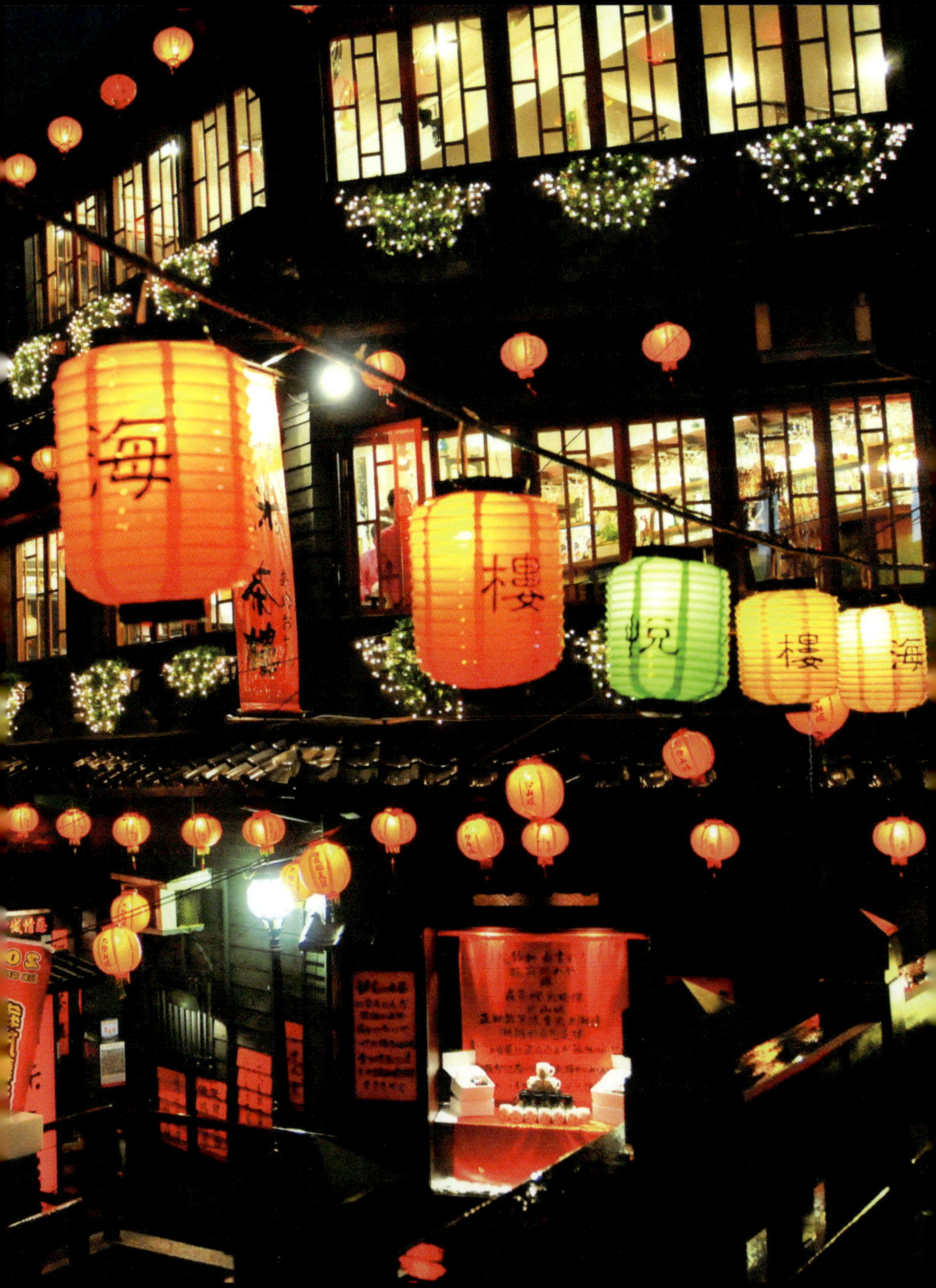
海
樓
悅
樓
海

EXAMPLE ITINERARY
オススメのスケジュール例

わずか3時間で行ける台湾へ

DAY 1

台湾の首都、台北に降り立ったらデラックスバスに乗り込み九份へ。情緒溢れるレトロな建物ばかりなので、歩いているだけで楽しい気分になる町だ。神経痛や関節痛にも効用があると言われている台湾風温泉もぜひ訪れたい。

九份 | SPOT:01 | DAY 1

19世紀末に金が発掘されことにより栄えた町。現在は当時の面影を色濃く残すノスタルジックな雰囲気が人気となっている。屋台で名物スイーツ、芋圓(ユイェン)(タロイモ団子)などの軽食をつまみながら散策するのが楽しい。

礁渓温泉 | SPOT:02 | DAY 1

台湾を代表する一大温泉街。無色無臭の温泉が、肌をきめ細かくしてくれる。街中には、建ち並ぶ温泉宿の他に温泉公園というものもあり、自然の中で足湯をすることもできる。台湾風温泉街を楽しもう。

スケジュール Schedule

1日目
- 午前 ✈ 成田発〜台北着
- 午後 🚶 九份、礁渓温泉
- 🛏 礁渓温泉のホテル泊

106 TAIWAN

台湾の伝統にふれよう

DAY 2

2日目は、台湾の古き良き伝統文化・伝統芸術に触れることができる宜蘭（ぎらん）へ。"国立伝統芸術中心（かさいげき）"というテーマパークで、台湾オペラと言われる台湾歌仔戯や工芸、演劇などを見学しよう。工芸は体験もできるので、トライしてみては？
台北市内に戻り、蒋介石の巨大な銅像がある"中正紀念堂"や、一糸乱れぬ警備兵士の交代儀式が見られる"忠烈祠"、世界4大博物館と言われている"故宮博物院"などを巡ろう。昼食は肉汁溢れる小籠包を堪能し、夕食は地元の人から観光客まで幅広い層から愛されている老舗台湾料理屋で舌鼓を打つ。一日の締めくくりには、台北の街並みを一望できる超高層ビル"台北101"で夜景にうっとりしよう。

国立伝統芸術中心　　SPOT:01　DAY 2

海を越えやってきた中国文化。台湾の伝統芸能は、この文化をベースに、台湾独自のものを生み出し、発展をとげてきた。演劇や音楽、舞踏、工芸、雑技など、様々な"伝統"を丸ごと楽しむことができる。

中正紀念堂　　SPOT:02　DAY 2

中華民国の統一を果たした初代の総統蒋介石。日本とは日中戦争で戦うことになったが、生涯に渡り深い関係を持っていた。建物の中には、文献や写真の展示室、図書室、当時の執行室を再現した部屋などがある。

小籠包　　SPOT:03　DAY 2

白菜や椎茸、海老、フカヒレ、豚のひき肉などを、薄皮で包み蒸したもの。3cmくらいの小さなものを一口で食べると、中から熱いスープが出て来る。好みによって、黒酢や醤油をかけて食べるのもオススメだ。

EXAMPLE ITINERARY ✈ TAIWAN

故宮博物院

| SPOT:04 | DAY 2 |

戦時中に中華民国政府が台湾に撤退する際、北京にある故宮博物院から精選し運び出した美術品が展示されている。その数は70万点近くにも及び、世界一の中国美術工芸コレクションと言われる。

老舗台湾料理屋「欣葉」(シンイエ)

| SPOT:05 | DAY 2 |

50人ものシェフが厨房に立っている為、注文してから料理が出て来るまでがとても早い。日本人の対応にも慣れてるので安心だ。野菜や肉、海の幸も豊富。米から小麦粉を使った料理まで幅広いメニューがある。

台北101

| SPOT:06 | DAY 2 |

高さ502mで、地上101階まである。2008年時点では世界一高い建物だった。展望台は89階にあるが、高速エレベーターに乗れば40秒ほどで到着する。日本語音声ガイドもあるのが嬉しい。

スケジュール Schedule　2日目
- 午前　国立伝統芸術中心、中正紀念堂、小籠包の昼食
- 午後　忠烈祠、故宮博物院老舗台湾料理屋にて夕食、台北101［台北のホテル泊］

湖畔リゾートでのんびり

DAY 3▶4

3日目は台湾を代表する湖畔リゾート日月潭へ。道中には、日本人にも大人気の台湾郷土料理、魯肉飯(ルーロウファン)での昼食を。お腹が満たされたら、台湾の先住民の伝統文化や生活習慣を知ることができる九族文化村へ。各民族の生活の様子や、代表的な歌や踊りを見ることができる。そこからロープウェイで下ればもう日月潭。ホテルのバルコニーからのレイクビューは、ロマンティックな夕陽と荘厳な朝靄が特に美しい。温泉もありゆったりと寛ぐことができる。

最終日は台北に戻り、弥勒大仏像(みくろ)で有名な宝覚寺(ほうかくじ)を訪問。空港へ向かう車内では、台湾最後の食事、北京ダック弁当を堪能しよう。

魯肉飯 | SPOT:01 | DAY 3-4
台湾のB級グルメと言われている魯肉飯。脂身を含んだ豚肉を細切れにし、台湾醤油と米酒、砂糖などで甘辛く煮込んだものを、ほかほかの白米の上に汁ごとかけて食べる。地元の人にも大人気の料理を味わってみよう。

九族文化村 | SPOT:02 | DAY 3-4
台湾先住民の生活を窺い知れる施設以外にも、ヨーロッパ式の庭園や遊園地なども揃う一大テーマパーク。童心に返ってジェットコースターやフリーフォールに乗ってみたりするのもいいかも!?

日月潭 | SPOT:03 | DAY 3-4
ここの美しさは、世界的にも有名。東側は円形なので「日」潭、西側は三日月形なので「月」潭と呼ばれている。この湖に浮かぶラル島は、サオ族の人々が精霊の集う場所としてとらえていた聖地だ。

宝覚寺 | SPOT:04 | DAY 3-4
町の中に忽然と現れる高さ30mもの金色の弥勒大仏像。柔和な笑顔は見るからにご利益がありそうだ。実はここには、日本人墓地や日本軍と闘って戦死した方の慰霊碑がある。手を合わせて世界の平和を祈ろう。

スケジュール / Schedule

3日目
- 午前：バスにて移動、魯肉飯の昼食
- 午後：九族文化村、日月潭
- ホテルチェックイン [日月潭のホテル泊]

4日目
- 午前：宝覚寺
- 午後：台北発〜成田着

EXAMPLE ITINERARY ✈ TAIWAN

travel information:

旅の予算
Budget

大人1名分の総予算　7万円〜

> **現地予算　7万円〜**
> ※現地予算は本書オススメスケジュールのパッケージ料金目安
> 航空券、現地送迎、ホテル代（2人部屋利用時の1名分料金）、食費（朝3回、昼3回、夕3回）、を含む

総予算内訳

親子旅にオススメのホテル
Recommended hotel

地理的要因から礁渓温泉・台北・日月潭それぞれに宿泊することとなる。ツアーの場合は、ホテルが指定されることも多いが、日月潭ではこだわりのホテルに泊まりたい。

雲品酒店（フロー・デ・シン・ホテル）　▶ jp.fleurdechinehotel.com
美しい日月潭の湖畔にあり、このエリア初の天然温泉付き高級リゾートホテル。自然と調和した建物で、客室にいながらにして周囲の景観を楽しむことができる。マウンテンビュー、レイクビューとあるが、オススメはレイクビュー。少々金額が上がってしまうが、静かな湖の景観はとても素晴らしい。大浴場やマッサージもあるので、リラックスできること間違いなし。サイトは日本語もあるので安心だ。

時差
Time difference

「-1時間」　日本より1時間遅れ。台湾が正午の時、日本は午後1時。

飛行機に関して
About the flight

成田〜台北は直行便で**約3時間30分**。成田からも羽田からも毎日直行便が運行している。時間帯も午前中から夜までと色々あるので、スケジュールに合わせて便を選択することが可能だ。

旅のシーズン
Best Season

3〜4月は台湾の春だが、少々雨が多い時期。5〜9月は気温、湿度が共に高い。12〜2月は日本に比べ暖かいが旧正月前後となり、少々慌ただしい時期。もちろんどの時期でも楽しむことができるが、中でもベストシーズンは秋の10〜11月。過ごしやすく気持ちのいい日が続く時期だ。

この旅の問い合わせ先
Arranging the trip

[H.I.S.]　▶ www.his-j.com
日本全国にあるH.I.S.の営業所にて旅の相談や手配が可能だ。台北にも支店があるので、現地入りしてから困ったことなどがあった場合、すぐに連絡できるので心強い。日本でも、現地でも頼りになる旅行会社だ。

08: 台湾

この旅のヒント
Hints for the trip

- 小さな島ながらも見所が点在するので、パッケージ旅行の方が楽で快適だろう。本書ではH.I.S.の「〜九份・礁渓温泉・台北・日月潭・台中〜 3列シートのデラックスバスで行く湯ったり巡る台湾くつろぎの旅4日間〜」をベースに紹介した。通常のパッケージとは異なり、広くゆったりとしたバスを利用するので、親子にもオススメだ。
- 屋台での生ものには注意が必要。特にお腹の弱い人は、生魚や牡蠣などのあたりやすい生もの、生水は避けた方が無難だろう。
- 親日家が多く、日本語を話せる人も多い。しかし、年配の方が話せるのは日本が台湾を占領した際の日本語教育によるものなので、失礼な態度や質問には気を付けよう。

+α 周辺情報
One more trip

プーリージョウツァン
埔里酒廠 | ONE MORE TRIP | SPOT:01

埔里酒廠の特産品と言えば紹興酒。特に長期間熟成させた「陳年紹興酒」は、究極の酒と言われている。併設された酒文化館では製造方法が紹介されており、試飲コーナーもある。紹興酒アイスキャンディーやソーセージ、ケーキなども販売している。

夜市 | ONE MORE TRIP | SPOT:02

煌めく看板、軒を連ねる屋台、食事を楽しむ人々で賑わう夜市。まるでお祭りのような賑わいで、歩いているだけでも楽しい。串焼きや麺など飲食店はもちろん、マッサージやゲームなどの娯楽も。シーリン・グァンヴァン・イェスー 士林観光夜市、ホウジージエ・グァンヴァン・イェスー 華西街観光夜市が有名だ。

変身写真 | ONE MORE TRIP | SPOT:03

本格的なセットで、豪華な衣装やメイクを施し、プロのカメラマンに撮影してもらう変身写真が台湾で流行している。誰でもモデルに見えてしまうそのクオリティは、特に女性に人気だ。台湾で変身して、普段とは違った家族写真を撮ってみては？

大自然の澄んだ空気に包まれて
～In clear air of the wilderness～

TRIP: 09

国名：**カナダ**

CANADA

6泊8日　　時差：-16時間

- ■旅の快適度　★★★★☆
- ■アクセスの良さ　★★★☆☆
- ■歩く時間の短さ　★★★★☆
- ■物価の安さ　★★★☆☆

①直行便で行くことができる
②現地ガイドによるレクチャーがあるので、海外での運転も安心
③現地の食事が、日本人の口にも合いやすい

フライト時間：✈9時間45分（成田〜カルガリー）

TRIP:09　自然を感じる旅

カナダの大パノラマを親子でドライブ！
息を呑む自然美の宝庫、カナディアンロッキーへ。

どこまでも続く真っ青な空、絨毯のように大地を覆う緑の樹々、蛍光塗料を溶かしたかのような色鮮やかな湖、眩しく反射する純白の雪と氷河に包まれた山々——。瞬きを惜しむほどの絶景が、そこにはある。カナダ西部、アメリカとカナダに跨がる山脈の一部、カナディアンロッキーに広がる景色だ。多くの貴重な自然が残るこの広大な地は、まるごと世界遺産に登録され、多くの旅人を魅了し続けている。ここに通る一本の道、"アイスフィールドパークウェイ"。世界一美しい道と呼ばれ、次から次へと360度、絶景が現れる。誰もが通りたくなる道だ。この雄大なカナディアンロッキーから、カナダ西部の大都市バンクーバーまで。車のハンドルを自ら握りドライブする旅。気の向くままに、心の趣くままに。停車して目前に広がる景色を目に焼き付けたり、レストランやカフェに立ち寄って休憩してみたり。そして、移動中の車内では家族だけの完全なるプライベートな時間を楽しむことができる。スケールも感動も大きい親子ドライブを、大自然に包まれたカナダで楽しもう。

世界一美しいハイウェイを走り
あたりに散らばる宝石湖を望む

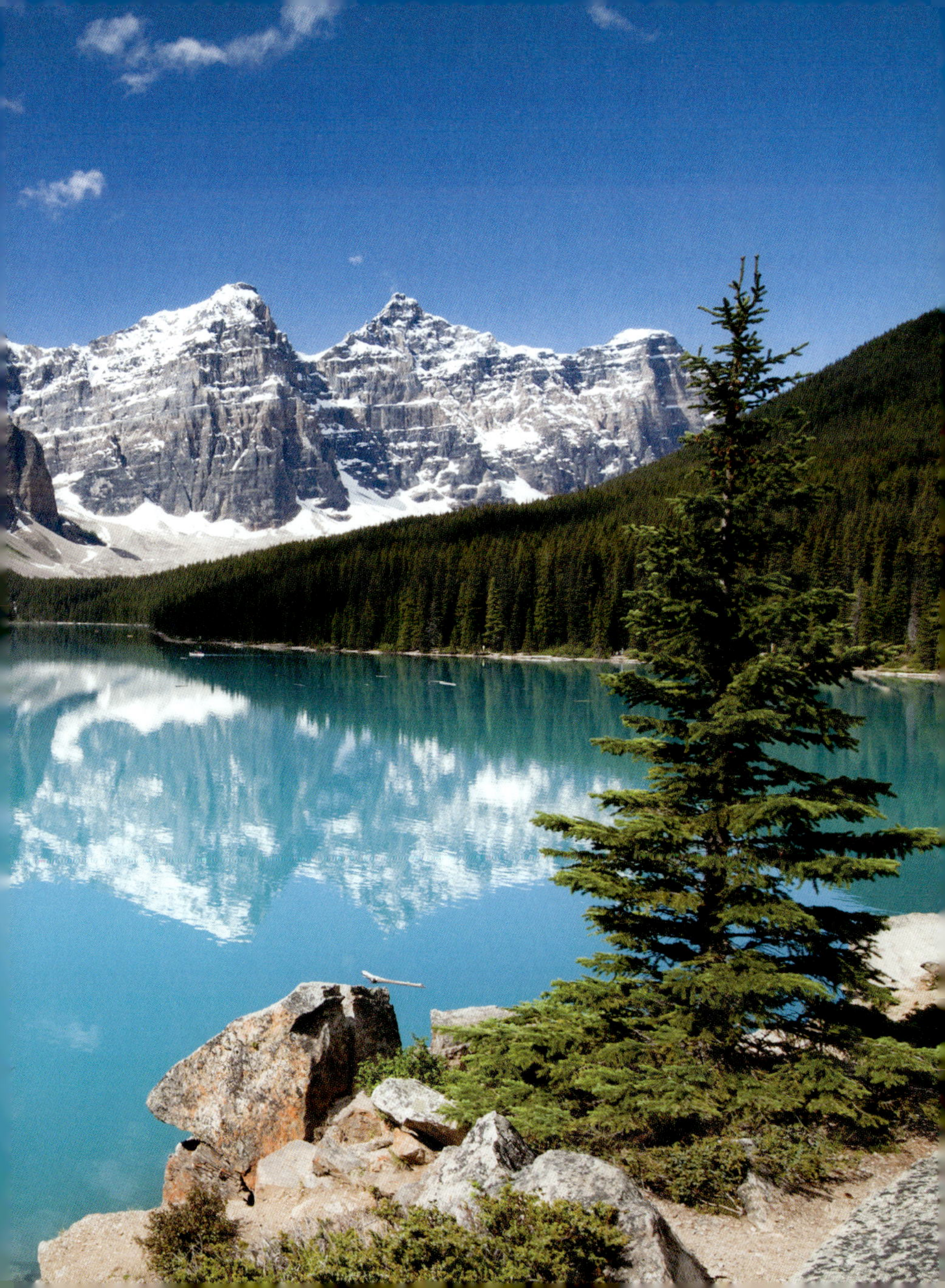

EXAMPLE ITINERARY
オススメのスケジュール例

ロッキー観光の拠点、バンフへ！

DAY 1-3

カルガリーの空港に到着したら、早速レンタカーを借りよう。現地のアシスタントが日本語で案内してくれるので、まったく心配はいらない。この日は、カナディアンロッキー観光の拠点の町バンフまで、約2時間のドライブとなる。道が広く、標識もわかり易いが、車は左ハンドル。すぐに慣れるが、最初は安全運転を心がけよう。2日目も、3日目も、ホテル出発前にガイドと打ち合わせができる。ガイドは同行しないが、事前にオススメルートや絶対外せない見所、美味しいレストランなどの情報を受け取ることができるので、不安なく満喫できる。

アイスフィールドパークウェイ | SPOT:01 | DAY 1-3

バンフからジャスパー国立公園に通じる全長280kmものハイウェイ。氷河の浸食によって削られてできたこの道は、世界一美しい道と言われている。湖や山々、大氷原など見所が尽きない道だ。

コロンビア大氷原 | SPOT:02 | DAY 1-3

北半球最大規模の氷塊。最も厚いところでは350mもある途方もなく大きな氷。この1万年以上もの歴史をもつ氷の上を雪上車で走ったり、自分の足で降り立ったり。カナディアンロッキーを代表する観光名所だ。

レイク・ルイーズ | SPOT:03 | DAY 1-3

エメラルドグリーンに輝く、カナディアンロッキーの宝石、レイク・ルイーズ。山肌に氷河を抱くビクトリア山が後方にそびえたち、その絶景が湖に映り込む。時間と共に色調を変えるこの湖は、訪れる者を魅了し続けている。

ペイト・レイク
SPOT:04 | DAY 1-3 | チェック!!

バンフから約100kmの地点にあるペイト・レイク。周りにある氷河から溶け出した水が溜まってできた湖で、水が幻想的な色をしているのが特徴。展望台から望む雄大な山脈と湖のコントラストは、言葉を失うほど素晴らしい。

カタカウ滝とエメラルド・レイク
SPOT:05 | DAY 1-3 | チェック!!

カナダ最大の落差を誇るカタカウ滝。410mもの高さから降り注ぐ滝で、非常にダイナミックな光景が広がる。またこの滝の近くにあるエメラルド・レイクもオススメ。絵に描いたような美しい湖を堪能してほしい。

スケジュール
Schedule

1日目
- (午後) ✈ 成田発〜カルガリー着
- 🚗 レンタカーにてバンフのホテルへ(移動約2時間)
- (夜) 🏨 ホテルチェックイン [バンフのホテル泊]

2,3日目
- (終日) 🚶 カナディアンロッキー観光(アイスフィールドパークウェイ、コロンビア大氷原など)
- 🏨 バンフのホテル泊

EXAMPLE ITINERARY ✈ CANADA

ロッキー山脈を抜け、西へ西へと走っていこう！ DAY 4▶5

カナディアンロッキーが抱く数々の絶景を通り抜け、一路ケロウナへ。バンフからは500kmほどの道のりだ。4日目の朝にもガイドと打ち合わせができるので、このロングドライブの見所などを聞いておこう。ケロウナ到着、出発時間によっては、乗馬体験やワイナリー見学などの体験もできる。

ケロウナ | SPOT:01 | DAY 4-5

カナダの人々の間で「老後に最も住みたい町」として注目を集めているケロウナ。町のシンボルとなっている湖畔をハイキングしたり、おしゃれなカフェに立ち寄ったり。のんびりとした滞在ができる。

ワイナリー | SPOT:02 | DAY 4-5

ケロウナのあるオカナガン地区は、ワインの産地としても知られ、郊外にはワイナリーが点在している。気候に恵まれたこの地域で作られるワインは、世界的な賞を受賞しているほど。お土産にも最適だ。

スケジュール Schedule

4日目（終日）✈ カナディアンロッキーを抜け、ケロウナへ
（移動約7時間）
🛌 ケロウナのホテル泊

5日目（終日）✈ ケロウナを出発し、バンクーバーへ
（移動約5時間）
🛌 バンクーバーのホテル泊

世界の人々の憧れの地、バンクーバーを満喫しよう！

DAY 6▶8

「世界一住みやすい！」「世界で一番住みたい！」と言われる憧れの街、バンクーバー。素晴らしい気候、驚くほどの治安の良さ、そして少し車を郊外へ走らせれば、すぐに自然の中で遊べる、ということが大きな魅力だ。グラウスマウンテンやキャピラノ渓谷などの自然、食事もショッピングも楽しいダウンタウン。多くの人種が街を行き交う国際都市バンクーバーを楽しもう。

グラウスマウンテン | SPOT:01 | DAY 6-8

バンクーバーの街を一望できる、標高1,250mのグラウスマウンテン。ロープウェイに乗って山頂へと行くことができる。展望台にはレストランやカフェがあるので、気持ちいいランチを楽しめる。

キャピラノ渓谷 | SPOT:02 | DAY 6-8

グラウスマウンテンのすぐ近くにあるキャピラノ渓谷。ここにかかる吊り橋は、世界一長い歩行者用の橋とも言われている。全長は137m、地面からの高さは70mもある。ゆらゆらと揺れる吊り橋を渡ってみよう。

ロブソン通り | SPOT:03 | DAY 6-8

バンクーバーのメインストリート、ロブソン通り。レストランやカフェ、土産物、ブランド品店まで様々な店が軒を連ねる。日本語の看板も多くとても分かりやすい。近くにある緑豊かなスタンレーパークでのんびりするのもオススメ。

スケジュール / Schedule

- **6日目** 午前 バンクーバー観光（グラウスマウンテン、キャピラノ渓谷の吊り橋など）
  - 午後 フリー［バンクーバーのホテル泊］
- **7日目** 午前 空港にてレンタカーを返却
  - 午後 バンクーバー発～成田へ［機内泊］
- **8日目** 午後 成田着

EXAMPLE ITINERARY ✈ CANADA

travel information:

旅の予算 / Budget

大人1名分の総予算　30万円〜

総予算内訳

現地予算　22万円〜
※現地予算は本書オススメスケジュールの料金目安
交通費（レンタカー代、保険代）、ホテル代（2ベッドルームを2名で利用した場合の1名分料金）、現地日本語ガイド（一部のみ）、コロンビア大氷原雪上車乗車代、グラウスマウンテンゴンドラ乗車賃、キャピラノ渓谷吊り橋入場料、食事（朝4回）を含む、ガソリン代、一部を除いた食事を含まず

航空券　8万円〜　※エコノミークラス周遊料金、燃油サーチャージ含まず

親子旅にオススメのホテル / Recommended hotel

下記に紹介するバンフ、ケロウナ、バンクーバーのホテルには、すべて2つのベッドルームがある。親子旅に最適なホテルだ。もちろん通常の1ベッドルームもあるので、人数によって部屋のタイプを決めよう。

フォックスホテル&スイート　▶ www.foxhotelandsuites.com
バンフでの3泊を過ごすホテル。あちこちに使われている木の温もりが心地いい。街の中心地にも近く便利だ。

マンテオ・リゾート　▶ www.manteo.com
ケロウナのオカナガン湖畔に建つホテル。部屋の中はスタイリッシュなモダンスタイル。ボートの貸し出しもあるので、湖で遊ぶこともできる。

カルマナプラザ　▶ www.carmanaplaza.com
バンクーバーのメインストリート、ロブソン通りに近くに建つホテル。街を散策するにもとても便利だ。レセプションでは、日本語対応も可能という嬉しいポイントも。空港まで車で約30分。最終日もゆっくり出発できる距離にある。

時差 / Time difference

「-16時間」　日本より16時間遅れ。カルガリーが正午の時、日本は翌日の午前4時。
「-17時間」　日本より17時間遅れ。バンクーバーが正午の時、日本は翌日の午前5時。
※サマータイム実施時は、カルガリーは-15時間、バンクーバーは-16時間となる。

飛行機に関して / About the flight

成田〜カルガリーは直行便で**約9時間45分**。
復路のバンクーバー〜成田は直行便で**約10時間15分**。
成田〜カルガリー間の直行便は毎日の運行ではないので注意が必要。一方、バンクーバー〜成田間は毎日運行している。

旅のシーズン / Best Season

気候的なベストシーズンは7〜8月だが、9月中旬〜10月にかけてのカナディアンロッキーの紅葉もオススメ。ただし9月以降は気温が下がるので、防寒具の準備が必要になる。

09: カナダ

この旅の問い合わせ先
Arranging the trip

[ism] ▶ shogai-kando.com

北米、南米、オセアニアなど多くの地域をカバーしている旅行会社 ism。パッケージでなく、レンタカーという特殊な旅だけに、現地に支店もあり、情報と知識がかなり豊富な ism は頼りになる。カナダを訪れるにあたっての細かなアドバイスもしてくれるので、気軽に相談してみよう。

この旅のヒント
Hints for the trip

- 本書で紹介したルートはオススメではあるが、あくまでも一例。日数を延長したり短くしたり、他の街や名所へ立ち寄ったり。というように組むことも可能だ。そのルートや内容によって、金額も異なってくる。
- 本書ではホテルの2ベッドルームを紹介したが、1ベッドルームの方がもちろん金額は安くなる。3〜4人での旅で2ベッドルームを利用すると割安だが、逆に2人で利用すると割高になる。旅に行く人数次第となるので、旅行会社に相談する際は、その部分も確認しよう。
- 忘れてはならないのが国際免許証。日本の免許を持っていても現地では運転できないので、最寄りの免許センターで取得しておこう。またレンタカーを借りる場合、クレジットカードは必須。

+α周辺情報
One more trip

グランビル・アイランド | ONE MORE TRIP | SPOT:01
バンクーバーのダウンタウンから可愛い渡し船で対岸の小島へ。かつては工場地帯だったこの島。今ではたくさんのおしゃれなお店が建ち並び、楽しい雰囲気になっている。ぶらっと散歩しにいくだけでもオススメ。

州都ビクトリア | ONE MORE TRIP | SPOT:02
バンクーバーが属するブリティッシュ・コロンビア州。その州都ビクトリアへは、水上飛行機やフェリーで行くことになる。色鮮やかな花が散りばめられたブッチャート・ガーデンをはじめ、博物館、美しいステンドグラスで有名なクレイダーロック城があるのもここビクトリア。見所満載だ。

JAPADOG（ジャパドッグ） | ONE MORE TRIP | SPOT:03
誰もが一度は食べたことがあるホットドッグ。それに日本の味がトッピングされた"JAPADOG"というものが、北米に誕生した。テリマヨやオロシ、ヤキソバ、ネギミソなどをはじめ、数十種類もの日本の味がある。ハリウッドスターも立ち寄る「最先端ホットドッグ」をバンクーバーで楽しんでみよう。

アジアの空と海へ
〜Into the sea & sky of Asia〜

TRIP: 10

アジア
ASIA

6泊7日　時差：-1時間

- ■旅の快適度　★★★★☆
- ■アクセスの良さ　★★★★☆
- ■歩く時間の短さ　★★★★★
- ■物価の安さ　★★☆☆☆

① 比較的移動時間が短い直行便で行くことができる
② 体力がなくても安心の船旅
③ 1人10万円台～行くことができる

フライト時間：✈7時間30分（成田～シンガポール）

TRIP:10　船で巡る旅

シンガポールの巨大船型空中パークで空と融合＆快適クルーズで巡る
南国アジア旅行！

　世界最大規模の客船会社「ロイヤル・カリビアン・インターナショナル」。クルーズが高価だった時代も今は昔。お手軽に異国情緒を堪能できる客船が世界中で就航している。中でもオススメは、日本からのアクセスが容易なシンガポール発着のクルーズ。拠点となるシンガポールを楽しんだ上で、近隣のマレーシアやタイへも簡単に行くことができるのだ。日本人コーディネーターも乗船するので、言語の心配が無用というのも嬉しいポイント。タイのプーケット、マレーシアのランカウイ島など、南国情緒溢れる寄港地を思いっきり楽しもう。
　旅の拠点シンガポールでは、近年誕生した「マリーナ・ベイ・サンズ」へ。55階もの高層ビルが3棟並び、その上には、大きな船型スカイパーク（空中公園）が横たわる。最大の特徴はなんといっても、57階にある世界最大規模の屋外プールからの眺め。プールの縁が上空191mで途切れ、青空と融合する景色───。まるで、空中を泳いでいるかのような錯覚をしてしまう。
　さぁ、行こう。シンガポール、タイ、マレーシアの3国を「船」で楽しむ旅へ。

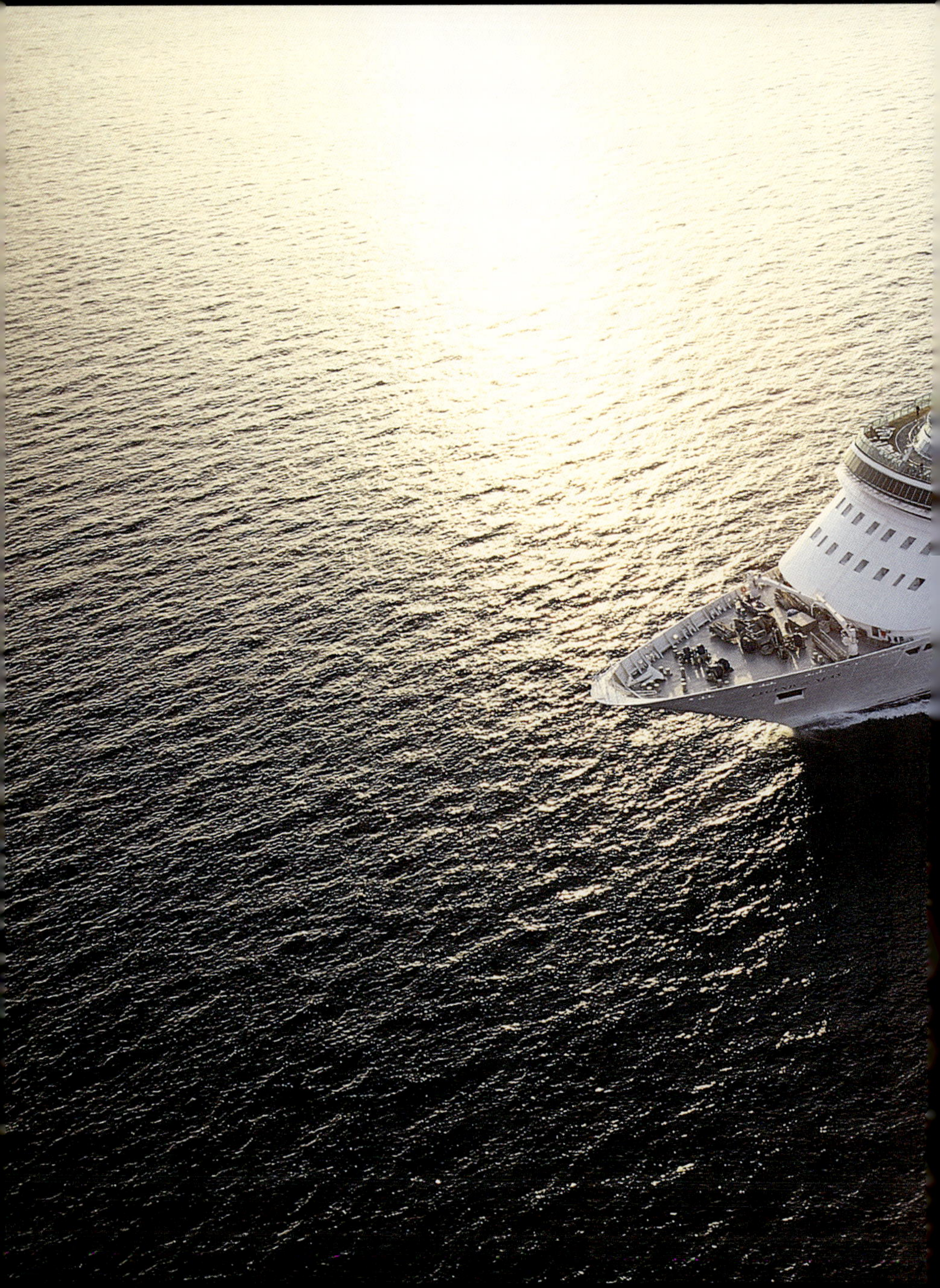

船旅を通して味わう南国情緒

EXAMPLE ITINERARY
オススメのスケジュール例

熱気溢れる常夏の島、シンガポールへ！

DAY 1

日本を出発し、一気に常夏の島、シンガポールへ。到着すると、南国らしい湿った空気が出迎えてくれる。空港からは、ホテルの宿泊者用無料シャトルバスを利用して移動しよう。チェックインを済ませたら、シンガポール最新鋭のホテルでゆっくり休憩を。

シンガポール | SPOT:01 | DAY 1

様々な民族が共生する、多民族国家シンガポール。その為、食文化、言語、宗教、あらゆるものが混在し、独特の魅力を放つ。経済発展という名の階段を駆け上り、今ではアジアを代表する一大都市を形成している。

マリーナ・ベイ・サンズ・ホテル | SPOT:02 | DAY 1

2010年にオープンし、シンガポールの一大名所ともなったホテル。宿泊者のみが利用できる最上階に浮かんだインフィニティプールが最大の見所だ。泳がない人もプールサイドで、極上の眺めをドリンク片手に楽しめる。

スケジュール Schedule

1日目
- 午前 ✈ 成田発～シンガポールへ
- 午後 ✈ シンガポール着、ホテルチェックイン、休憩
  シンガポールのホテル泊

船に乗り込み、アジアを巡るクルーズへ

DAY 2

ロイヤル・カリビアン・インターナショナルのシンガポール発着クルーズは基本的に夕方に出航する。それまではフリーとなるため、プール、ショッピングモール、スパ、屋内運河クルーズなどでホテル内を散策したり、シンガポールの町を歩いたり、自由に楽しもう。しかし、せっかく来たシンガポール。ぜひ、マーライオンは見ておこう！

マーライオン | SPOT:01 | DAY 2

頭はライオン、体は魚。誰もがテレビなどで一度は見たことのあるシンガポール名物。口から水を吐き出し続け、多くの観光客の視線を奪い続けてきた。

チェック!!

スケジュール Schedule

2日目
- 午前　フリー　ホテル内や町歩き
- 午後　クルーズ乗船、出航［船内泊］

EXAMPLE ITINERARY ✈ ASIA

船旅の醍醐味、寄港地を楽しむ！

DAY 3▶5

いよいよ船旅がスタート。寝ているだけで様々な場所へ連れて行ってくれる異空間に、最初は戸惑ってしまうかも!? 日々新たなる場所へと移動し、楽しみ満載の船上生活は格別だ。港に着いたら、現地でのツアーまたは自由行動で楽しもう！

ポートクラン（クアラルンプール） | SPOT:01 | DAY 3-5

シンガポールを出航して最初に寄港するのは、隣国マレーシアのポートクラン。この港町から首都クアラルンプールまでは、車で1時間ほど。ローカルなものから一流のブランド品、ろうけつ染めなど、ウィンドウショッピングも楽しめる。

ランカウイ島 | SPOT:02 | DAY 3-5

ランカウイ島はペナン島についで、国が力を入れて盛り上げているビーチリゾートだ。アジアのリゾートの中でも静かに落ち着いて楽しめることから、近年人気が急上昇している。ビーチ以外にも洞窟探検やマングローブ湿地などを訪れることが可能だ。

プーケット | SPOT:03 | DAY 3-5

タイを代表するビーチリゾート。遠浅の海に白い砂浜。波打ち際を素足で歩くだけでも、清々しい気持ちになる。「アンダマン海の真珠」と呼ばれる程の美しさを体験しよう。象に乗るアトラクションや、寺院などを巡るプーケット観光もある。

スケジュール / Schedule
- 3日目　終日　ポートクラン［船内泊］
- 4日目　終日　ランカウイ島［船内泊］
- 5日目　終日　プーケット島［船内泊］

唯一の終日クルージングを楽しもう！

DAY 6▶7

6日目は、このクルーズ唯一の終日洋上生活。船内で催される各種エンターテインメントを観賞するのも、プールやマッサージなどでゆったり過ごすのもすべてが自由。親子で過ごすかけがえのない時間。ゆったりと海を見ながら語らいあうのも素敵だ。

スケジュール / Schedule
- 6日目　終日　クルージング［船内泊］
- 7日目　午前　シンガポール帰航
- 　　　　午後　シンガポール発〜成田着

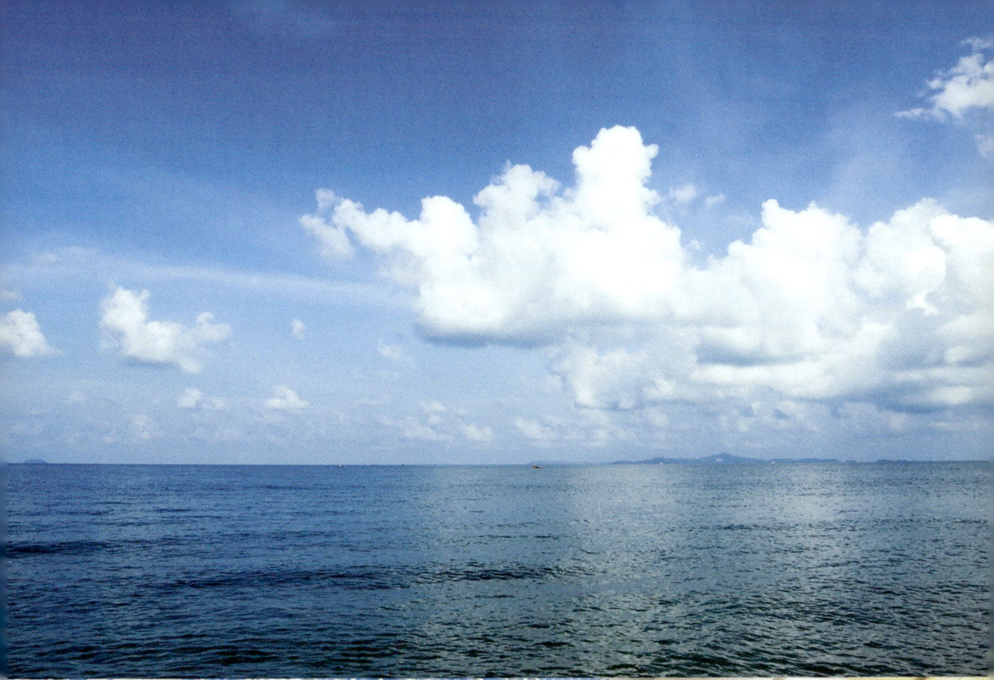
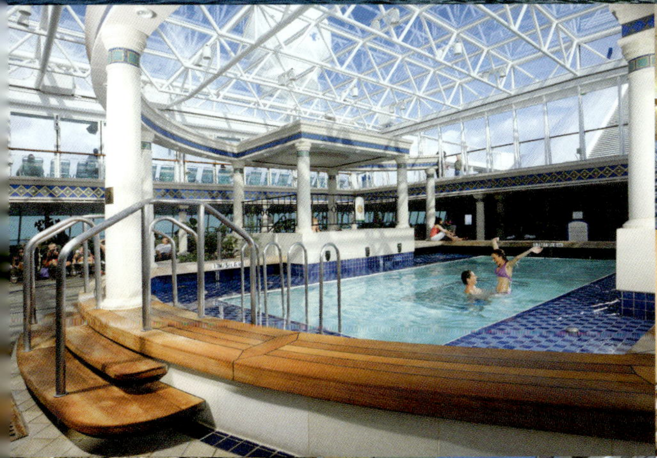
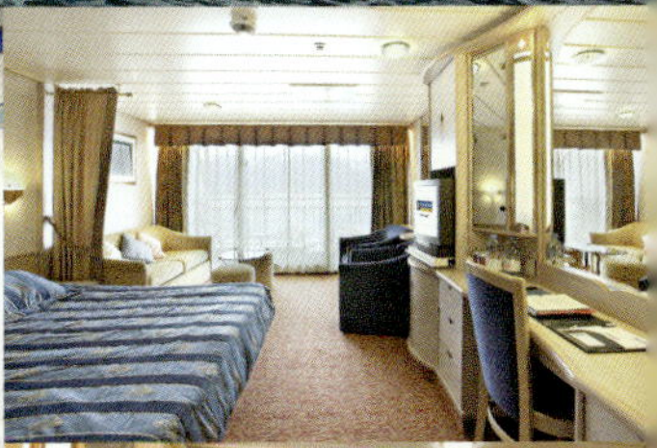
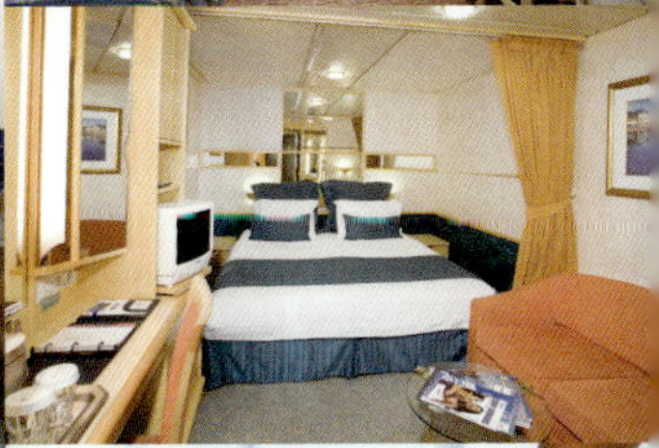
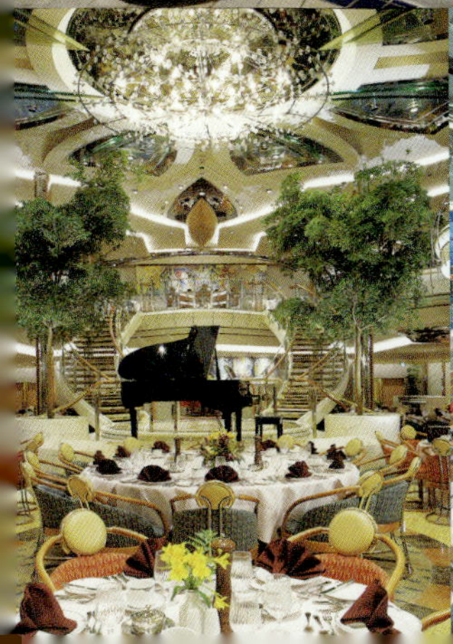
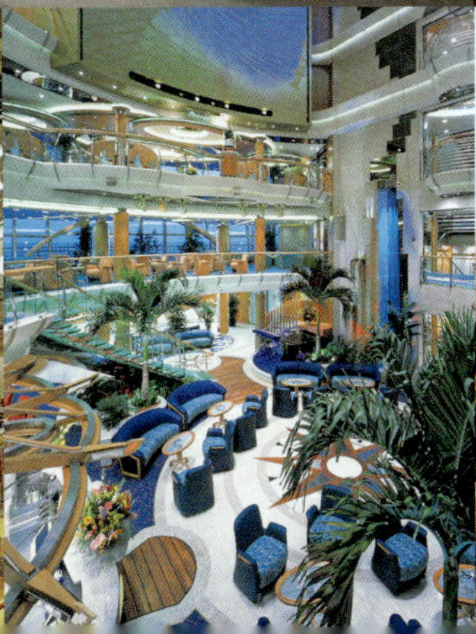
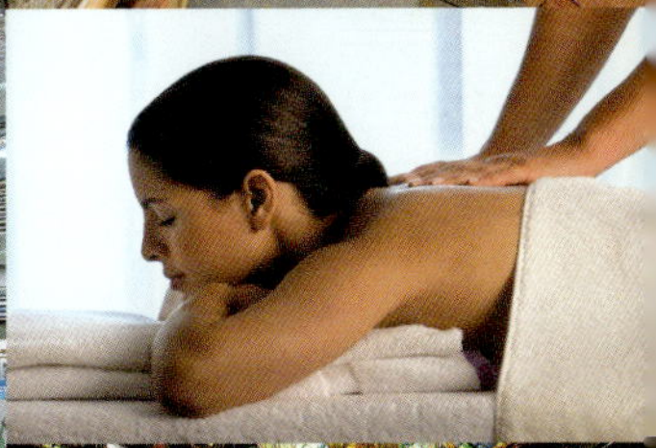
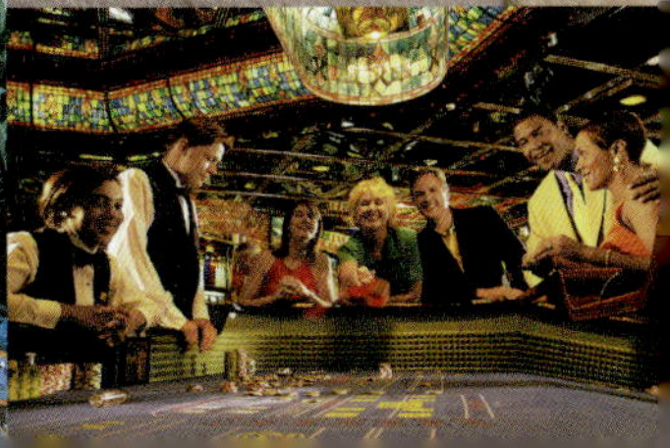

travel information:

旅の予算 / Budget

大人1名分の総予算　13万円〜

総予算内訳

- **現地予算　6万円〜**
  ※現地予算は本書オススメスケジュールの料金目安
  現地交通費、ホテル代（2人部屋利用時の1名分料金）、クルーズ代（2人部屋「内側船室」利用時の1名分料金）を含む、船内以外の食事含まず
- **航空券　7万円〜**　※エコノミークラス周遊料金、燃油サーチャージ含まず

親子旅にオススメのホテル / Recommended hotel

Marina Bay Sands（マリーナ・ベイ・サンズ）　▶ jp.marinabaysands.com

2010年に誕生した世界が注目するシンガポールの新しいランドマークとも言えるホテル。空港からホテルまでのシャトルバスが運行しており、宿泊者はもちろん無料で使用が可能。上記サイトは日本語なので、あらかじめ見ておこう。

時差 / Time difference

「-1時間」　日本より1時間遅れ。シンガポールが正午の時、日本は午後1時。

飛行機に関して / About the flight

成田〜シンガポールは直行便で**約7時間45分**。全日空、日本航空、シンガポール航空、デルタ航空など、多くの航空会社がシンガポールまでの直行便を運行していて、選択肢が広いのが嬉しい。クルーズの出航日は早い段階で決まっているので、早めに航空券も合わせて予約した方がお得だ。

旅のシーズン / Best Season

シンガポールは、一年を通して高温多湿の常夏の国。時期によって雨量の多少はあるが、どの時期に訪れてもさほど変わらない。この旅ではクルーズの出航日に合わせることになるので、シーズンを気にする必要はないだろう。

この旅の問い合わせ先 / Arranging the trip

[ロイヤル・カリビアン・インターナショナル日本総代理店　ミキ・ツーリスト]
▶ www.royalcaribbean.jp

クルーズの予約は上記日本語のサイトから簡単にできる。事前の質問や相談等は、本クルーズの日本総代理店ミキ・ツーリストへ。細かな質問にも丁寧に答えてくれるので、クルーズが初めての人でも安心だ。また希望すれば、飛行機やホテルも含めた手配を依頼するのに最適な旅行会社も紹介してくれる。まずは、気軽に相談してみよう。

10: シンガポール

この旅のヒント
Hints for the trip

- すべて日本語で相談も手配も進められ、ホテルも日本語対応可なので、言語に心配のある人でも安心して楽しめる。またクルーズも同様に日本語対応が可能だ。
- ロイヤル・カリビアンのクルーズは、年によってコースが若干変更される。本書ではスタンダードなコースを紹介したが、他にも様々なコースが準備されている。まずはインターネットで、時期やコースをチェックする所からはじめよう。

+α周辺情報
One more trip

ラッフルズホテル | ONE MORE TRIP | SPOT:01
ホテルをメインで紹介したが、他にも様々な遊び場がある。両親との旅でオススメなのが、ラッフルズホテルでのハイティーだ。シンガポール・スリングというカクテル発祥の地で楽しむ午後のお茶と食事を堪能しよう。

フードコート | ONE MORE TRIP | SPOT:02
フードコートと呼ばれる、多国籍料理が集まる一大飲食店街。国内に大小30以上もあり、様々な料理を安く楽しむことができる。ほとんどの店には料理の写真があるので、見た目で選ぶこともできる。

シンガポール・フライヤー | ONE MORE TRIP | SPOT:03
シンガポールに誕生した、世界最大の観覧車「シンガポール・フライヤー」。一周にかかる時間は約30分、1つのゴンドラは定員が28名という大型のもの。天気が良ければ、マレーシアやインドネシアも見えるほど。ゴンドラを貸し切ることもできるので、家族だけのプライベート利用も面白いだろう。

聖域へ
~To the sacred land~

TRIP: 11

国名: **オーストラリア**

AUSTRALIA

7泊8日　時差: **+1時間**(ケアンズ)

- ■旅の快適度　★★★★☆
- ■アクセスの良さ　★★★☆☆
- ■歩く時間の短さ　★★☆☆☆
- ■物価の安さ　★★★★☆

①日本語ガイドが同行するので、言語の心配不要
②現地の食事が、日本人の口にも合いやすい
③比較的飛行機での移動時間が短い

フライト時間: ✈7時間40分(成田〜ケアンズ)、2時間45分(ケアンズ〜エアーズロック)

TRIP:11　自然を感じる旅

オーストラリアの大地も海も制覇！
世界最大級の一枚岩エアーズロック&世界最大の珊瑚礁グレートバリアリーフへ。

有史以前より先住民族アボリジニに崇められてきた聖地"ウルル"。エアーズロックの正式名称でもあるこの言葉は、先住民の言葉で「偉大なる石」という意味を持つ。日本では「世界の中心、地球のヘソ」というイメージも強く、世界を代表する聖地との呼び声も高い。時間によって変化する岩肌の色調に色彩、そして雄大な立ち姿——。この美しい光景は、誰しもが楽しむことができる。そして、"宇宙から唯一認識できる生命体"と言われる、グレートバリアリーフ。オーストラリア北東部の都市ケアンズを拠点に簡単に行ける、世界最大の珊瑚礁地帯だ。2,000kmを超えるほどの全長を持ち、いつくもの島々が浮かぶ。その中でも、珊瑚が体積して出来上がったグリーン島は「緑の宝石」と呼ばれるほど美しい。ワニや海亀、120種類以上もの植物を見ることができ、もちろんマリンアクティビティも楽しめる。島も海も満喫しよう。

珊瑚礁地帯も巨大な一枚岩も。世界遺産に登録され、後世に受け継がれる大切なもの。オーストラリアが抱く桁違いのスケールを大地と海で。ゆったり快適に楽しむプライベートな親子旅へ。

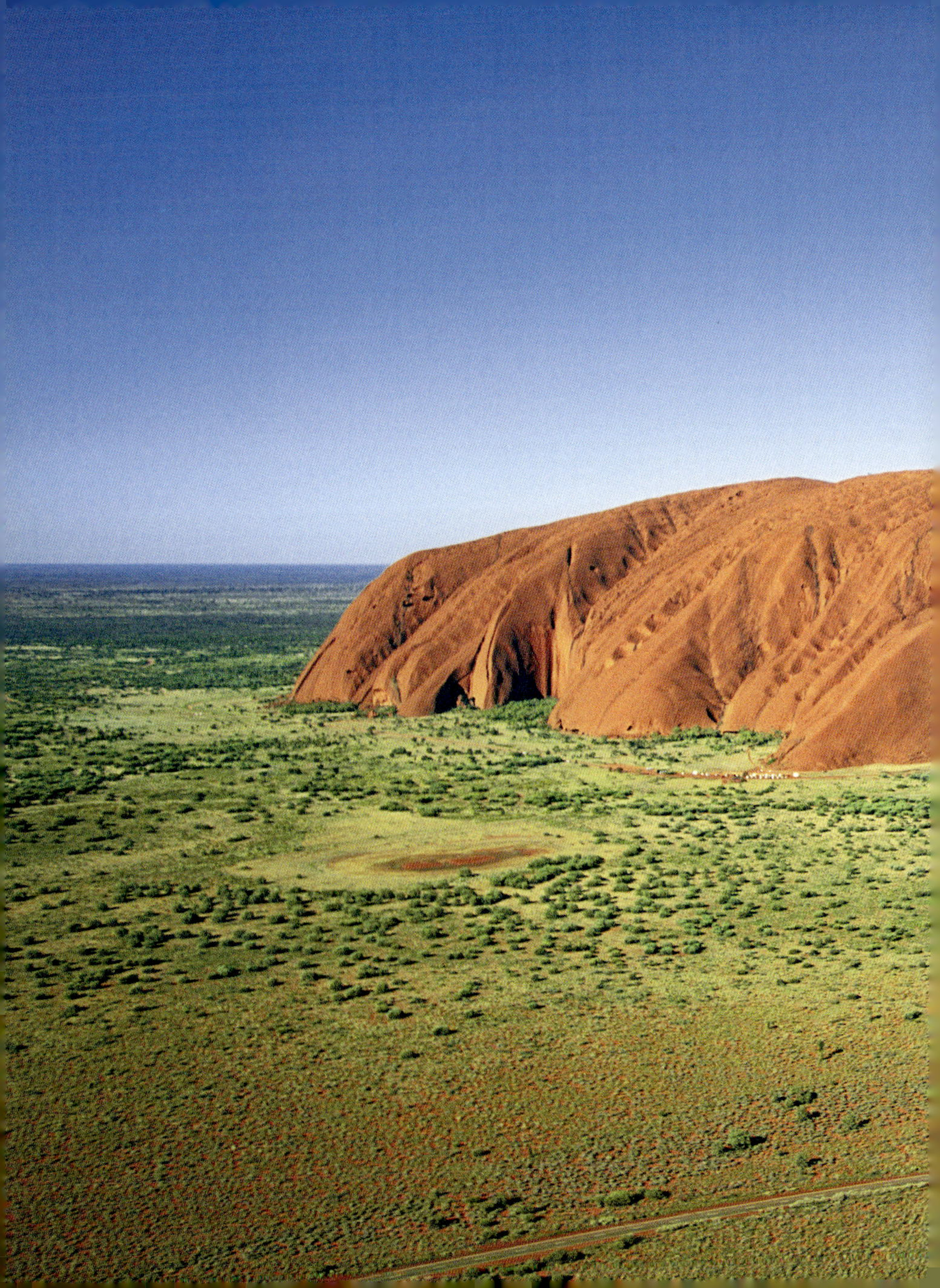

過去、現在、未来
受け継がれ、受け継いでゆく偉大なる巨石

EXAMPLE ITINERARY
オススメのスケジュール例

オーストラリア最高の遊び場、ケアンズに到着！

DAY 1▶2

ケアンズの空港に到着したら、日本語ガイドと共に専用車でホテルへ。早朝到着となるので、チェックイン後はゆっくりと休憩を。午後からは、街を散策してみよう。至る所に日本語の案内があるので、ガイドなしでも簡単に歩くことができる。

ケアンズ | SPOT:01 | DAY 1-2
チェック!!

この街のメインストリート、エスプラネード通り。地元民にも旅行者にも愛される海岸通りで、憩いの場となっている。レストランやカフェはもちろん商店なども建ち並ぶので、歩いているだけでも楽しめる。

ケアンズの食も堪能しよう | SPOT:02 | DAY 1-2
チェック!!

ケアンズで食べておきたいのはマッドクラブ（泥ガニ）。ぎっしり詰まった身には贅沢な旨味が凝縮されている。また、オーストラリアの代名詞オージービーフも。肉汁溢れるステーキを本場で堪能しよう。

スケジュール / Schedule

- 1日目 （午後） ✈ 成田発〜ケアンズへ［機内泊］
- 2日目 （午前） ✈ ケアンズ着
  - 🏨 ホテルチェックイン［ケアンズのホテル泊］
  - （午後） 🚶 フリー

地球のヘソ、世界最大級の一枚岩エアーズロックへ！ DAY 3▶6

日本語ガイドと共にケアンズ空港に行き、国内線で一路エアーズロック空港へ。到着後、まずは送迎車でホテルに向かおう。エアーズロックは、カタ・ジュタ（マウント・オルガ）という大小36個の巨大な岩が連なる奇岩群と共に、世界遺産ウルル・カタ・ジュタ国立公園内にある。まずはカタ・ジュタを訪れ、そしてエアーズロックを巡っていこう。自由時間には、広大な大地の真ん中での優雅なディナーや、ウルル・カタ・ジュタ国立文化センターでのアボリジニの歴史見学、工芸品の買い物なども楽しむことができる。

カタ・ジュタ | SPOT:01 | DAY 3-6

マウント・オルガとも呼ばれるが、正式にはアボリジニの言葉でカタ・ジュタとの名がつく奇岩群。36もの岩の間を縫う道、"風の谷散策路"を進んでいると、低音から高音までを奏でる風の音を聞くことができる。

エアーズロック | SPOT:02 | DAY 3-6

オーストラリアのシンボルにもなっているエアーズロック。広大な赤土の地に鎮座する巨大な一枚岩。岩の周囲は9km、高さは東京タワーよりも高い348mもある。朝日や夕陽に照らされる聖地は、時間と共に色を変えながら神秘の美しさを放つ。

スケジュール Schedule

- **3日目** 午前：ケアンズ発～エアーズロック着、ホテルチェックイン
  午後：カタ・ジュタ風の谷散策とエアーズロックサンセットツアー［エアーズロックのホテル泊］
- **4日目** 終日：エアーズロック［エアーズロックのホテル泊］
- **5日目** 午前：エアーズロックサンライズツアー
  午後：フリー［エアーズロックのホテル泊］
- **6日目** 午前：エアーズロック発～ケアンズ着、ホテルチェックイン ケアンズのホテル泊

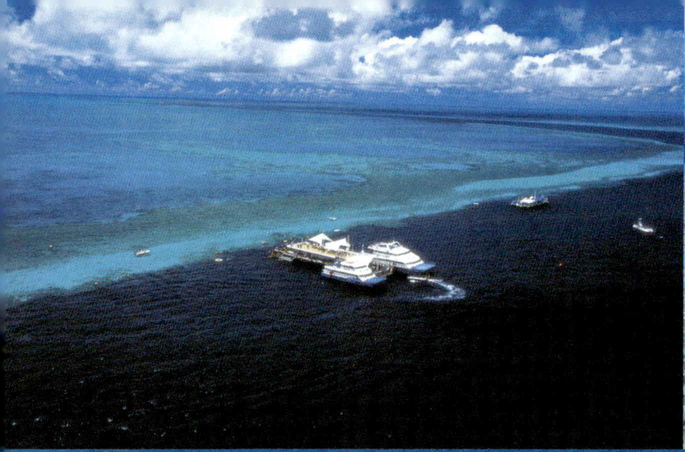
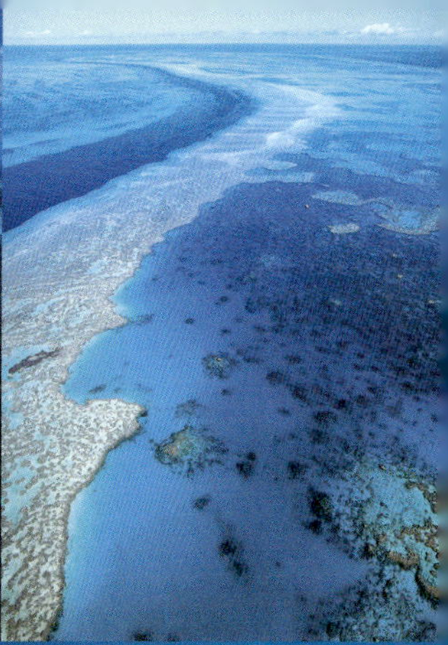
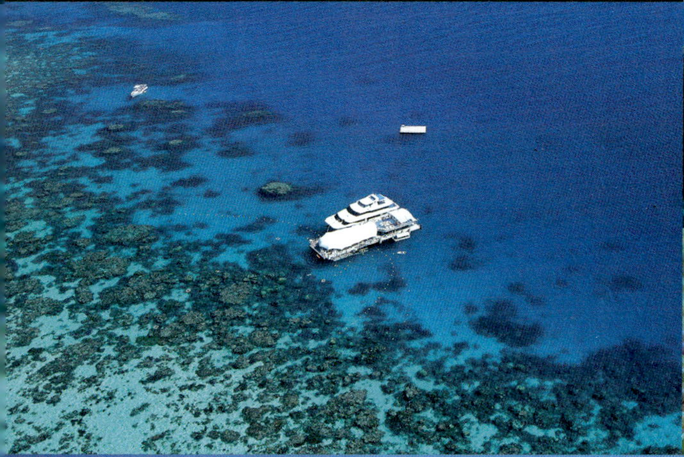
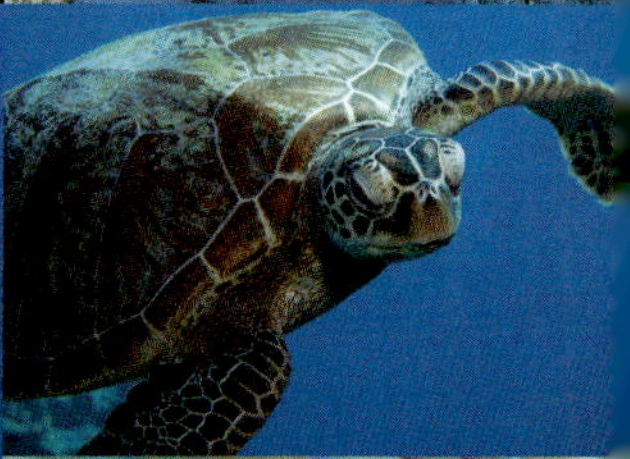
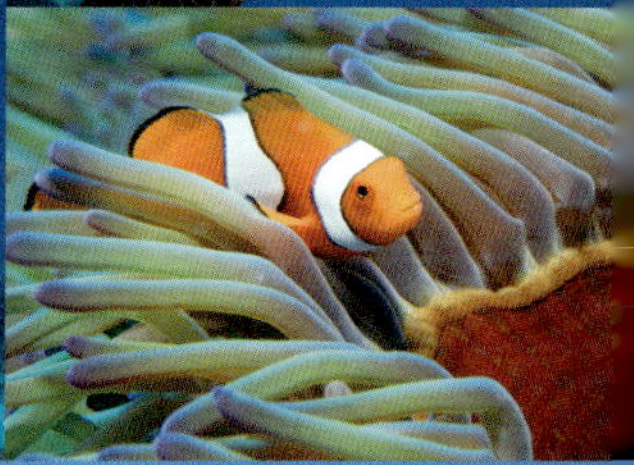
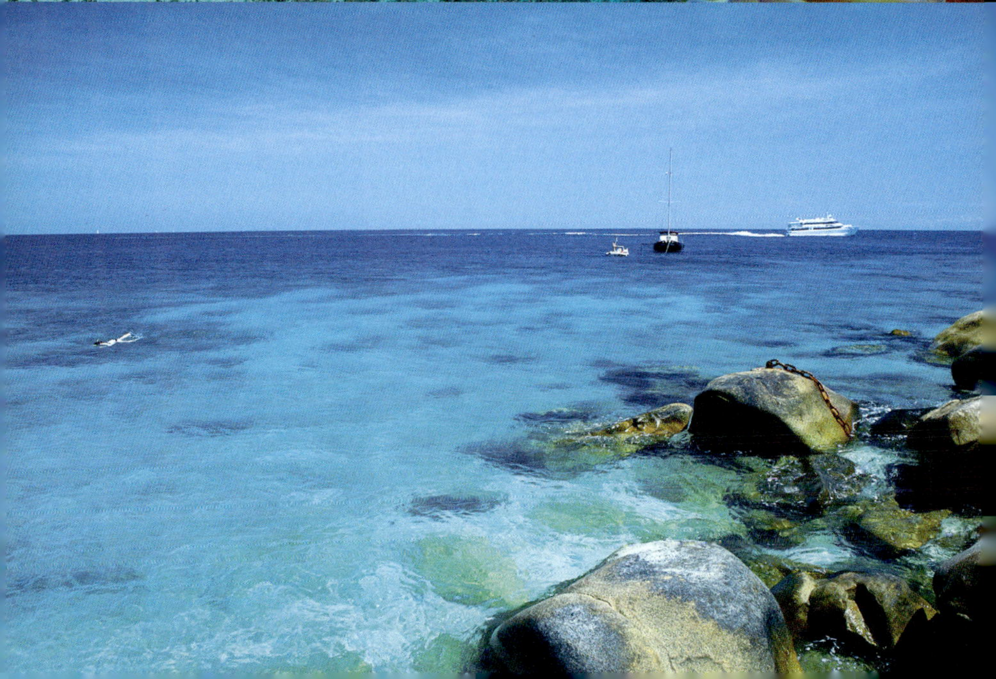

世界最大の珊瑚礁グレートバリアリーフも体感！

DAY 7▶8

オーストラリアの"大地"を堪能したら、次は"海"も楽しもう。泳げなくても楽しめるマリンアクティビティもあるので、気軽に楽しめる。もちろんシュノーケリングやダイビングなどを体験することも可能だ。

グリーン島
SPOT:01 | DAY 7-8

世界的にも有名な珊瑚の砂でできた島。驚異的な透明度を持つ海を覗いてみると、珊瑚礁の中を、色鮮やかな熱帯魚が泳ぐ天然の水族館になっている。自然豊かな南の島には珍しい植物や野鳥たちも生息しているで、島内散歩もオススメだ。

ポンツーン（浮き桟橋）でのアクティビティ
SPOT:02 | DAY 7-8

グレートバリアリーフの外洋付近に設置されているポンツーン。高速船などで訪れ、ここを拠点にシュノーケリングやダイビング、水中散歩、水中スクーター…などのアクティビティを楽しむことができる。

スケジュール / Schedule

- **7日目** （終日） 🚶 グリーン島、ポンツーンでのアクティビティ
  🏨 ケアンズのホテル泊
- **8日目** （終日） ✈ ケアンズ発〜成田着

EXAMPLE ITINERARY ✈ AUSTRALIA

travel information:

旅の予算 / Budget

大人1名分の総予算　33万円～

総予算内訳

現地予算　28万円～
※現地予算は本書オススメスケジュールのパッケージ料金目安
現地送迎、現地日本語ガイド、(飛行機移動時を除く)、国内線飛行機代、ホテル代(2人部屋利用時の1名分料金)、食事(朝6回、昼1)、現地アクティビティ代を含む、一部を除いた食費を含まず

航空券　5万円～　※エコノミークラス往復料金、燃油サーチャージ含まず

親子旅にオススメのホテル / Recommended hotel

ケアンズはもちろんだが、エアーズロックにもいくつかホテルはある。ここでは、ケアンズのホテルは2ベッドルームがあるもの、エアーズロックではコネクティングルームができるという点からオススメを紹介。

Rydges Esplanade Resort Hotel (リッジス・エスプラネード・リゾート・ホテル)
► www.rydges.com/esplanadecairns

ケアンズの中心地から徒歩15分ほどの位置にあるホテル。若干距離はあるが、静かに快適に滞在できる。このホテルには、通常の客室とは別にキッチン付きアパートメントタイプがある。そこにある2ベッドルームのものは、特に家族での滞在にオススメだ。

Sails in the desert (セイルズ・イン・ザ・デザート)
► www.ayersrockresort.com.au/sails/

ウルル・カタ・ジュタ国立公園に隣接する"エアーズロックリゾート"内にあるホテル。リゾート内にはホテルはもちろんレストランやショッピングセンター、ギャラリー、医療施設などが揃う。いくつかあるホテルの中でも設備や雄大な眺めを楽しめる開放的なロケーションが特徴だ。

時差 / Time difference

ケアンズ：＋1時間　日本より1時間早い。ケアンズが正午の時、日本は午前11時。
エアーズロック：＋30分　日本より30分早い。エアーズロックが正午の時、日本は午前11時30分。
※サマータイム実施時はケアンズは±0時間、エアーズロックは-30分となる。

飛行機に関して / About the flight

成田～ケアンズは直行便で約7時間40分。ケアンズ～エアーズロックは国内線で約2時間45分。成田～ケアンズは格安航空会社のジェットスター、カンタス航空、日本航空が往復共に直行便を運行している。

旅のシーズン / Best Season

エアーズロックは気温の差があるにしても、一年中訪問が可能だ。しかしグレートバリアリーフで海に入ることを考えると10～3月が理想だろう。いわゆるオーストラリアが夏の時期となる為、エアーズロックは暑い中での観光となるが、どちらも楽しむにはこの時期がベスト。

この旅の問い合わせ先
Arranging the trip

[ism] ▶ shogai-kando.com

北米、南米、オセアニアなど多くの地域をカバーしている旅行会社ism。現地に支店もあるので、情報がとても豊富だ。個人旅行でもパッケージ旅行でも頼りになるオススメの旅行会社。オーストラリアを訪れるにあたっての細かなアドバイスもしてくれるので、気軽に相談してみよう。

この旅のヒント
Hints for the trip

- 本書で紹介したルートはオススメではあるが、あくまでも一例。日数を延長したり短くしたり、他の名所へ立ち寄ったり、というように組むことも可能。そのルートや内容によって、金額も異なってくる。

- 本書で紹介したケアンズのホテルは2ベッドルームだが、1ベッドルームの方がもちろん金額は安くなる。3〜4人での旅で2ベッドルームを利用すると割安だが、逆に2人で利用すると割高になる。旅行人数次第となるので、旅行会社に相談する際は、その辺りも確認しよう。

- 本書では、ほぼすべての部分に専属の日本語ガイドを付け、専用の車を手配したものを紹介した。逆に、所々英語のみにしたり、専用車も不要で自身で移動する場合は、もちろん料金も大幅に安くなっていく。

+α 周辺情報
One more trip

キングスキャニオン | ONE MORE TRIP | SPOT:01

エアーズロックの北東へ車で約4時間。ワタルカ国立公園にある大渓谷で、断崖絶壁から見渡す大地の裂け目はダイナミックで迫力満点。ここは映画「世界の中心で愛を叫ぶ」の舞台になったところでもある。

キュランダ | ONE MORE TRIP | SPOT:02

ケアンズから車で1時間ほどの場所にある、世界最古の熱帯雨林に囲まれた村。一帯が世界遺産に登録されている。村には工芸品のお店や動物と触れ合える場もあるが、実はこの村へ行くための道中が一番のハイライト。鉄道やスカイレールに乗ると、素晴らしい熱帯雨林の景観を眼下に望むことができるのだ。

マッドクラブ釣り | ONE MORE TRIP | SPOT:03

先に紹介したオーストラリアの高級カニ、マッドクラブ。熱帯雨林の中をボートで進み、あらかじめ設置されている仕掛けを上げるところから体験する。とれたての新鮮なカニをその場で食べる。ビールと共に頂く、贅沢な食事を楽しもう。

神々に出逢う
~Meeting with gods~

TRIP: 12

国名：**カンボジア**

CAMBODIA

4泊6日　時差：-2時間

- ■旅の快適度　★★★★☆
- ■アクセスの良さ　★★☆☆☆
- ■歩く時間の短さ　★★☆☆☆
- ■物価の安さ　★★★★★

① 比較的移動時間が短い
② 現地の食事が、日本人の口にも合いやすい
③ 1人10万円台～行くことができる

フライト時間：✈6時間30分（成田～バンコク）、1時間30分（バンコク～シェムリアップ）

旅のポイント

TRIP:12　遺跡を望む旅

ジャングルから目覚めた偉大なる王都。
アジアの至宝、アンコール遺跡群を巡る旅！

9～15世紀まで繁栄を築いたクメール王朝。この時代に建設された宗教施設などは、アンコール遺跡群と呼ばれ、カンボジアのシェムリアップに点在している。それらは、大小合わせて約100もあり、すべてを見るには数十日を要すほどの規模だ。中でも東洋の神秘と呼ばれるアンコール・ワットが最も有名だが、他にもアンコール・トムやバンテアイ・スレイ、タ・プロームなどの素晴らしい遺跡も点在している。また、女神デヴァターや破壊神シヴァ、蛇神ナーガ、神鳥ガルーダなどの繊細な壁画を眺めていると、当時のにぎやかな声が聞こえてくるような気もしてくる。それらの精巧な彫刻や壁画は、世界有数の芸術作品でもあり、往時の技術力、芸術性の高さを感じることができるだろう。そして遺跡群だけでなく、現在のカンボジアを支えるエネルギッシュな市場や、水上の村があるトンレサップ湖にも訪れたい。そこには、この国が歩んできた悲しく切ない歴史を乗り越え力強く生きる人々がいるから。世界遺産アンコール遺跡群と共に"今"を生きるカンボジアの笑顔にふれる旅へ。

密林に佇む、東南アジアの最高傑作へ
アンコール遺跡群を探訪する

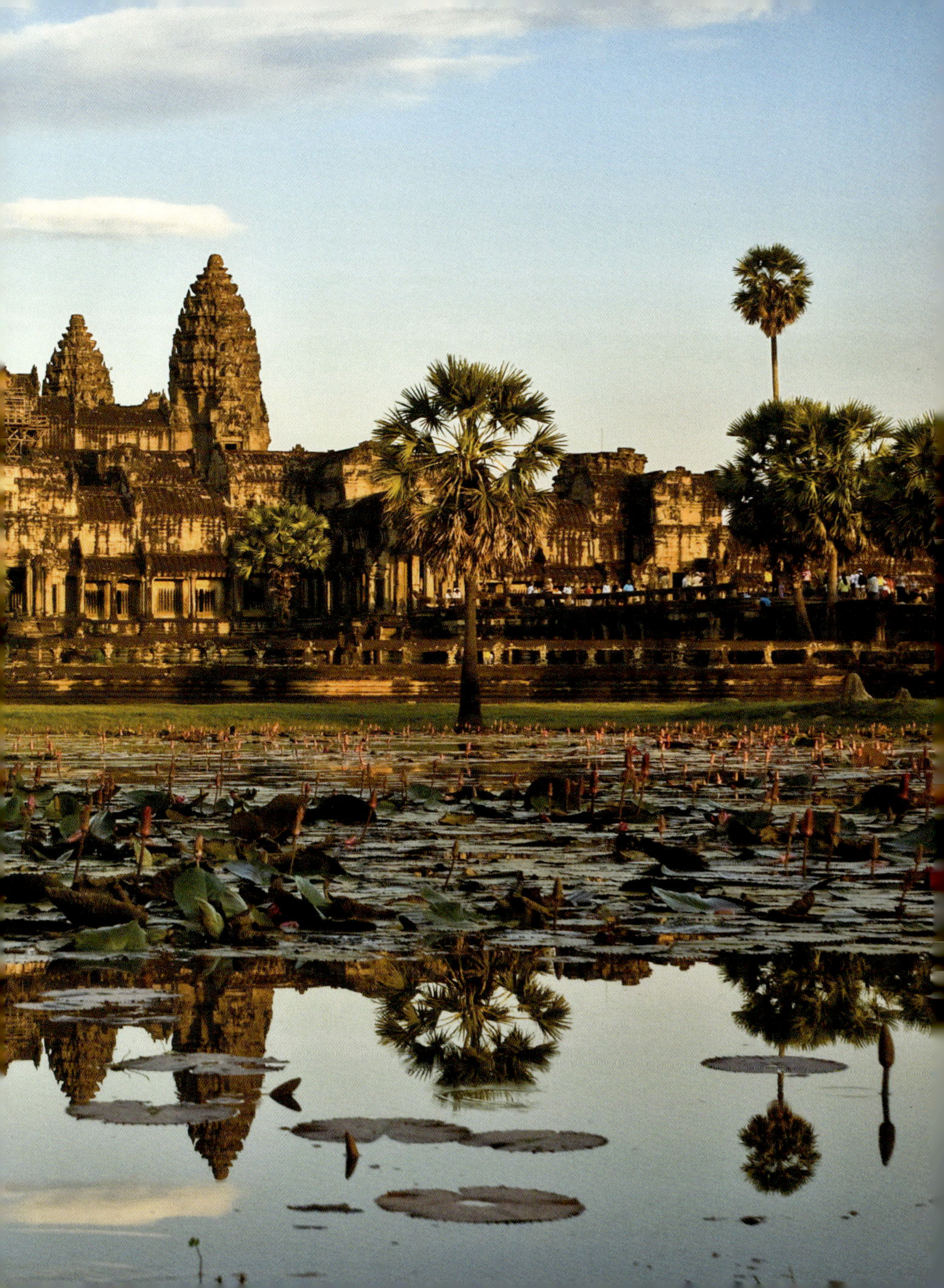

EXAMPLE ITINERARY
オススメのスケジュール例

いざ、アンコール遺跡探訪へ！

DAY 1▶2

シェムリアップの空港に到着したら、事前に手配しておいた送迎車に乗り込みホテルへ。初日は、翌日から始まる遺跡散策に備え、優雅なホテルでゆっくり休もう。そして翌日、日本語ガイドと共に出発し、アンコール遺跡群へ。アンコール・トムの素晴らしい彫刻や、赤い砂岩が特徴のバンテアイ・スレイを訪れよう。ホテルに戻ったら、伝統舞踏アプサラダンスを観賞しながら夕食を。

アンコール・トム | SPOT:01 | DAY 1-2
アンコール遺跡群の最大の城郭都市、アンコール・トム。遺跡の中心にある寺院バイヨンには"クメールの微笑み"と呼ばれる四面像がある。思わず見とれてしまうほどの美しさだ。近くにある象のテラスにも立ち寄りたい。

バンテアイ・スレイ | SPOT:02 | DAY 1-2
"女の砦"という意味を持つバンテアイ・スレイまでは、アンコール・トムから車で約1時間。"東洋のモナリザ"と呼ばれるレリーフが、アンコール遺跡の中で群を抜いて優美だと言われている。

アプサラダンス | SPOT:03 | DAY 1-2
カンボジアの伝統的な楽器から放たれる音色に合わせ、鮮やかな衣装をまとった妖艶な美女たちが舞踊る。しなやかな身体をくねらせる独特な動きが特徴的だ。この伝統舞踊は見る者たちの目を釘付けにする。

スケジュール Schedule

- **1日目** (午前) ✈ 成田発〜バンコク乗り継ぎ〜シェムリアップ着
  - 🏨 ホテルチェックイン [ホテル泊]
- **2日目** (午前) 🚶 アンコール・トム
  - (午後) 🚶 バンテアイ・スレイ
  - (夜) 🚶 アプサラダンス観賞 [ホテル泊]

旅のハイライト、朝日に浮かぶ幻想的なアンコール・ワットへ

DAY 3

3日目はカンボジアのシンボルとして国旗にもなっているアンコール・ワットへ。クメールの真髄をたっぷり味わおう。早朝には、朝日で真っ赤に染まった空を背景を眺め、遅い朝食後には回廊を巡るアンコール・ワットづくしの午前を過ごそう。午後は近郊にある遺跡を訪れ、夕方にはプノン・バケンから夕陽に染まるアンコールの大地を観賞しよう。

アンコール・ワットサンライズ | SPOT:01 | DAY 3 チェック!!

まだ薄暗い早朝に出発。東の空から朝日が昇り、光が溢れ出すにつれ、アンコール・ワットの美しい姿が縁どられてくる。大自然と遺跡が生み出すこのドラマチックな光景は、人生で一度は見ておきたい。

アンコール・ワット | SPOT:02 | DAY 3 チェック!!

12世紀前半に30年の歳月をかけて寺院として建てられた、巨大彫刻の最高傑作アンコール・ワット。広い敷地内には、ヒンドゥー教の天地創造神話"乳海攪拌"を描いた壁画など、いくつもの魅力的なスポットが点在している。

遺跡群 | SPOT:03 | DAY 3 チェック!!

アンコール・ワット周辺には見所がたくさんある。僧房の砦という意味のバンテアイ・クデイ、珍しい2階建てのプリア・カン、池の中央に造られた東メボン寺院など挙げたらきりがない。家族の体力と相談しながら、どこに行くかを決めよう。

プノン・バケン | SPOT:04 | DAY 3 チェック!!

山頂にそびえ立つピラミッド式遺跡で、アンコールの重要な聖地のひとつ。ここでは象の背中に揺られ山頂を目指したい。山頂から望む一面のジャングル、そこにゆっくりと沈む夕陽はとても美しい。入場制限があるため、早めに現地入りしよう。

スケジュール Schedule　3日目

- 早朝　アンコール・ワットサンライズ観賞
- 午前　アンコール・ワット
- 午後　遺跡群
- 夕方　プノン・バケンで夕陽観賞 [ホテル泊]

EXAMPLE ITINERARY ✈ CAMBODIA

自然の神秘を感じるタ・プロームと、カンボジア人の活気溢れる市場へ！

DAY 4▶6

4日目は、ガジュマルの根が遺跡を侵食しているタ・プローム遺跡へ。その根は今も成長し続けていて、そう遠くない未来に遺跡が壊れてしまうとも言われている。静寂に包まれたその空間は神秘という他ないだろう。午後はオールドマーケットを散策し、ディナーはエレガントなレストランで豪華な宮廷料理に舌鼓を。最終日はまだ見ていない遺跡に行ったり、気に入った遺跡を再度見に行ったり。午後はトンレサップ湖クルーズへ。水上に暮らす人々の生活を垣間見ることができる。

タ・プローム | SPOT:01 | DAY 4-6

1186年に建てられた古い寺院で、当時約5,000人の僧侶が住んでいたという。遺跡を覆い尽くすようにガジュマルの木がからみついている。まさに神秘という言葉が相応しい光景だ。

オールドマーケット | SPOT:02 | DAY 4-6

活気溢れる賑やかな市場。眩しく輝く新鮮な野菜や調味料、乾物が並び、切りたての肉も豪快に吊るされている。まさにカンボジア庶民の台所だ。また、お土産も売っているのでショッピングも楽しめる。

宮廷料理　　　　　　　　　SPOT:03 | DAY 4-6

名の通った料理人達が、努力と経験を活かして創作した最高傑作品。南国の素材を活かし、魚や肉も使用する。盛りつけも華やかで美しい。シェムリアップではラッフルズホテル内のル・グランド・レストランが有名だ。

トンレサップ湖クルーズ　　　SPOT:04 | DAY 4-6

東南アジア最大規模の湖。雨季には大きさが３倍に膨れ上がることでも知られる。クルージングの魅力は水上で生活する人々の様子を垣間見れること。学校や市場、教会、食堂、ガソリンスタンド、なんと警察署までもが湖に浮いている。

スケジュール / Schedule

- **4日目**
  - 午前　タ・プローム
  - 午後　オールドマーケット
  - 夜　　宮廷料理［ホテル泊］
- **5日目**
  - 午前　フリー
  - 午後　トンレサップ湖
  - 夕方　シェムリアップ発〜バンコク乗り継ぎ〜成田へ［機内泊］
- **6日目**
  - 午前　成田着

EXAMPLE ITINERARY ✈ CAMBODIA

travel information:

旅の予算 / Budget

大人1名分の総予算　12万円〜

総予算内訳

- 現地予算　6万円〜
  ※現地予算は本書オススメスケジュールの料金目安
  現地送迎、アンコール遺跡入場料（3日分）、日本語ガイド代（5日分）、ホテル代（2人部屋利用時の1名分料金）を含む、食費含まず
- 航空券　6万円〜　※エコノミークラス料金、燃油サーチャージ含まず

親子旅にオススメのホテル / Recommended hotel

Grand Soluxe Angkol Palace Resort & Spa（グランド・ソラックス・アンコール・パレス・リゾート&スパ）▶ www.grandsoluxeangkor.com

11ヘクタールという広大な敷地を誇るホテル。全室バルコニー付きで、大きなプールと、滝のある庭園がリゾート気分を盛り上げてくれる。日本人スタッフが駐在しているので、言語の面も安心。事前に予約をすれば朝食を日本食にすることもできる。街の中心地にも近く便利だ。

時差 / Time difference

「-2時間」　日本より2時間遅れ。カンボジアが正午の時、日本は午後2時。

飛行機に関して / About the flight

通常成田〜シェムリアップの直行便は運行していない。タイのバンコクやベトナムのホーチミン、シンガポールなどでの乗り継ぎが一般的だ。成田〜バンコクは約6時間30分、バンコク〜シェムリアップは約1時間30分。多くの旅行会社などでシェムリアップ往復チケットを取り扱っているので、気軽に問い合わせてみよう。

旅のシーズン / Best Season

基本的に1年中夏。親子で行くなら、極端に暑くない11〜3月頃がオススメだ。真夏となる4〜5月は日中30度を超えるので、避けた方が無難。5〜9月は雨期なので豪快なスコールで道が川のようになることも。

この旅の問い合わせ先 / Arranging the trip

[H.I.S.]　▶ www.his-j.com

日本全国にあるH.I.S.の営業所にて旅の相談や手配が可能だ。カンボジアにも支店があるので、現地入りしてから困ったことなどがあった場合、すぐに連絡できるので心強い。日本でも、現地でも頼りになる旅行会社だ。

12: カンボジア

この旅のヒント
Hints for the trip

- アンコール遺跡を見学するには、チケットチェックポイントで入場券を購入する必要がある。1日券、連続3日券、連続1週間券など種類があるので日程に合わせてチケットを買おう。
- 日差しが強く温度も上がるので、薄手の長袖、帽子、サングラスは必須。ミネラルウォーターなどで水分補給も忘れずに。
- 見所は遺跡内にあるため、徒歩観光が基本となる、履き慣れた歩きやすい靴が必須。また湿度と気温も高いので、汗ふき用のタオルも持参しよう。
- ホテル以外の高級宮廷料理にはドレスコードがある所も。Tシャツやサンダル、短パンは避けよう。

+α 周辺情報
One more trip

カンボジア・カルチャー・ビレッジ | ONE MORE TRIP | SPOT:01
カンボジアの歴史や伝統、文化を短時間で堪能できる、アミューズメントパークのような施設。様々な民族舞踊や伝統的な儀式のショーを観賞することができる。大人から子どもまで、幅広く楽しめる。

孤児院ボランティア | ONE MORE TRIP | SPOT:02
カンボジアは70年代から20年以上にわたり内戦や外国からの占領が続いた。その影響で現在も貧しい家庭が多く、親のない子どもたちもたくさんいる。そんな子どもたちと一緒に遊び、笑い、交流する孤児院ボランティアにも参加してみたい。

虫料理 | ONE MORE TRIP | SPOT:03
市場や路上の屋台でよく目に付く虫料理。醤油や塩で味付けされていて、見た目は虫そのものなのに、コオロギは海老のような味がする!? 他にもゲンゴロウやクモ、タガメなどが売られている。百聞は一見にしかず。ぜひご賞味あれ。

命の鼓動を感じる
~Feel the Earth's beat~

TRIP: 13

国名: **南アフリカ**

SOUTH AFRICA

5泊7日　時差:-7時間

- ■旅の快適度　★★★★☆
- ■アクセスの良さ　★☆☆☆☆
- ■歩く時間の短さ　★★★★☆
- ■物価の安さ　★★★☆☆

①暑さなど過酷とは無縁で、快適にサファリを楽しめる
②日本人の受け入れにも慣れた、高級ロッジに宿泊
③日本人が経営する現地旅行会社のバックアップで安心して行ける

フライト時間：✈4時間40分（成田～香港）、13時間10分（香港～ヨハネスブルグ）、1時間30分（ヨハネスブルグ～サビ・サンド自然保護区）、1時間45分（ヨハネスブルグ～ビクトリア・フォールズ）

TRIP:13 自然を感じる旅

世界屈指の野生の王国＆驚異の大瀑布。
地球の鼓動を感じる南部アフリカへ！

「一生に一度の旅はどこに行きたい？」と聞いてみれば、「テレビで見た、あの大草原で生きる動物たちをこの目で見てみたい」という両親も多いのではないだろうか。動物に出逢うサファリ体験は、いろいろな国で楽しむことができるが、アクセスの良さと快適度を考えれば、南アフリカが最もオススメだ。アクセスが良いとはいえ、日本から遠く離れたアフリカ南部に位置する国なので、もちろん飛行時間も長く、乗り継ぎも必要。しかし、到着すれば日本では絶対に味わえない、想像をはるかに超える興奮と感動が待っている。目指すは、快適なロッジが軒を連ねる南アフリカのサビ・サンド私営保護区。ビッグファイブと呼ばれるゾウ、ライオン、サイ、ヒョウ、バッファローをはじめとした多くの動物たちに出逢うことができるエリアだ。動物たちの"生"を肌で感じるサファリ体験に興奮し、ロッジではワイン片手に、どこまでも続く地平線に沈みゆく夕陽を眺めて感動する。そして少し足を延ばして"人類発祥の地"や、世界三大瀑布の"ビクトリアの滝"といった名所へ。地球の鼓動とリアルな生を感じる南アフリカの旅へ。

見渡す限りの大草原で
雄々しき動物たちの"生"にふれる

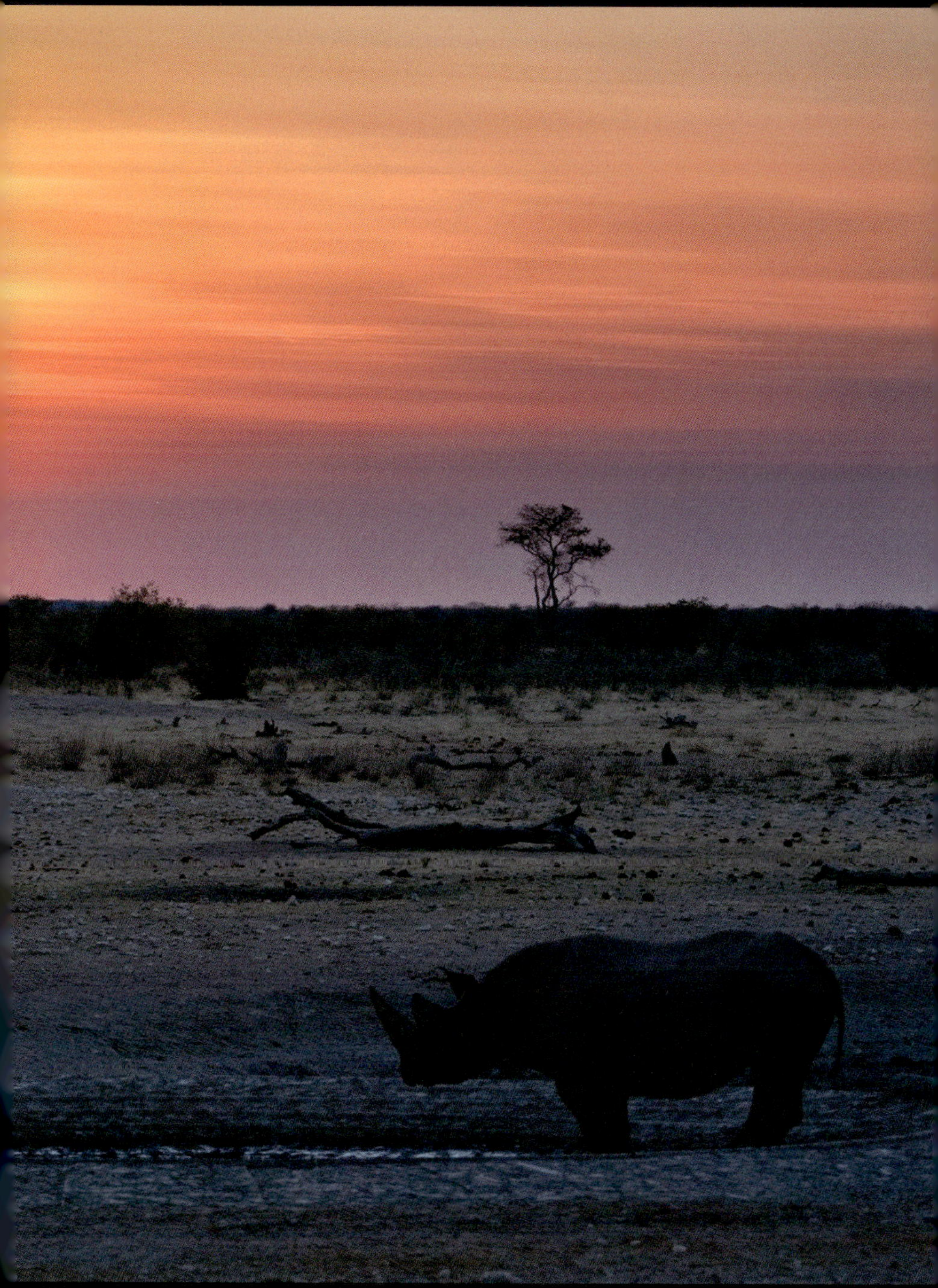

DAY 1▶4

野生動物の宝庫でサファリ体験、そして人類発祥の地へ

南アフリカの首都、ヨハネスブルグ。そこから国内線に乗って、豊かな大草原が広がるサビ・サンド私営保護区へ。サバンナの中に佇むラグジュアリーロッジに滞在しながら、大自然を自由に駆け回る野生動物の探索を思いきり楽しもう。サファリを堪能したら、ヨハネスブルグに戻り、"人類発祥の地"と呼ばれる貴重な世界遺産、スタークフォンテン洞窟へ。

サビ・サンド私営保護区のサファリ体験 | SPOT:01 | DAY 1-4 | チェック!!

アフリカを代表するクルーガー国立公園に隣接する保護区。ここでオープントップのサファリカーに乗り込み、動物を探すドライブを楽しもう。朝、夕が動物たちを一番発見しやすい時間帯なので、ドライブもその時間に設定されている。

スタークフォンテン洞窟 | SPOT:02 | DAY 1-4 | チェック!!

ヨハネスブルグ近郊にある世界遺産の洞窟。およそ200万年前の類人猿（アウストラロピテクス・アフリカヌス）の骨がここでは多数発掘されていて、"人類発祥の地"とも呼ばれている。知名度が高くないだけに、レアな行き先とも言えるだろう。

スケジュール Schedule

1日目	夜	成田発〜香港乗り継ぎ〜ヨハネスブルグへ[機内泊]
2日目	午前	ヨハネスブルグ〜サビ・サンド自然保護区着
	午後	ロッジチェックイン、アフタヌーンサファリ[ロッジ泊]
3日目	朝	モーニングサファリ
	午後	ウォーキングサファリ
	夕方	アフタヌーンサファリ[ロッジ泊]
4日目	朝	モーニングサファリ
	午前	サビ・サンド自然保護区発〜ヨハネスブルグ着
	午後	スタークフォンテン洞窟観光
		ヨハネスブルグのホテル泊

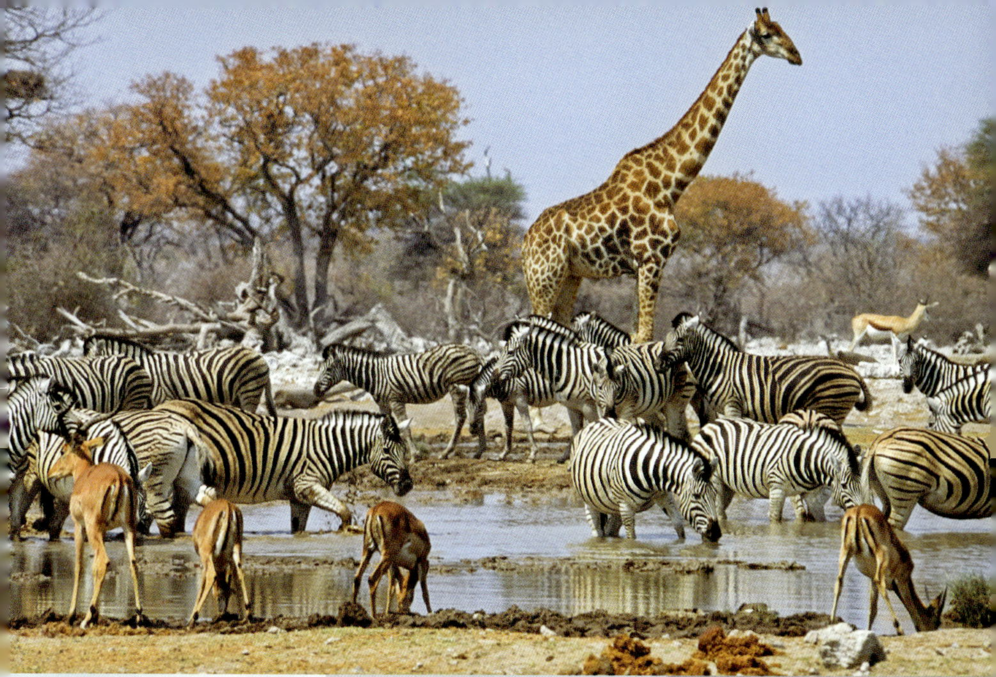
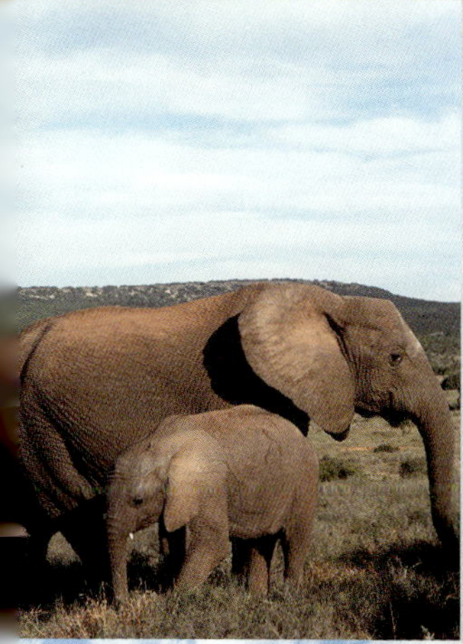
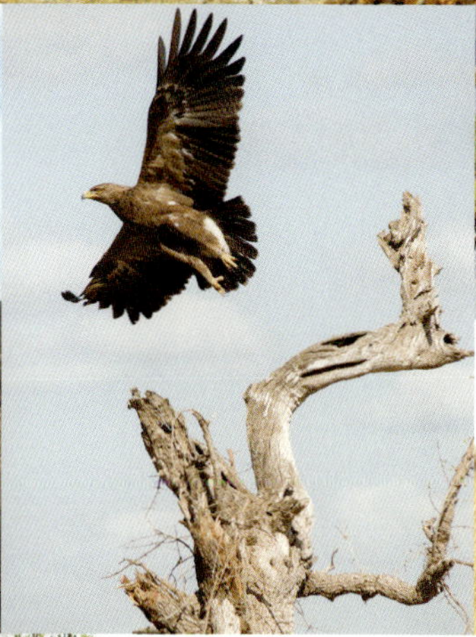
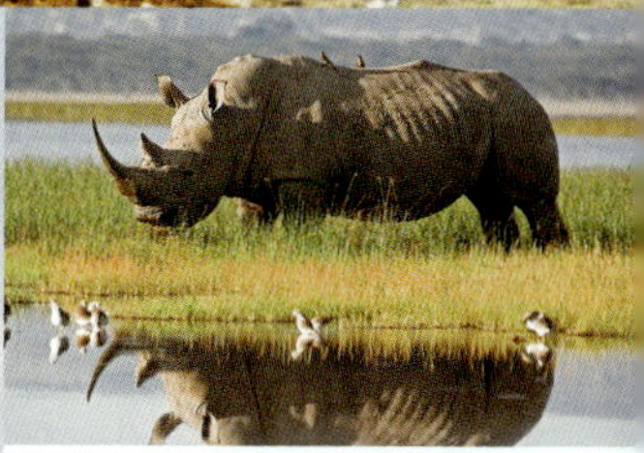
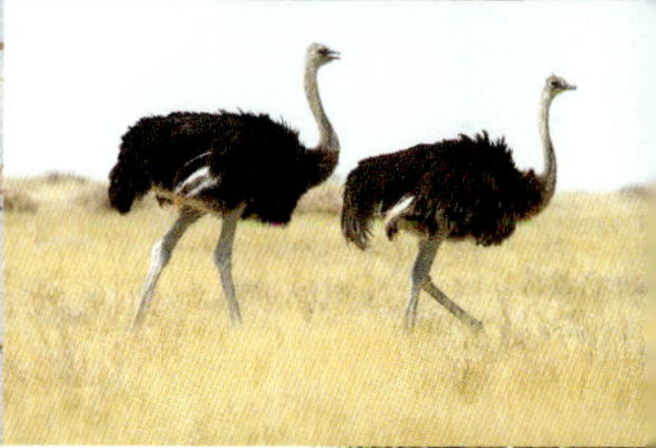
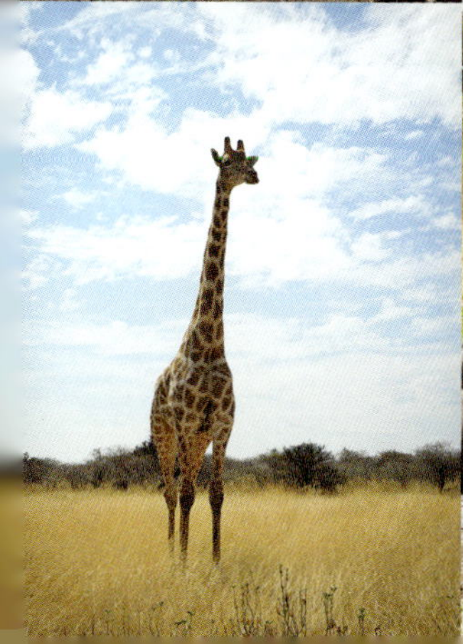
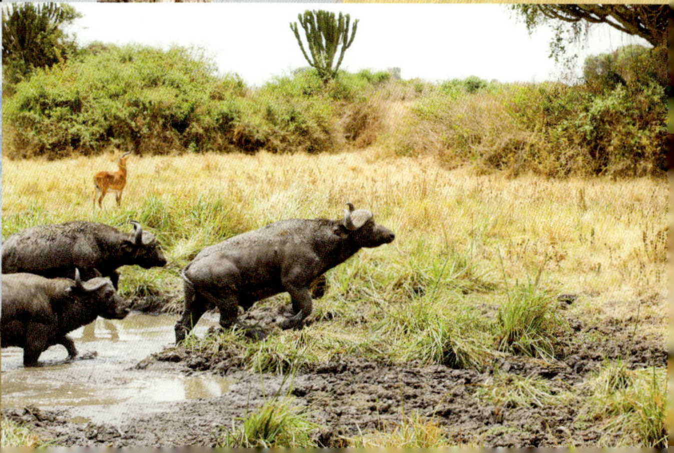

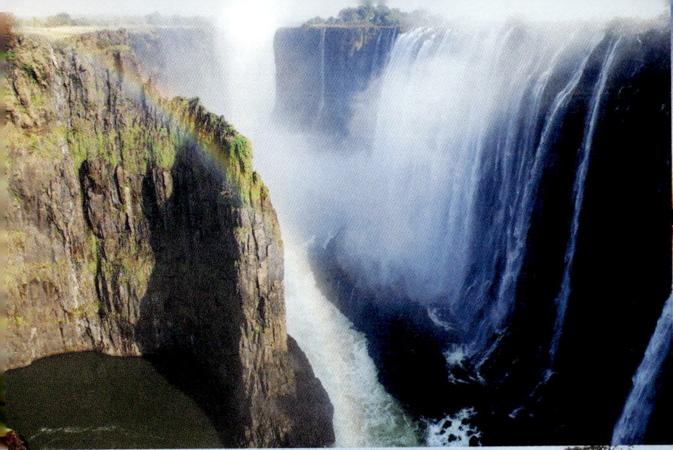
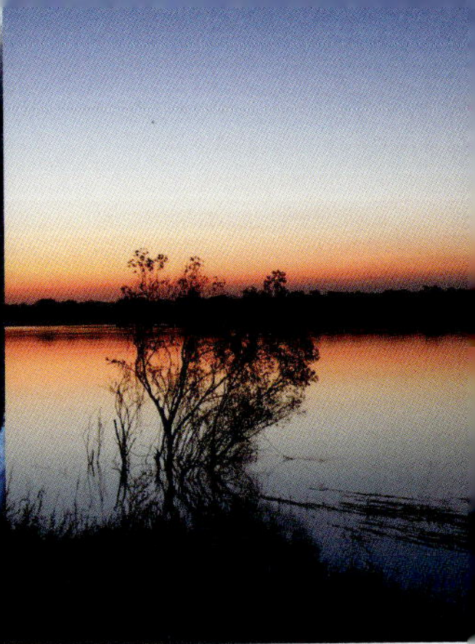
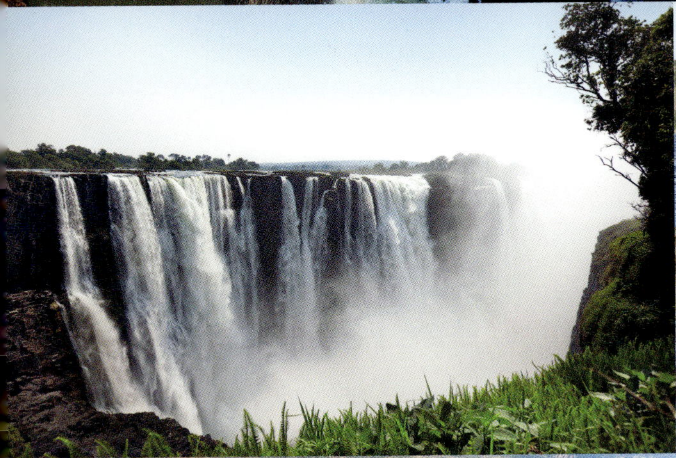
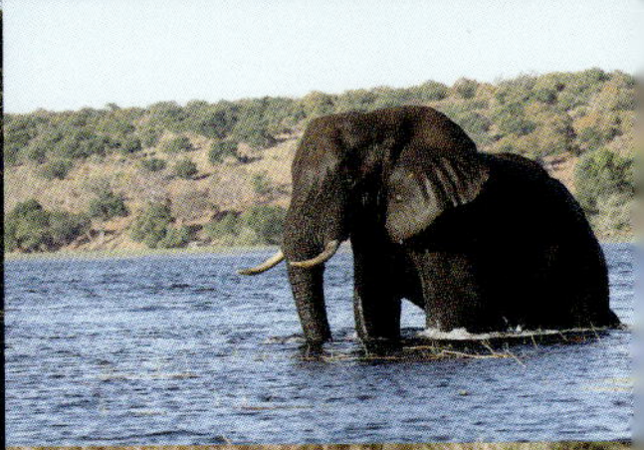
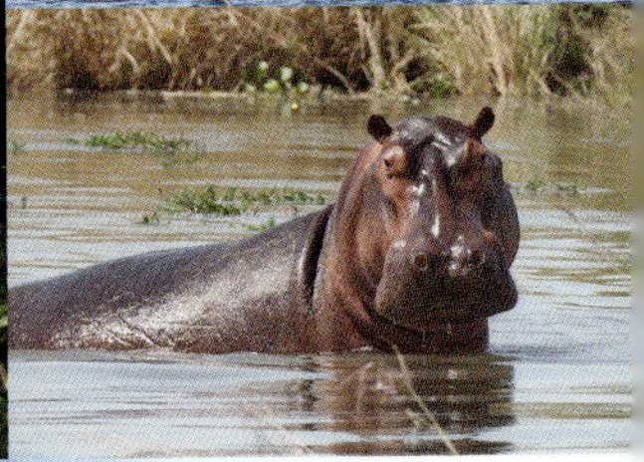
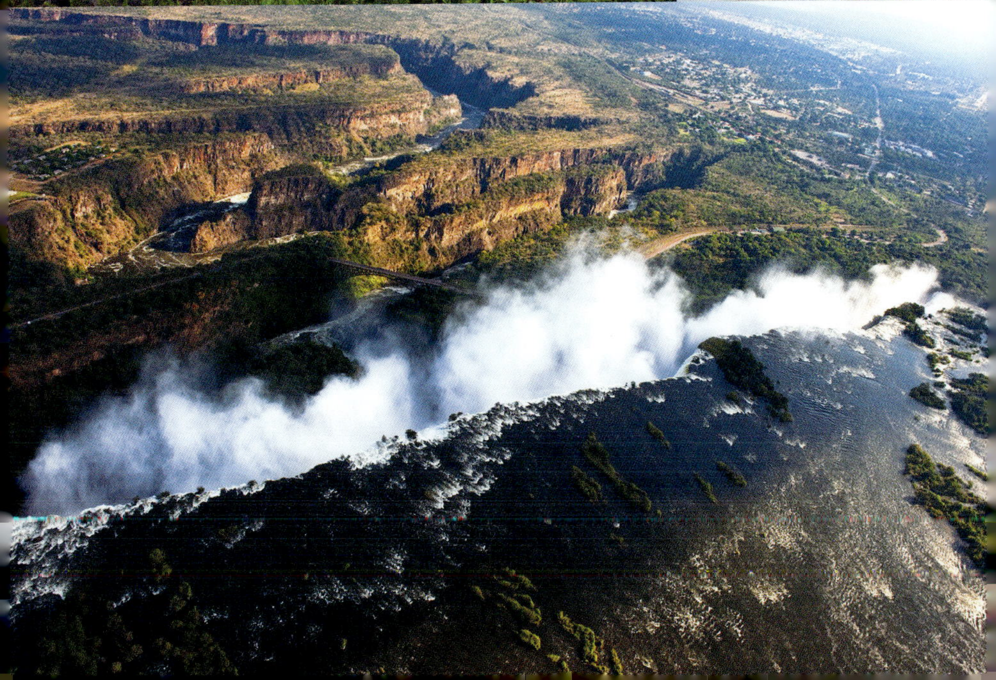

DAY 5▶7

ザンベジ川サンセットクルーズと世界三大瀑布ビクトリアの滝！

5日目以降は南アフリカを離れ、ジンバブエとザンビアの国境にあるビクトリアの滝へ。豪快な滝を訪れる前夜祭として、滝に流れ込むザンベジ川のサンセットクルーズを楽しもう。

翌日は、いよいよ世界遺産ビクトリアの滝へ。南米のイグアス、北米のナイアガラと並んで世界三大瀑布に数えられるこの滝は、現地の言葉で「モシ・オア・トゥンヤ(雷鳴とどろく水煙)」と呼ばれている。その名の通り轟音を鳴らし、地球の鼓動を感じさせてくれる。

サンセットクルーズ　　SPOT:01 | DAY 5-7　チェック!!

ビクトリアの滝に流れ込む大河、ザンベジ川。川幅が豊かなこの川を、双胴の美しい船でクルージングしながら、夕陽が沈むのを待つ。川のほとりに生きるシカやワニ、ゾウなど野生動物を見ることもできる。

ビクトリアの滝　　SPOT:02 | DAY 5-7　チェック!!

ビクトリアの滝は、落差と幅の両面の規模としては、イグアスの滝と並んで世界最大級だ。特に高さと渓谷の深さ、そして複雑さでは三大瀑布随一とも。幅1,700m、落差110mの姿は圧巻。

スケジュール Schedule

5日目	午前	✈ ヨハネスブルグ発〜ビクトリア・フォールズ着
	夕方	🚢 ザンベジ川サンセットクルーズ
		🛏 ビクトリア・フォールズのホテル泊
6日目	午前	🚶 ビクトリアの滝
	夕方	✈ ビクトリア・フォールズ発〜ヨハネスブルグ、香港乗り継ぎ〜成田へ[機内泊]
7日目		✈ 成田着

EXAMPLE ITINERARY ✈ SOUTH AFRICA

travel information:

旅の予算 / Budget

大人1名分の総予算　36万円〜

総予算内訳

- **現地予算　19万円〜**
  ※現地予算は本書オススメスケジュールの料金目安
  現地送迎、国内線航空券、ホテル代（2人部屋利用時の1名分料金）、食費（朝4回、昼2回、夕2回）を含む、一部食費含まず
- **航空券　17万円〜**　※エコノミークラス往復料金、燃油サーチャージ含まず

親子旅にオススメのホテル / Recommended hotel

Little Bush Camp（リトル・ブッシュ・キャンプ）
▶ www.sabisabi.com/lodges/littlebushcamp

サビ・サンド私営保護区内にある、サバンナの静寂に包まれた5つ星ロッジ。大自然に囲まれているとは思えないほどの洗練された雰囲気に加えて、日本人宿泊客への対応に慣れたスタッフの、きめ細かなサービスが魅力だ。ロッジでは、人気の南アフリカ産ワインを味わうことができる。この快適なロッジを拠点として、サファリの冒険へと出かけよう。

時差 / Time difference

「-7時間」　日本より7時間遅れ。ヨハネスブルグが正午のとき日本は午後7時。

飛行機に関して / About the flight

成田〜ヨハネスブルグの直行便は運行していない。香港などでの乗り継ぎが一般的だ。成田〜香港は**約4時間40分**、香港〜ヨハネスブルグは**約13時間10分**となる。ヨハネスブルグ〜サビ・サンド自然保護区は**約1時間30分**、ヨハネスブルグ〜ビクトリアフォールズは**約1時間45分**。

旅のシーズン / Best Season

5〜9月まで、南半球にある南アフリカは冬になる。その期間はサバンナの草は短くなり、野生動物が見つけやすくなる。気候も快適なので、サファリを十分に楽しむならこの時期がオススメ。一方、ビクトリアの滝は水量が多く迫力満点となるのが11〜3月。水量、気候が安定する4〜6月。水量の少ない7月〜となる。水量が多いと水飛沫で全体をとらえるのが難しくなるので、サファリシーズンに合わせるのがベターだろう。

この旅の問い合わせ先 / Arranging the trip

[Planet Arica Tours]　▶ www.planetafricatours.co.za/pat/view/pat/ja/

南アフリカの中心地ヨハネスブルグに居を構える旅行会社。毎年多くの日本人を受け入れている。現地にある旅行会社だけに、知識も経験も豊富。日本人スタッフもいるので、日本語での問い合わせ、手配依頼が可能。滞在中も何かと相談に乗ってくれる頼もしい存在だ。

13: 南アフリカ

この旅のヒント
Hints for the trip

- サビ・サンド自然保護区が素晴らしいのは、サファリにつきものの暑さをはじめとした過酷さとは無縁ということ。そのため、親子旅でも安心して快適にサファリ体験を楽しむことができる。
- 送迎及び観光は、英語のガイドやドライバーガイドがつく。サファリや滝の説明は難しくはないので、英語でも十分理解可能だ。また、旅慣れていない人にとって最も不安になる飛行機の乗り継ぎ（香港は除く）は、日本人ガイドが案内してくれるので、心配はいらない。

+α周辺情報
One more trip

ケープタウン | ONE MORE TRIP | SPOT:01

ヨハネスブルグから飛行機で約2時間の距離にある人気の都市。街のすぐ近くには、頂きが水平に切り取られたテーブルマウンテンが鎮座し、ケーブルカーで登ることも可能。海岸近くには、数百のショップと水族館を備えた「ビクトリア＆アルフレッド・ウォーター・フロント」があり、ショッピングを楽しむことができる。また最大の見所となるのが、大航海時代の船乗りたちが目指した「喜望峰」。そこからの眺めは、地球が丸いことを実感できるだろう。

ゲーム料理 | ONE MORE TRIP | SPOT:02

宿泊するビクトリアの滝のホテル近くのレストランでは、珍しい食事をとることができる。それは、ゲーム料理（ゲームミール）と呼ばれるもので、ダチョウやシカ、ワニなどをはじめとした野生動物の肉を使ったバイキング料理だ。日本ではなかなか見かけることがない食材なので、チャレンジしてみてはどうだろう？

気軽にぶらりと、隣国へ
～Visit to the Neighboring country～

TRIP: 14

国名: **韓国**
KOREA
3泊4日
時差: ±0時間

- ■旅の快適度 ★★★★☆
- ■アクセスの良さ ★★★★★
- ■歩く時間の短さ ★★★☆☆
- ■物価の安さ ★★★★☆

① 移動時間が短い直行便で行くことができる
② 現地の食事が、日本人の口にも合いやすい
③ 1人5万円台〜行くことができる

フライト時間: ✈2時間30分 (成田〜ソウル)

TRIP:14 文化にふれる旅

世界遺産、本場韓国料理、エステも！
最も身近な海外、韓国を満喫する3泊4日の旅！

今や日本でも完全に市民権を得たと言える韓流ドラマ。ハラハラドキドキの展開、心に響くセリフ、素敵な俳優たちに釘付けになった人も少なくないのではないだろうか。しかし、韓国はドラマだけではない。まずは意外と知られていない韓国の世界遺産。独特の建築様式である祠堂"宗廟(チョンミョ)"や、朝鮮王陵"東九陵(トングルン)"、李氏朝鮮の王宮"昌徳宮(チャンドックン)"、優れた機能性と際立つ建築美を持つ城塞"水原華城(スウォンファソン)"など…。ソウルからも簡単に行くことができる。そしてやっぱり食べたい韓国料理。焼き肉やキムチはもちろん、本場の石焼ビビンバや宮廷料理、エネルギッシュな屋台でのB級料理を食べてみよう。さらには、ヨモギ蒸しで身体の中を健康にして、韓国式エステでお肌をツルツルにしてみたり…など、魅力が盛りだくさん。

航空券も比較的安く手に入るので、場合によっては国内よりもリーズナブルに行けるほど。国内旅行気分で行ける一番身近な海外、韓国へ。気軽に出発してみよう。

全身を覆う韓国の情熱、
比類なきドラマチックな魅力を感じる旅へ

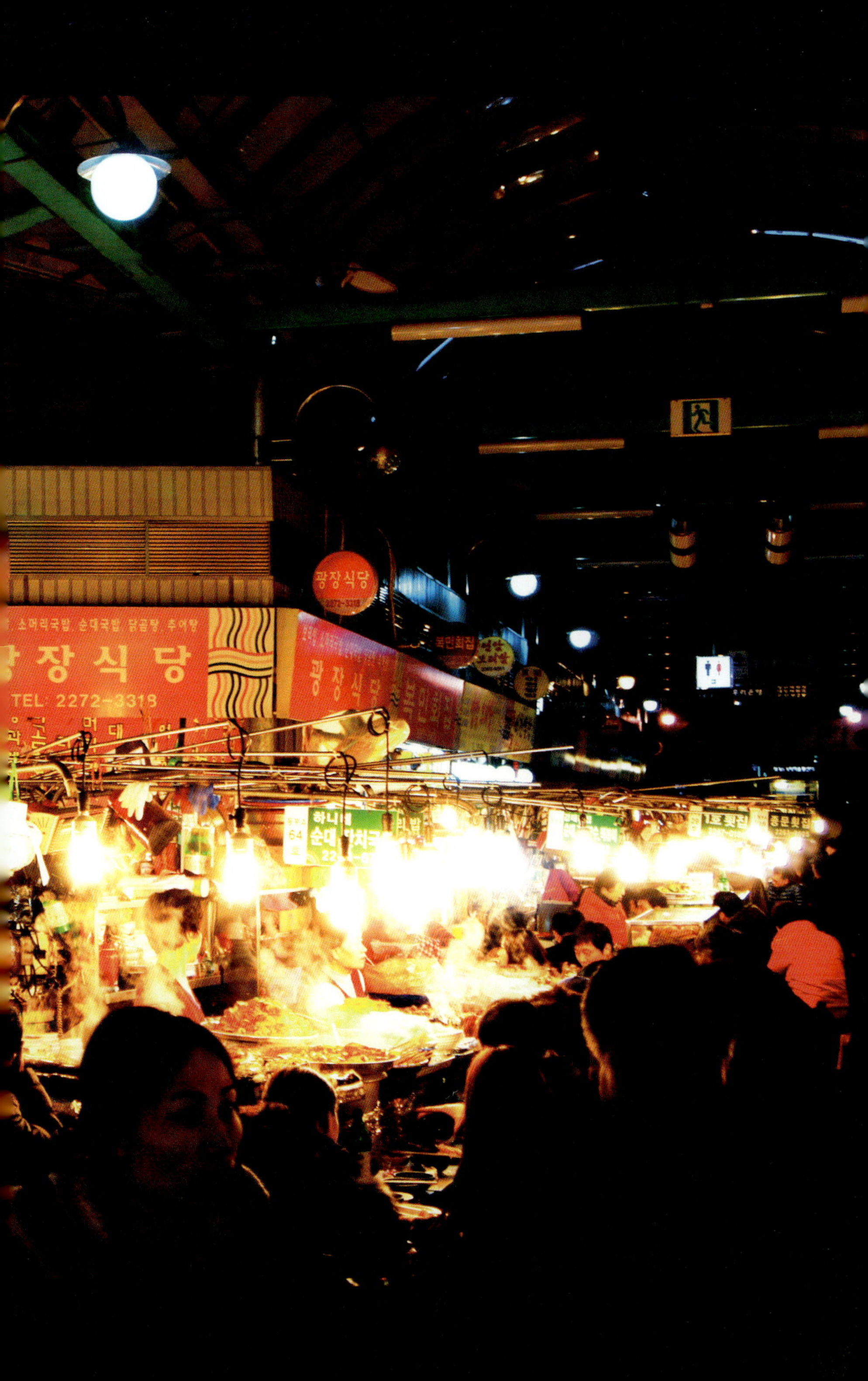

광장식당
TEL. 2272-3318
광장식당
광장식당
하니네

まずは世界遺産を巡って韓国の歴史を知ろう。

DAY 1▶2

あっという間の飛行機移動を終え、ソウルに降り立ったら、現地係員と共にホテルへ。この日はホテルで休んでもいいし、街へマッコリを飲みに行ってもいいだろう。翌朝は、韓国風アワビ粥からスタート。午前は、王と王妃が祀られている荘厳かつ神聖な場所、宗廟へ。びっくりするほど長い正殿はぜひ見て欲しい。その後は美しい自然と建築が調和する王宮、昌徳宮を見学。お待ちかねの昼食タイムには本場の石焼ビビンバを楽しみ、午後は韓流ドラマが撮影された、古い町並み北村(ブッチョン)や、王たちの墓で現在も祭礼が行われている東九陵を訪れよう。そして、ヨモギ蒸しで身体を癒したら、夕飯は韓国焼肉サムギョプサルを。お腹いっぱいになったら、ソウル中心部にあるNタワーに登ろう。タワー自体のライトアップも美しいが、展望台から望むソウルの夜景もとてもロマンチックだ。

宗廟(チョンミョ) | SPOT:01 | DAY 1-2
1394年、李氏朝鮮の初代国王である李成桂(イ・ソンゲ)が王朝を開いた際に建立した祠堂。歴代国王が亡くなる度に、一室ずつ東西に増築していった。無料で日本語ガイドの話を聞くことができる場所でもある。

昌徳宮(チャンドックン) | SPOT:02 | DAY 1-2
韓国五大王宮のひとつ。四季折々の景観が美しく、広大な敷地に建つ13棟の宮殿は、風流で色鮮やか。大正5年に日本から李王朝皇太子に嫁いだ梨本宮方子が、数年ここに住んでいたことでも知られている。

石焼ビビンバ | SPOT:03 | DAY 1-2
通常の器よりも高級な位置づけとなる石焼きビビンバ。ジュージューと焼けた熱い石器に、ご飯と新鮮な野菜、味付けしたナムル、炒めた肉をたっぷりのせる。じっくりと混ぜて食べよう。塩味のスープと一緒なら美味しさもアップする。

写真提供:韓国観光公社

北村(ブッチョン) | SPOT:04 | DAY 1-2
韓国の伝統家屋「韓家」が多く残る、歴史情緒あふれる場所。ドラマ「冬のソナタ」のロケ地でもある。実際に一般市民が居住している村で、900棟あまりの韓家と狭い路地に、美しさと趣が感じられる。

東九陵
トングルン | SPOT:05 | DAY 1-2

儒教の礼法や風水が反映されている朝鮮王朝の王たちの墓。東九陵を含めソウル市とその近隣には40基点在している。500年以上続いた王朝の墓がこれだけ完璧に保存されているのは世界でも例がない。

ヨモギ蒸し
SPOT:06 | DAY 1-2

専用のスモックと呼ばれる上着を着て、ヨモギを蒸したスチームで下から身体を温める療法。神経痛や湿疹、あせも、特に女性には生理痛、冷え性、便秘、更年期障害に効果があるとも。家族でさっぱりしてみては？

サムギョプサル
SPOT:07 | DAY 1-2

斜めになっている鉄板に豚の三枚肉を乗せ、油を落としながらカリッとするまで焼く。それをキムチやネギ、唐辛子、焼いたニンニク、味噌などを一緒にサンチュ（包み菜）で巻いて食す。ご飯にもお酒にも合う絶品肉料理だ。

スケジュール / Schedule

- **1日目** 午前 ✈ 成田発〜ソウル着、ホテルチェックイン [ホテル泊]
- **2日目** 午前 宗廟、昌徳宮、石焼ビビンバの昼食
  - 午後 北村、東九陵、ヨモギ蒸し体験、サムギョプサルの夕食、Nタワー [ホテル泊]

EXAMPLE ITINERARY ✈ KOREA

エネルギッシュな韓国を めいっぱい楽しむ。

DAY 3▶4

3日目の午前中は、水原(スウォン)の町中に現れる広大な建造物、水原華城へ。建設には当時最新の西洋技術が取り込まれ、とにかく広くて景色も良い。そして、様々なドラマのロケ地ともなった高句麗鍛冶屋村(テジャンガンマウル)を訪れたら、韓国のエネルギーを感じる南大門市場の屋台で昼食を。午後は、アカスリを含む韓国エステでリラックスしよう。夕食には、宮廷料理でもある韓定食を。テーブルにずらっと並んだ小さなお皿に、少しずつ盛られた美味しい料理に大満足するだろう。4日目最終日は、朝から活気のある広蔵市場(クァンジャンジャン)で朝食を。楽しい気分のまま飛行機に乗れば、お昼過ぎには、成田に到着だ。

水原華城(スウォンファソン) | SPOT:01 | DAY 3-4
18世紀末に李氏朝鮮第22代国王・正祖(せいそ)が2年以上かけて、37万人の労力を投入して作った城。城壁や塔、楼閣や城門は見応え充分。場内にはドラマ「チャングムの誓い」のロケ地にも使用された華城行宮もある。

高句麗鍛冶屋村(テジャンガンマウル) | SPOT:02 | DAY 3-4
紀元前37年に建国したと言われる古代東アジアの大国、高句麗。その遺物展示や当時の村が再現されている文化的テーマパーク。ここでペ・ヨンジュン主演の「太王四神記」や「快刀・洪吉童(ホンギルトン)」などの人気ドラマが撮影された。

南大門市場 | SPOT:03 | DAY 3-4
600年以上の歴史を持つ韓国最大の市場。飲食店から生活用品、アーミーショップまで様々なものが並ぶ雑多な雰囲気が魅力だ。南大門市場名物料理は、太刀魚の煮込み料理「カルチチョリム」というもの。ぜひトライしてみよう。

韓国エステ | SPOT:04 | DAY 3-4
お店によって内容は様々。基本的には、まずサウナに入って汗をかき、薬効のあるお風呂へ。汗を流したら、アカスリで全身を擦ってもらう。きっと全身から出る垢の多さにびっくりするに違いない。最後にオイルマッサージやパックでツルッツルに。

写真提供：韓国観光公社

写真提供：韓国観光公社

韓定食 | SPOT:05 | DAY 3-4

韓定食の意味は広く、宮廷料理から田舎料理までを指す。決して辛いものばかりではなく、食材本来の味を生かした素朴な味で美味。彩りを考えたキレイな盛り付けで、料理の数が30種を超える場合もある。

広蔵市場 | SPOT:06 | DAY 3-4

100年もの歴史を持つ市場。貝殻を元に作られる螺鈿細工、高麗人参、海苔などのお土産も買えて、なおかつ美味しいものまで食べられる。キンパッという海苔巻は、一度食べたら病み付きという美味しさだ。

スケジュール / Schedule

3日目
- 午前　水原華城、高句麗鍛冶屋村
- 午後　昼食は南大門市場にて、韓国式エステ体験
- 夜　　韓定食の夕食［ホテル泊］

4日目
- 午前　広蔵市場で朝食を取った後、空港へ
- 　　　ソウル発～成田へ
- 午後　成田着

EXAMPLE ITINERARY → KOREA

travel information:

旅の予算
Budget

大人1名分の総予算　5.5万円〜

> **現地予算　3.5万円〜**
> ※現地予算は本書オススメスケジュールの料金目安
> 現地交通費、日本語ガイド代、ホテル代（2人部屋利用時の1名分料金）、食費（一部除く）を含む
>
> **航空券　2万円〜**　※エコノミークラス往復料金、燃油サーチャージ含まず

総予算内訳

親子旅にオススメのホテル
Recommended hotel

Lotte Hotel World（ロッテホテルワールド）　▶ www.lottehotelworld.com/jp
ソウルを代表する5つ星ホテルで、部屋の種類も豊富。世界最大の屋内遊園地「ロッテワールド」に併設されていて、スケートリンクやボーリング場、スポーツセンター、ショッピングモールなどレジャー施設が充実している。

時差
Time difference

「**±0時間**」　日本との時差はなし

飛行機に関して
About the flight

成田〜ソウルは直行便で**約2時間30分**。成田からも羽田からも毎日直行便が運行している。時間帯も午前中から夜までといろいろあるので、スケジュールに合わせて便を選択することが可能だ。

旅のシーズン
Best Season

四季がはっきりしている。3〜5月の春がベストシーズンで桜も咲く。日本と同様6月は雨期。7〜9月は暑くなるが日本よりカラッとしていて過ごしやすい。10月は紅葉が美しく、12〜3月はとても寒い。基本的には日本と同様の気候と考えていいだろう。

14: 韓国

この旅の問い合わせ先
Arranging the trip

[H.I.S.] ▶ www.his-j.com

日本全国にあるH.I.S.の営業所にて旅の相談や手配が可能だ。ソウルにも支店があるので、現地入りしてから困ったことなどがあった場合、すぐに連絡できるので心強い。日本でも、現地でも頼りになる旅行会社だ。

この旅のヒント
Hints for the trip

日本から近く、気軽に行けるのも大きな魅力。それだけに、日本からの渡航者も多い。特にゴールデンウィークなどの大型連休は混雑が予想されることに加え、旅費も高くなりやすいので、可能であれば避けた方がいいだろう。

+α周辺情報
One more trip

板門店ツアー　| ONE MORE TRIP | SPOT:01
はんもんてん

韓国と北朝鮮の国境にある、板門店。DMZ（非武装地帯）とも呼ばれる所だ。個人で行くことは難しいが、ツアーであればここを訪問できる。統一と平和の願いを込めた平和の鐘、映像展示館などがある。目前に立つ、国境を護る韓国の兵士と北朝鮮の兵士。歴史によって隔てられた両国を見学してみると、国とは？　民族とは？ということを考えさせられるだろう。

キムチ教室　| ONE MORE TRIP | SPOT:02

日本でも市民権を得ている発酵食品キムチ。ご飯にもおつまみにも大人気のキムチの作り方を本場で習ってみてはどうだろう。材料や調味料も用意してくれるし、作ったキムチは真空パックして持ち帰ることも可能だ。また同時に韓国伝統衣装のチマチョゴリを着ての記念撮影もすることができる。

共に過ごす温かな時
〜Warm together〜

TRIP: 15	国名: **カナダ**
	🇨🇦 CANADA
	5泊7日　時差: -14時間

- ■旅の快適度　★★★☆☆
- ■アクセスの良さ　★☆☆☆☆
- ■歩く時間の短さ　★★★★☆
- ■物価の安さ　★★★☆☆

①ツアーであれば日本人の添乗員と共に行くことができるので、言語の心配が不要 ②現地で防寒具をレンタルできるので、荷物がかさばらない ③極寒の中でも、温かくオーロラを楽しむことができる

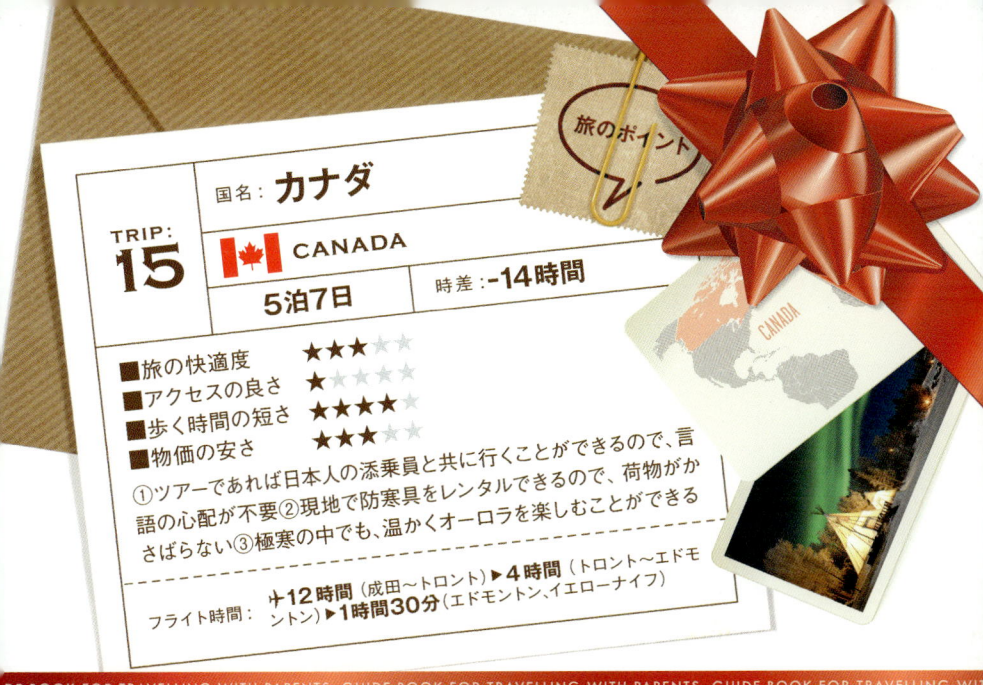

フライト時間：✈12時間（成田～トロント）▶4時間（トロント～エドモントン）▶1時間30分（エドモントン、イエローナイフ）

TRIP:15　自然を感じる旅

カナダの至宝「ナイアガラの滝」、「オーロラ」。
地球&宇宙からの贈り物に出逢う旅。

人生で一度は見てみたい、地球が織り成す壮大な光のショー、オーロラ。姿形を変えながら放たれる様々な色彩は、多くの人を虜にする。極寒の中、奇跡を追い求め続ける"オーロラハンター"と呼ばれる人たちも存在するほどだ。
オーロラは北磁極を中心にリング状に広がる。それは"オーロラオバール"と呼ばれるもので、その下の地域であれば理論上はオーロラが観賞できる。がしかし、そのほとんどは雲がかかりやすい山間部にあり、観賞可能率はとても低い。その中で、平地にあるカナダのイエローナイフは、晴天率が高く、世界一高確率でオーロラに出逢える場所と言われている。神様しか知らないオーロラの出現タイミング。しかし、寒空の中でずっと夜空を見上げる必要はない。快適な先住民の伝統的テント「ティーピー」で待機し、オーロラが出現したら、暖かな"こたつ"に入って、ぬくぬくと神秘の光を眺めることができるのだ。
雪化粧を施した大迫力のナイアガラの滝を眺め、快適にオーロラを観賞する。光輝く時間を家族で共有する旅へ。

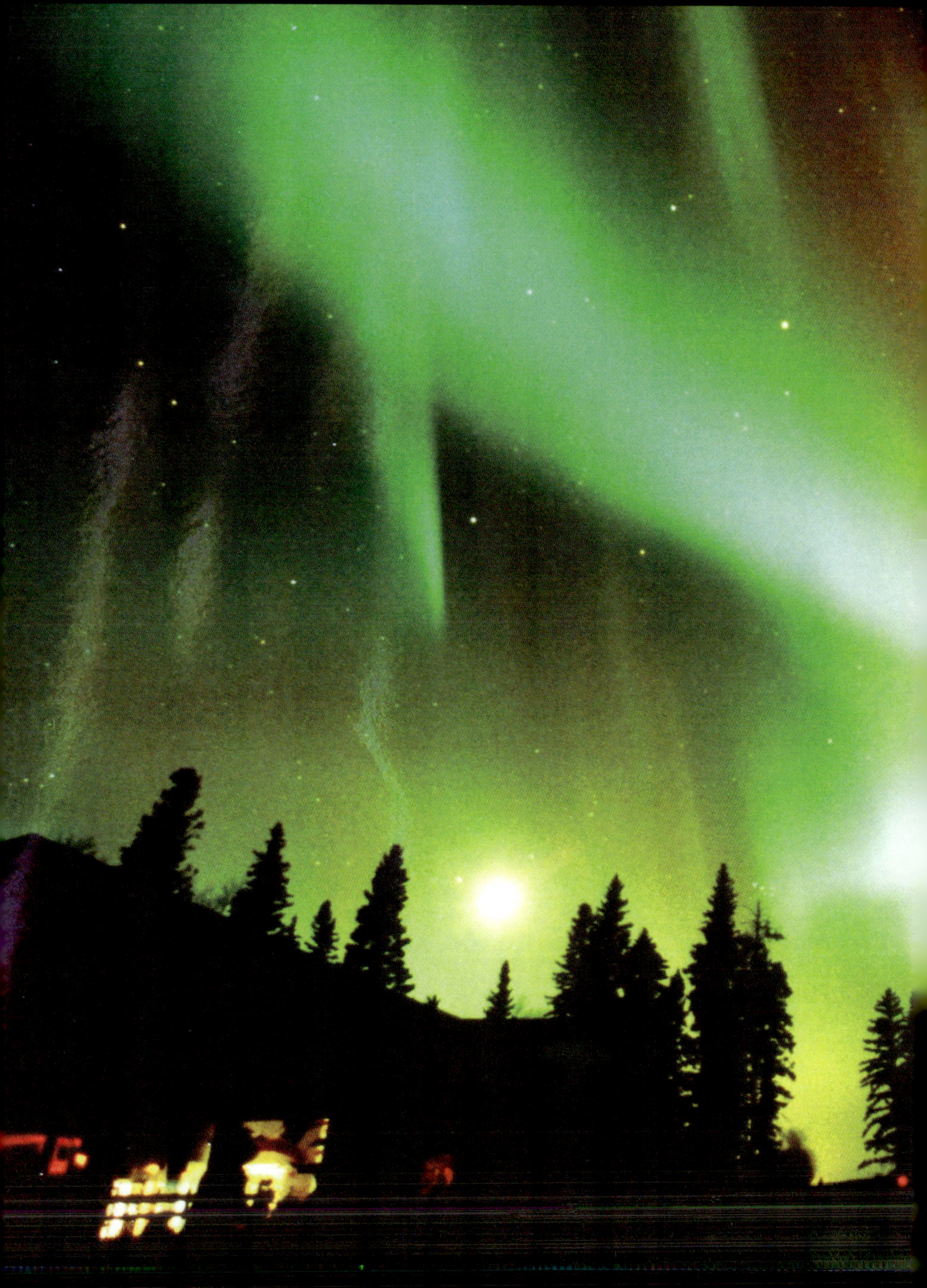

漆黒の夜空に踊る、神秘の光
奇跡の芸術作品に出逢う

EXAMPLE ITINERARY
オススメのスケジュール例

世界三大瀑布、大迫力のナイアガラの滝へ

DAY 1▶2

カナダ最大の都市トロントに到着したら、バスに乗って一路ナイアガラへ。一日目はホテルでゆっくりと休みを取ろう。翌日は世界三大瀑布として名高いナイアガラの滝へ。轟音と共に水飛沫を上げる大迫力の滝を間近で眺めよう。滝の見えるレストランでランチを楽しんだら、英国調の街並みが美しいナイアガラオンザレイクの街へ。地元のワイナリーを見学し、カナダ名物ロブスター料理のディナーを堪能しよう。

ナイアガラの滝 | SPOT:01 | DAY 1-2 | チェック!!

世界三大瀑布のひとつ、ナイアガラの滝。冬のナイアガラは、夏とはまた違った表情を見せてくれる。一面を雪と氷に覆われた絶景の中で、轟音を慣らしながらダイナミックに流れ落ちる滝は圧巻。また、滝の裏側を観光することもできる。

ナイアガラオンザレイク | SPOT:02 | DAY 1-2 | チェック!!

19世紀半ばに建てられた英国風の建築物が多く残る街。この街にあるワイナリーの見学では、凍ったブドウから作るという独特な製法で世界的に有名になった「アイスワイン」の試飲も楽しめる。

スケジュール / Schedule

- **1日目** 〔終日〕 ✈ 成田発〜トロント着
  🚶 ナイアガラに移動しホテルチェックイン
  ナイアガラのホテル泊
- **2日目** 〔終日〕 🚶 ナイアガラの滝、ナイアガラオンザレイク
  🚶 ナイアガラのホテル泊

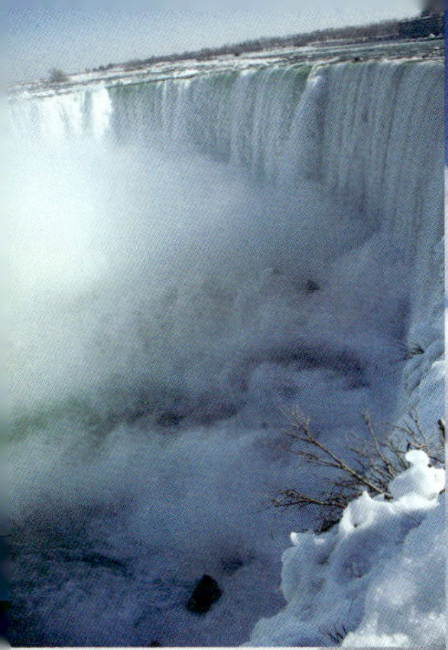
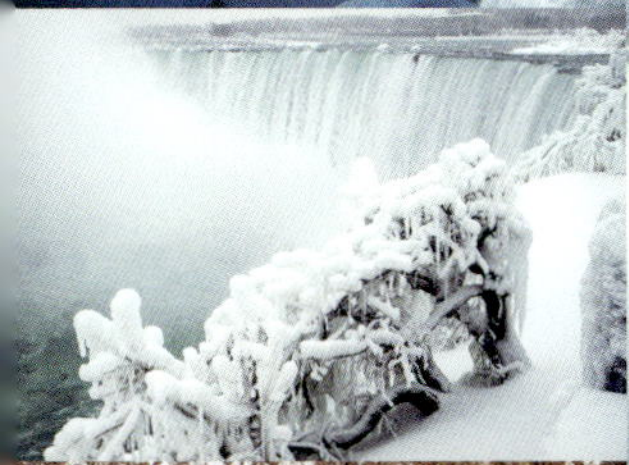
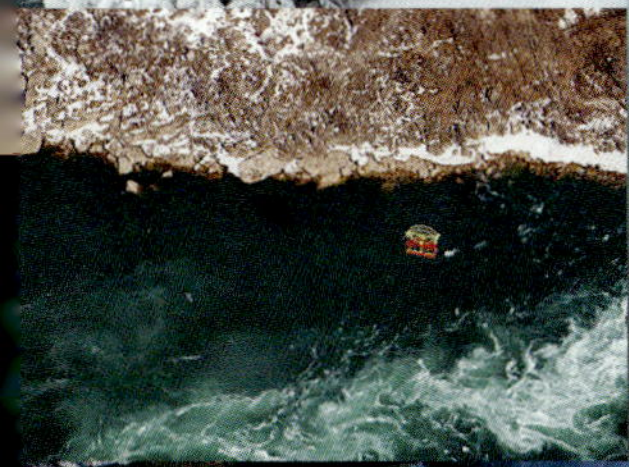
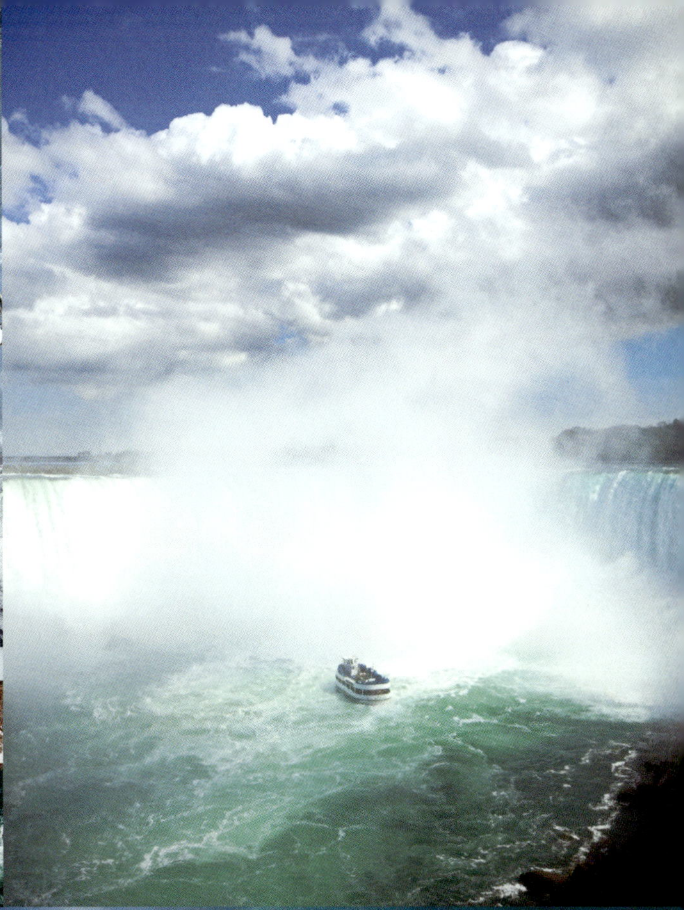
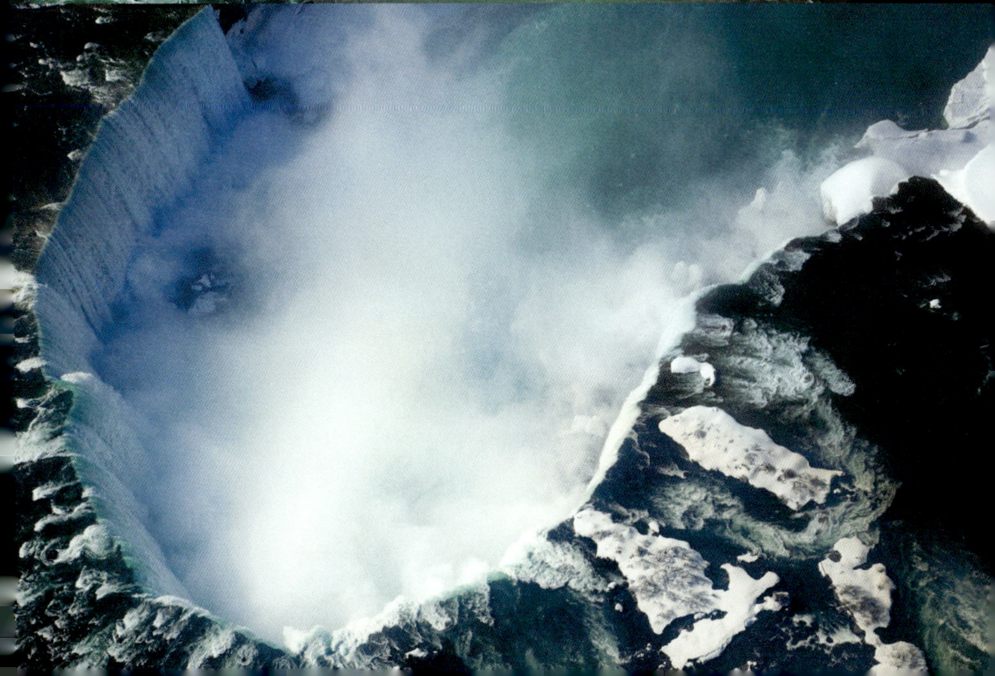

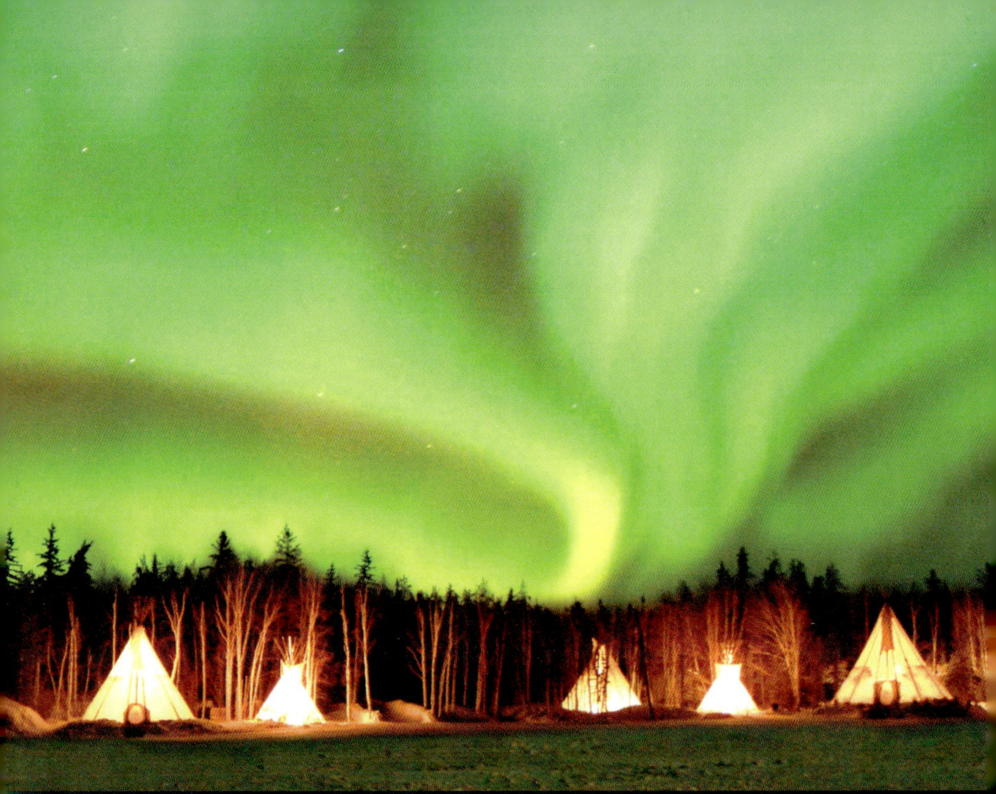
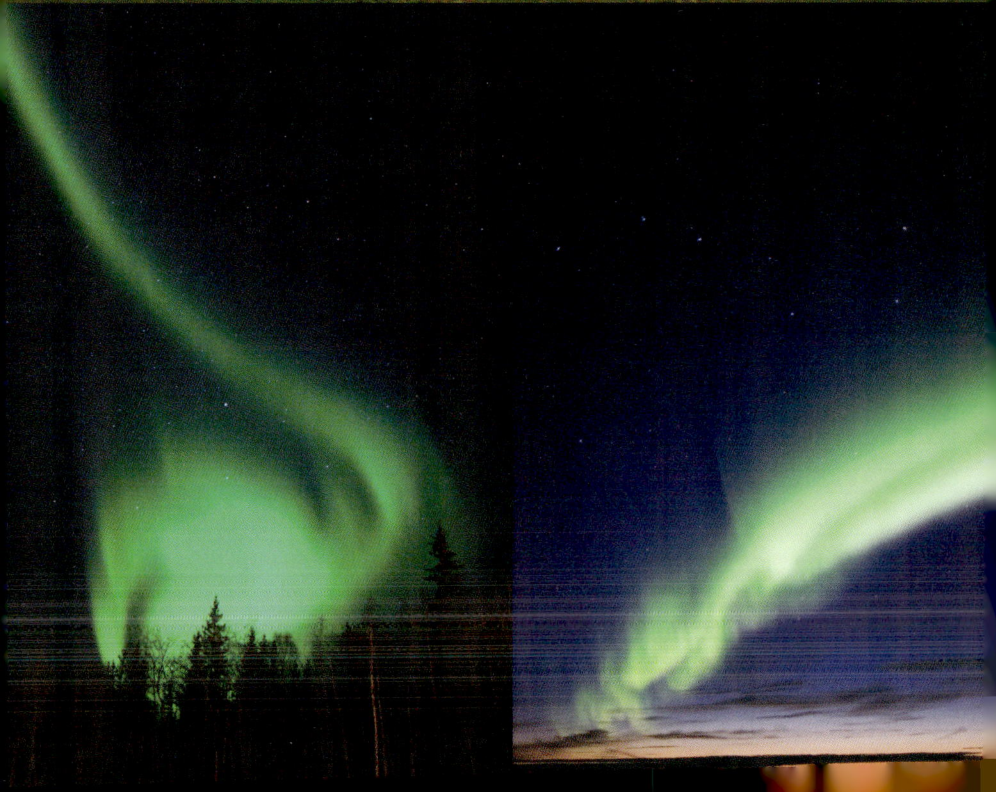

DAY 3▶7

世界で一番オーロラと出逢える場所で、神々しい光に包まれる!

3～5日目は、いよいよ旅のハイライト、オーロラ鑑賞だ。イエローナイフに3泊した場合のオーロラ観賞確率は、2009年は96%、2010年は100%!という驚きの数字。かなりの高確率で出逢えるだろう。オーロラの色は、白っぽい緑色、ピンクや赤、青など様々。形もカーテン状のものや、フリル状に何層ものひだになっているものまで、色や形が同じものは2つとない。この光との遭遇には、想像を超える深い感動が待っているだろう。

昼の時間帯は、かつてゴールドラッシュに沸いたイエローナイフ市内や、凍った湖の上が国道になるという不思議なアイスロードにも訪れよう。

オーロラ | SPOT:01 | DAY 3-7

オーロラとは、太陽から放出される、「太陽風」と呼ばれる粒子の流れが、極地上空の大気圏に突入して起きる光のショーのこと。常に変化し続けているオーロラの色や形、動きには、太陽と地球の間の宇宙空間の情報が詰まっているのだ。

ティーピー、こたつ | SPOT:02 | DAY 3-7

かつてカナダ北部に住む先住民が、移動式の住居としていた伝統的なテント「ティーピー」。中は意外と広く、暖炉や暖かい飲み物もある。オーロラが出現したら、360度の夜空を見渡せるオーロラ観賞用「こたつ」で快適な観賞タイムを。

アイスロード | SPOT:03 | DAY 3-7

12月中旬～3月までは、北アメリカでもっとも深いグレートスレーブ湖が凍結する。氷の厚さは1.5mにもなるため、車が通行できる国道「アイスロード」が湖の上に出現する。湖が凍った道での記念撮影ができるのは、この期間だけだ。

スケジュール / Schedule

- **3日目**
  - 朝 🚌 トロントへバスで移動
  - 午前 ✈ トロント発～エドモントン乗り継ぎ～イエローナイフへ
  - 午後 🏨 イエローナイフ着、ホテルチェックイン
  - 夜 👤 オーロラ鑑賞[イエローナイフのホテル泊]
- **4日目**
  - 午前 🏠 フリー
  - 午後 👤 イエローナイフ市内観光
  - 夜 👤 オーロラ鑑賞[イエローナイフのホテル泊]
- **5日目**
  - 終日 🏠 フリー
  - 夜 👤 オーロラ鑑賞[イエローナイフのホテル泊]
- **6日目**
  - 終日 ✈ イエローナイフ発～カルガリー乗り継ぎ～成田へ
- **7日目**
  - 午後 ✈ 成田着

EXAMPLE ITINERARY ✈ CANADA

travel information:

旅の予算 / Budget

大人1名分の総予算　37万円〜

> 総予算内訳
>
> ● 現地予算　30万円〜
> ※現地予算は本書オススメスケジュールのパッケージ料金目安
> 現地送迎、現地日本語ガイド、ホテル代（2人部屋利用時の1名分料金）を含む、一部食費含まず
> ✈ 航空券　7万円〜　※エコノミークラス料金、燃油サーチャージ含まず

親子旅にオススメのホテル / Recommended hotel

イエローナイフのホテルは設備などに大差はないし、オーロラ観賞が中心となるので、市内中心にあれば問題ない。しかし、ナイアガラではホテルにもこだわりたい。ナイアガラの滝を室内から望めるホテルはいくつかあるが、中でも下記のホテルが、落ち着いた滞在ができるのでオススメだ。

H Crown Plaza Hotel（クラウンプラザホテル）
▶ www.niagarafallscrowneplazahotel.com

ナイアガラ最古のホテル、クラウンプラザホテル。滝側の部屋であれば、窓からナイアガラの滝を眺めることができる。また夜には、ライトアップされた滝をホテル内レストランで食事をしながら見ることも可能。はるばるナイアガラまで訪れたのであれば、ぜひともこのホテルで滝と共に過ごしたい。

時差 / Time difference

「-14時間」　日本より14時間遅れ。トロントが正午のとき日本は翌日の午前2時。
「-16時間」　日本より16時間遅れ。イエローナイフが正午のとき日本は翌日の午前4時。
※サマータイム実施時は、トロントは-13時間、イエローナイフは-15時間となる。

飛行機に関して / About the flight

日本からトロントまでは直行便で**約12時間**。基本毎日エア・カナダが運行している。トロント〜イエローナイフへは、エドモントンやカルガリーなどでの乗り継ぎが必要となる。またイエローナイフ〜成田へもカルガリーなどでの乗り継ぎが必要となる。イエローナイフに行くにはどうしても乗り継ぎが発生してしまうが、オーロラを眺めるには避けて通れない道。しかし、カナダの空港は設備が整っているし、とても分かりやすくできているので安心だ。

旅のシーズン / Best Season

オーロラ観賞のベストシーズンは、夏（8月中旬〜9月下旬）と冬（11月中旬〜4月中旬）。しかし、夏はカナダの観光シーズンとも重なるため、飛行機代金は冬の倍近くになることも。本書では、雪化粧も美しくなるオススメの冬の時期を紹介した。
オーロラ自体はほぼ1年中現れているが、夏至の頃は日が沈まずに明るいため、ほとんど見ることができない。イエローナイフでは、年間240日ほどオーロラが観測され、雲に邪魔されなければ、毎晩観ることができる。

この旅の問い合わせ先
Arranging the trip

[H.I.S.] ▶ www.his-j.com

日本全国にあるH.I.S.の営業所にて旅の相談や手配が可能だ。カナダのトロント、バンクーバーにも支店があるので、現地入りしてから困ったことなどがあった場合、すぐに連絡できるので心強い。日本でも、現地でも頼りになる旅行会社だ。

この旅のヒント
Hints for the trip

- すべて日本語で手配を進めることができる。個人手配ももちろんできるが、移動が多いので、添乗員付きパッケージで行く方が楽だろう。またその場合は、オーロラのガイドに慣れた日本人ガイドも同行するので、言語に心配のある人でも安心して楽しめる。
- 基本的にパッケージツアーでは、ティーピーの貸し切りやこたつの3日間レンタルが含まれていない。もちろんティーピーは他の人々と共有するものもあるし、こたつに入らなくともオーロラを見ることはできる。しかし、家族だけの時間や快適なオーロラ観賞を希望するならば、事前に手配を依頼しておこう。
- イエローナイフ滞在中は、寒さ対策に欠かせない防寒具をレンタルできるので、余分な荷物の心配はいらない。とは言え、やはり冬のイエローナイフはマイナス20度前後という寒さなので、最低限の防寒対策は忘れずに。防寒具の中には下着やタートルネックのフリースなどを重ね着して、空気の層を作るのがおススメ。体温で暖まった空気が逃げないよう、首にはしっかりとマフラーを巻いておこう。下はタイツと厚手の靴下の重ね履きがいい。

+α周辺情報
One more trip

バンクーバー | ONE MORE TRIP | SPOT:01
カナダ西部の大都市バンクーバー。帰路の乗り継ぎ地をバンクーバーにして、数日遊んで帰ることもオススメだ。世界各国の料理や街の近郊に溢れる自然などを楽しむことができる。キャピラノ渓谷にかかる吊り橋は、世界一長い歩行者用の橋とも言われ、全長は137m、地面からの高さは70mもある。ゆらゆらと揺れる吊り橋を渡ってみよう。

スノーモビル体験 | ONE MORE TRIP | SPOT:02
2月中旬〜3月中旬に訪れた場合は、オンタリオ州はマスコーカ地方のスノーモビル体験もオススメ。トロントから車に乗れば2時間ほどで行ける。そこには、世界一と言われる全長72,000kmものスノートレイルがあるのだ。親子で楽しむウィンターアドベンチャー体験はどうだろう？

古代ローマへタイムスリップ
~Time slip to the ancient Rome~

TRIP: 16

国名：**イタリア**
ITALY
5泊7日　　時差：-8時間

- 旅の快適度　★★★★☆
- アクセスの良さ　★★★☆☆
- 歩く時間の短さ　★★☆☆☆
- 物価の安さ　★★★★☆

① 直行便で行くことができる
② 旅行会社の強力なバックアップで安心して行ける家族旅行
③ ゆったりしたスケジュールで見所を巡ることができる

フライト時間：✈12時間40分（成田～ローマ）

TRIP:16　文化にふれる旅

アモーレ＝愛に溢れる、太陽の国イタリアへ。
美しき永遠の都ローマで、
のんびり親子の休日を。

「ローマは1日にして成らず」、「すべての道はローマに通ず」、「ローマではローマ人のようにせよ」…。多くのことわざにも登場するローマ。古代から世界を代表する都市として栄えた、永遠の都だ。イタリアの中でも最も見所が多く、歴史的な建造物が今もなお現役で建ち並んでいる。歩いていると、目の前に遺跡が現れるなんてことも日常茶飯事。2,000年前に作られた巨大な闘技場コロッセオから街角に佇む噴水の彫刻まで、まるで街中が博物館のようでもある。その美しさから、数多くの映画の舞台にもなっている。その為、初めて歩く街角なのに「あ、どこかで見たことがある」と懐かしさを感じることも。
バチカン美術館ではラファエロやミケランジェロの芸術作品を、ショッピングでは有名ブランドを、夜のレストランではカンツォーネの歌声を。「美」に包まれた旅になること必至だ。アモーレ＝愛の国と知られるイタリア。愛情表現豊かなイタリア人に習い、この旅ではいつも以上に親に感謝と想いを伝えてみては？　親子でのんびりローマの休日を。

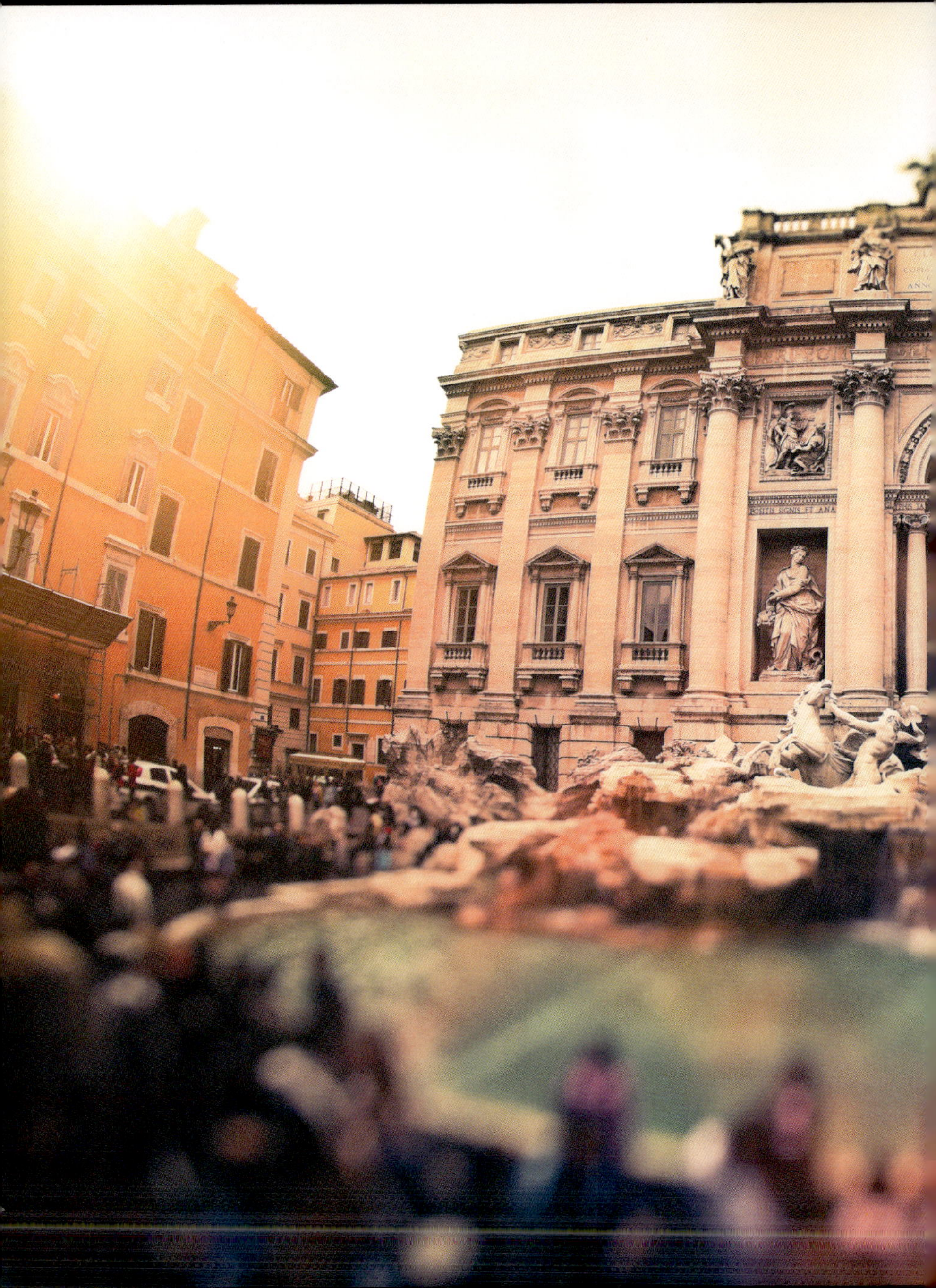

古代から受け継がれし、愛の言葉
歴史と共に今を生きるローマにふれる

EXAMPLE ITINERARY
オススメのスケジュール例

世界遺産「ローマ歴史地区」をひとめぐり！

DAY 1▶2

空港に到着したら、事前に手配しておいた送迎車に乗り込み市内中心部にあるホテルへ。ゆっくり移動の疲れを癒そう。翌日の午前中はのんびり過ごし、午後はホテルの近くから散策スタート。スペイン広場や高級衣料店が軒を連ねるコンドッティ通り、ボルゴニョーナ通りなどの目抜き通りを歩いてみよう。

スペイン広場 | SPOT:01 | DAY 1-2

映画「ローマの休日」で、オードリー・ヘプバーン扮する王女がジェラートを食べたシーンでお馴染みの場所。周囲にはおしゃれなカフェやジェラート屋があり、スペイン広場を眺めながら雰囲気を堪能できる。

チェック!!

トレビの泉 | SPOT:02 | DAY 1-2

スペイン広場からほど近い場所にある、トレビの泉。「肩越しにコインを投げると、再びローマに戻ってくることができる」というエピソードで有名だ。家族で再び訪れることができるようコインを投げてみよう。

チェック!!

スケジュール Schedule

1日目	終日	成田発〜ローマ着、ホテルチェックイン	[ホテル泊]
2日目	午前	フリー	
	午後	スペイン広場周辺を散策	[ホテル泊]

186　ITALY

旧市街の遺跡観光から世界一小さな国まで見所が満載！

DAY 3▶4

3日目。旧市街に残るパンテオンやコロッセオ、フォロロマーノなど有名なローマ帝国時代の遺跡を見に行こう。4日目は1984年に世界遺産に登録された世界一小さな国、バチカン市国に行こう。美術館では、歴史を物語る素晴らしい芸術作品を目にすることができる。また、ひと際存在感のある豪華絢爛な建物で、カトリック教会の総本山「サン・ピエトロ大聖堂」も見逃せない。

パンテオン神殿 | SPOT:01 | DAY 3-4

パンテオンは万神殿(あらゆる神を祭った神殿)という意味。2,000年以上もの時を超えてもなお威厳ある姿で佇んでいる。「ローマを旅し、パンテオンを訪れぬ者は愚者で現れ愚者と去る」ということわざがあるくらいだ。

ナボーナ広場と四大河の噴水 | SPOT:02 | DAY 3-4

ローマでもっとも美しい広場と言われる、芸術的なナボーナ広場。広場中心にはバロック彫刻の傑作といわれる、ベルニーニ作の「四大河の噴水」があり、広場の周辺には素敵なバールやレストラン、カフェが並ぶ。

コロッセオ | SPOT:03 | DAY 3-4

「コロッセオが滅びる時、ローマは滅び、その時世界も滅びる」とまで言われた、ローマの代名詞ともいえる円形闘技場。ローマ帝国の支配者が、娯楽を一般市民へ提供する場として建設された。

フォロロマーノ遺跡 | SPOT:04 | DAY 3-4

古代ローマ帝国の政治・経済・宗教の中心となった遺跡。図書館や神殿、凱旋門など当時の遺跡が数多く残る。映画「ローマの休日」では、オードリー・ヘプバーンが凱旋門そばの石垣上で寝ているという舞台にもなった。

EXAMPLE ITINERARY ✈ ITALY

サン・ピエトロ大聖堂 | SPOT:05 | DAY 3-4

世界最大級の教会堂建築。ルネサンス・バロック時代を通じ、当時の第一級芸術家が建築に携わった。内部は広く、装飾は豪華絢爛だ。ミケランジェロの聖母子像、ベルニーニ作の聖ペテロの椅子は必見。

バチカン美術館 | SPOT:06 | DAY 3-4

歴代ローマ教皇の収集品を展示する世界最大級の美術館。サン・ピエトロ大聖堂に隣接するバチカン宮殿の大部分を占めていて、敷地は巨大だ。教科書で見た有名な絵画たちを、間近で見ることができる。

サンタンジェロ城 | SPOT:07 | DAY 3-4

日本語では「聖天使城」とも呼ばれる。城の頂上に大理石製の天使が設置されているのが特徴だ。屋上からはローマが一望できるので、ぜひ登って歴史情緒溢れる街並みを眺めてみよう。

真実の口 | SPOT:08 | DAY 3-4

サンタ・マリア・イン・コスメディン教会の外壁にある、真実の口。口に手を入れ、偽りの心があると、「手首を切り落とされる」や「抜けなくなる」といった伝説で有名。ここもローマの休日の舞台となったところだ。

スケジュール / Schedule

- **3日目**
  - 午前: パンテオン、ナボーナ広場
  - 午後: コロッセオ、フォロロマーノ遺跡、真実の口
  - ホテル泊
- **4日目**
  - 午前: バチカン美術館
  - 午後: サン・ピエトロ大聖堂、サンタンジェロ城観光
  - ホテル泊

観光最終日はのんびり町歩き。

DAY 5▶7

5日目は、地元っ子気分でゆっくり滞在を楽しもう。まずは「ローマで朝市を楽しむならここ！」と地元の人がお勧めするカンポ・デ・フィオーリ広場の朝市へ。野菜や果物、花、香辛料、ハムやチーズの加工品、日用雑貨まであらゆる商品が並んでいる。リーズナブルな地元価格で、お土産探しにも最適。また、イタリアといえば有名ブランドの宝庫。ブルガリ、ベルサーチ、プラダなどの超高級ブランドから、マックスマーラやD&Gなど時代をリードする服飾メーカーまで勢揃い。イタリアに来たからには安く購入できるアウトレットへも行ってみては？ 夜には、イタリアの大衆歌謡カンツォーネに耳を傾けながら美味しいイタリア料理とワインを堪能しよう。

カンポ・デ・フィオーリ広場の朝市 | SPOT:01 | DAY 5-7

「花の野」という意味の広場。石畳が敷かれ、周囲には歴史ある美しい建造物。入口、北側の通り沿いには「フォルノ・カンポ・デ・フィオーリ」というパン屋があり、焼きたてのパンやピザを楽しむことができる。

アウトレット | SPOT:02 | DAY 5-7

ブランドそれぞれのアウトレットも存在するが、オススメはカステルロマーノ・アウトレット。ローマから車で45分ほどの距離にあり、ヨーロッパ最大級のもの。約100ものショップが入っている複合施設だ。

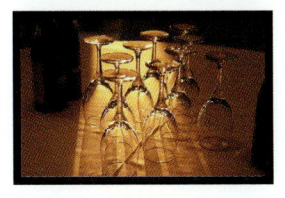

カンツォーネ | SPOT:03 | DAY 5-7

イタリアで民衆に広く愛され唄われている歌謡曲。イタリアの国そのものの様に、明るく朗々と歌い上げられるのが特徴。レストランでは老舗のFantasiaが有名。オペラ座で演目があれば本格的なショーが見られる。

スケジュール Schedule

- **5日目**
  - 午前　カンポ・デ・フィオーリ広場の朝市へ
  - 午後　市内散策・ショッピング
  - 夜　　カンツォーネディナー［ホテル泊］
- **6日目**
  - 午後　専用車にて空港へ
  - 　　　ローマ発〜成田へ［機内泊］
- **7日目**
  - 午前　成田着

EXAMPLE ITINERARY ✈ ITALY

travel information:

旅の予算 / Budget

大人1名分の総予算　26万円〜

総予算内訳

現地予算　16万円〜
※現地予算は本書オススメスケジュールの料金目安
現地送迎（空港〜ホテル往復）、ホテル代（2人部屋利用時の1名分料金）、カンツォーネディナー代を含む、食費、現地交通費、各所入場料含まず

航空券　10万円〜　※エコノミークラス往復料金、燃油サーチャージ含まず

親子旅にオススメのホテル / Recommended hotel

SAVOY（サヴォイ）　▶ www.savoy.it

市の中心、ヴェネト通りからすぐの場所にあり、スペイン広場やトレビの泉もほど近い。街を散策するのにとても便利なロケーションに位置する、歴史あるエレガントなホテル。ホテルのバーにはパノラマテラスが設けられ、ソファーにゆったりと座りながら美しい街並みを楽しめる。さらに、このホテルはフェデリコ・フェリーニ監督の「ジンジャーとフレッド」の映画に使われたことでも知られている。

時差 / Time difference

「-8時間」　日本より8時間遅れ。イタリアが正午の時、日本は午後8時。
※サマータイム実施時は-7時間となる。

飛行機に関して / About the flight

成田〜ローマは直行便で**約12時間40分**。アリタリア航空が往復共に直行便を運行している。便数が少ないわけではないが、毎日ではないので、あらかじめ運行状況は確認しておこう。

旅のシーズン / Best Season

比較的温暖な気候だが、日本同様冬は冷える。ベストシーズンは心地良い季候の4〜5月、10〜11月だろう。しかし6〜9月の夏の時期もいいシーズンだ。冬はやはり寒いので、できれば春から秋の時期に訪れたい。

この旅の問い合わせ先 / Arranging the trip

[ヨーロッパトラベル]　▶ www.europe-tr.com

"幸せと感動を呼ぶ旅"を作る為、オーダーメイドの旅にこだわり続ける旅行会社。そのおもてなしは超がつくほど手のこんだもので、旅行者のこだわりをとことん形にしてくれる強い味方。また、旅行中の緊急連絡先もある為、安心して旅を送ることができる。相談はもちろん無料なので、まずは気軽に連絡してみよう。

この旅のヒント
Hints for the trip

- 旅をオーダーメイドで作るといっても、自分であれこれ提案しないといけないわけではない。漠然とローマに行きたいということであれば、まずはその旨を旅行会社に伝えてみよう。そうすると色々と提案があるので、それを元に両者で作り上げていくというイメージだ。特に気負う必要はないので、気軽にオーダーメイドにトライしてみよう。
- ローマは残念ながらスリが多い。あらゆる手口で財布や貴重品などを狙ってくることも。鞄などを視界に入らない後ろに持つことはNG。すべて目に入る範囲に持っておこう。また、人混みの多い観光地や乗り物などは特に気をつけよう。
- ローマの商店は、日曜日になるとほとんどがお休みとなってしまう。もちろん一部観光客向けの所は営業していることもあるが、注意が必要だ。

+α周辺情報
One more trip

下町の料理もオススメ | ONE MORE TRIP | SPOT:01

飾らないローマの雰囲気を楽しめる下町、トラステヴェレ地区。気楽に入れるイタリアの大衆食堂トラットリアや、主にピザを提供するピッツェリアなどが軒を連ねる。地元の人々も多く通うこれらの店では、安く美味しい本物のイタリア料理を堪能できる。

ベネチア、フィレンツェ、ナポリ | ONE MORE TRIP | SPOT:02

街中に水路が張り巡らされている水の都、ベネチア。歴史的建造物の多さから"屋根のない博物館"と呼ばれるフィレンツェ、近郊に青の洞窟やポンペイ遺跡があるナポリ。イタリアには北部、中部、南部と見所は尽きない。時間が許せばすべて行ってみたい街だ。

手袋をセミオーダーメイド | ONE MORE TRIP | SPOT:03

スペイン広場周辺にあるいくつかの手袋専門店では、気軽にセミオーダーメイドができる。外側は手触りがしなやかな山羊皮を主流とし、裏地はカシミアやシルクなど好きな素材から選ぶ。金額は1組5,000円〜。

微笑みの国へ
～The land of smile～

TRIP: 17	国名: **タイ**
	🇹🇭 **THAILAND**
	3泊5日　時差: **-2時間**

- 旅の快適度　★★☆☆☆
- アクセスの良さ　★★★★★
- 歩く時間の短さ　★★★☆☆
- 物価の安さ　★★★★☆

① 直行便で行くことができる
② 旅行会社が現地にあるので、安心して旅ができる
③ 食事が日本人の口に合いやすい

フライト時間: ✈ **6時間30分** (成田～バンコク)

TRIP:17　遺跡を望む旅

壮大な歴史が眠る、美しき遺跡アユタヤへ!
活気に満ちた首都&栄華を伝える古都を訪れるタイの旅!

タイの首都バンコクより北に約72km、栄華の香りが色濃く残るアユタヤ遺跡がある。14世紀から約400年もの間、南アジアの貿易拠点として栄えたアユタヤ王朝。18世紀、隣国ビルマ (現在のミャンマー) の侵攻によって、その歴史に幕が引かれた。その際の攻撃により、都の大部分は破壊された。しかしこの都は"美しき廃墟"として姿を残し、現在では世界遺産に認定され、多くの旅人が集う。頭部を切り落とされた多くの仏像、現在のカンボジアやスリランカなどの建築様式で作られた寺院、横たわる長さ約29mもの涅槃像、切り落とされた頭部が木の根に取り込まれたもの…など、仏教徒でなくとも一度は見てみたい見所が盛りだくさんだ。

アジアを代表する一大都市、バンコクも面白い。寺院や王宮、宮殿等の観光をはじめ、タイ料理はもちろん世界各国の料理や、ショッピングにエステまで楽しめる。アジア1とも言える活気と喧噪に溢れた国の古都と首都を訪れる旅へ。

破壊されし、仏陀が語るもの
タイの歴史にふれ、未来を感じる

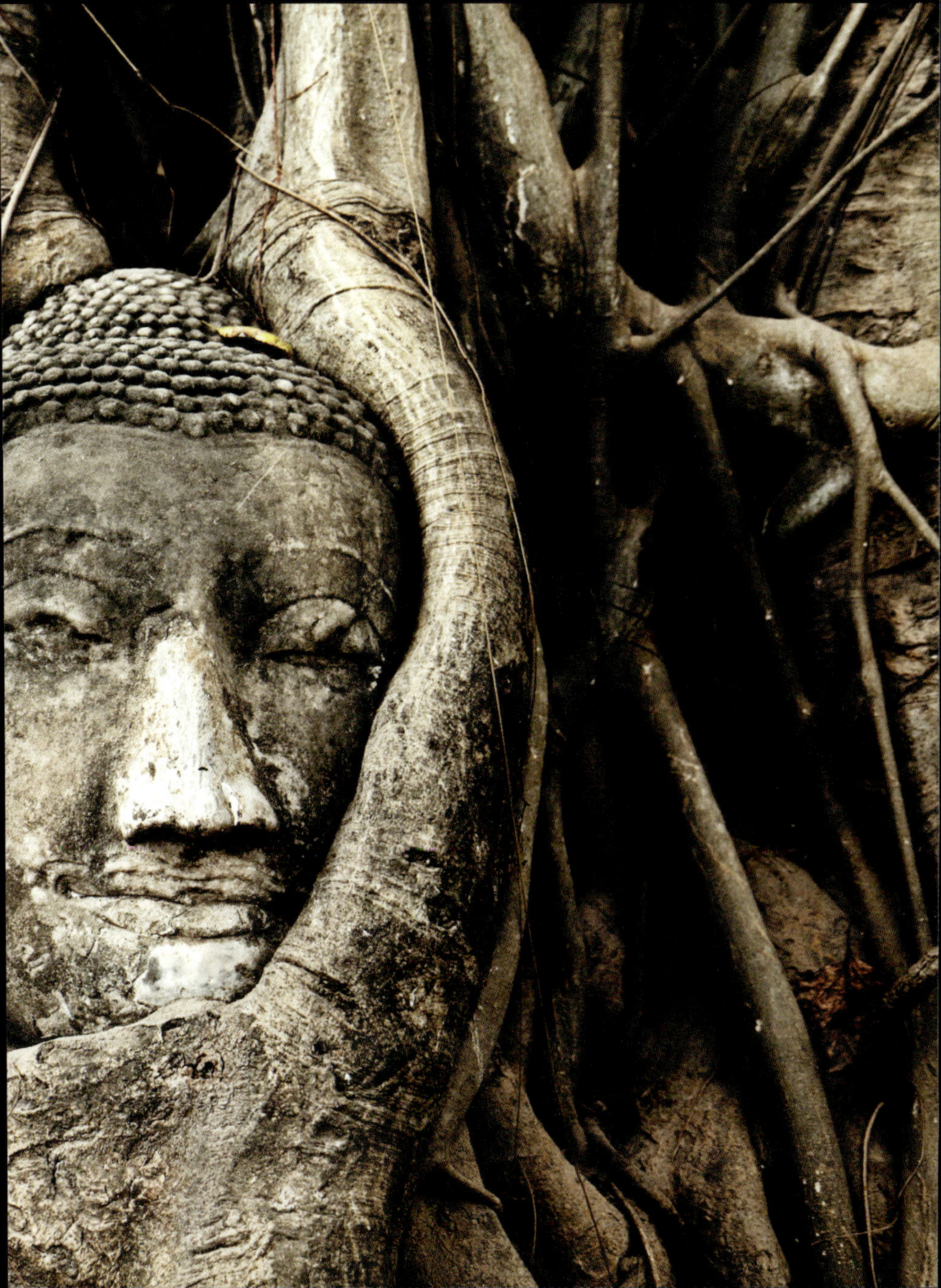

EXAMPLE ITINERARY
オススメのスケジュール例

古都アユタヤを目指そう！

DAY 1▶2

タイの首都バンコクに到着したら、専用車に乗ってホテルへ。オススメは「アナンタラ・バーン・ラチャプラソン」。2ベッドルームの客室があり、広々とした室内は家族で過ごすのに最適だ。初日はホテルでゆっくりと過ごし、2日目にアユタヤ遺跡を目指そう。往路はタイを流れる大河のひとつ、チャオプラヤ川を船で上る。河岸に建つ寺院や、タイの人々の生活を垣間見ることができる。そして見所満載のアユタヤを堪能！　帰りも専用車でのんびりとホテルへ帰ろう。

ワット・ヤイ・チャイ・モンコン | SPOT:01 | DAY 1-2

門をくぐってすぐにある涅槃像や、そびえ立つ高さ72mものチェディ（仏塔）、塔を囲むように並ぶ多くの仏像が印象的な寺院。塔に上がれば、眼下に広がる景色を望むことができる。

ワット・マハタート | SPOT:02 | DAY 1-2

この境内にあるもので、無傷のものはほとんどない。立ち並ぶ仏像の頭部の多くは切り取られていて、痛々しくもある。切り落とされた頭部が樹の根に取り込まれている珍しい仏頭は必見。

ワット・プラ・スィーサンペット | SPOT:03 | DAY 1-2

アユタヤ王宮の最重要寺院。3基の仏塔が立ち並んでいるのが印象的だ。この寺院の中には歴代の王の遺骨が納められている。とても保存状態の良いアユタヤ王朝時代の建築にふれることができる。

ワット・ロカヤ・スタ | SPOT:04 | DAY 1-2

長さが約29mにもなる涅槃像が圧巻。日本では珍しいが、釈迦が入滅(死)する直前の様子を表したものだ。穏やかな表情を浮かべるその様子を眺めていると、心が洗われるような気持ちになるから不思議だ。

エレファント・ライディング | SPOT:05 | DAY 1-2

高さ2mにもなる象の背に揺られ、ゆっくりとアユタヤを巡ることができる。いくつかのコースがあるので、お好みのものを。不慣れだと少々疲れてしまうので、15〜30分ぐらいのものがオススメ。

スケジュール / Schedule

1日目	午前	✈	成田発〜バンコクへ
	午後		バンコク着、ホテルチェックイン、休憩[ホテル泊]
2日目	終日		アユタヤ遺跡観光[ホテル泊]

EXAMPLE ITINERARY ✈ THAILAND

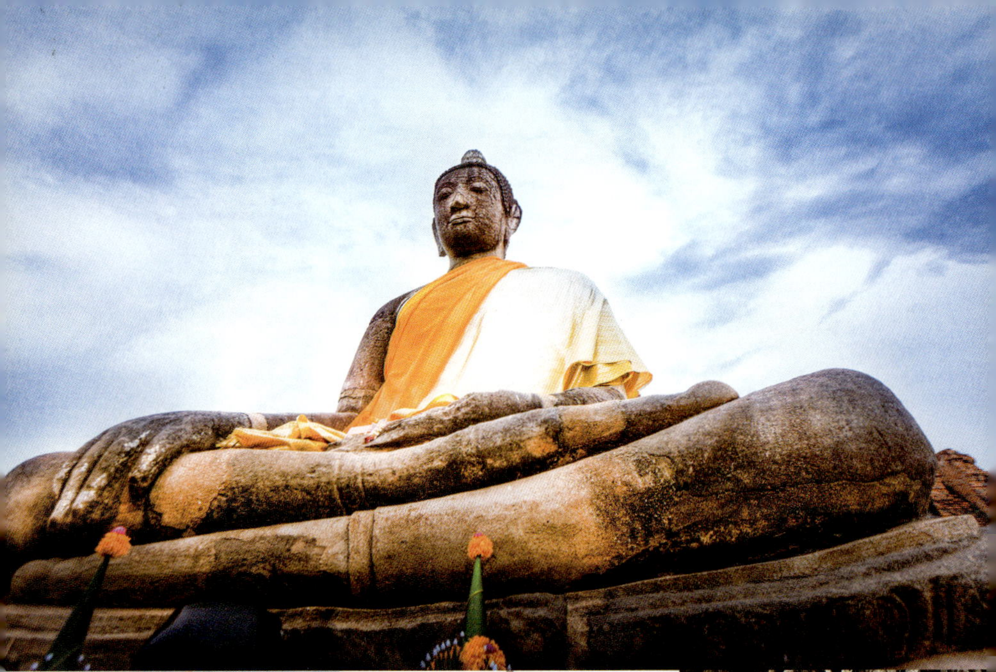
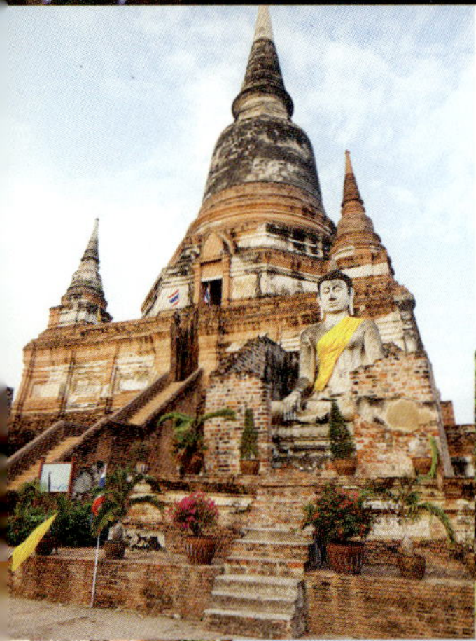
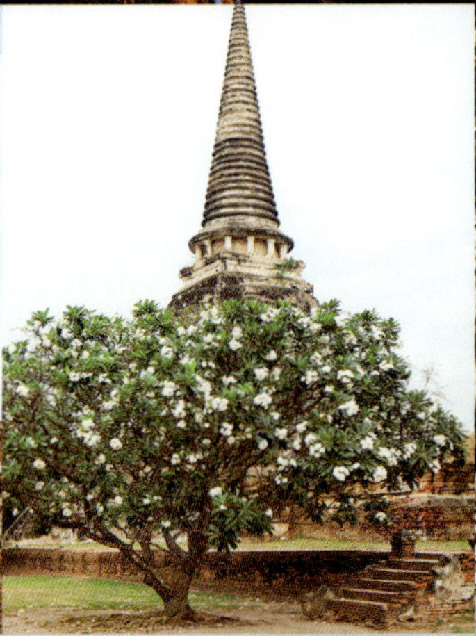
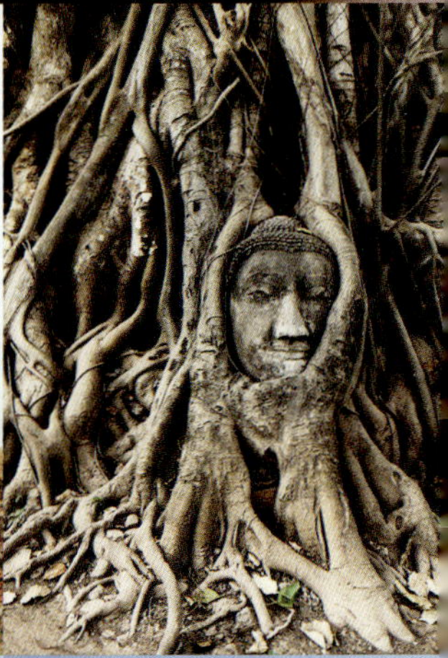
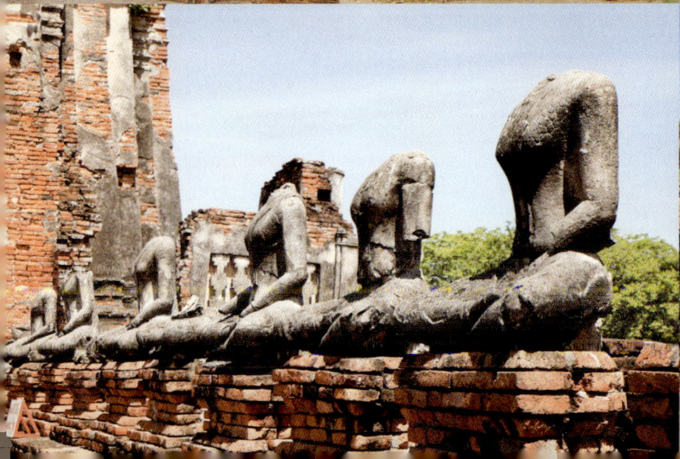
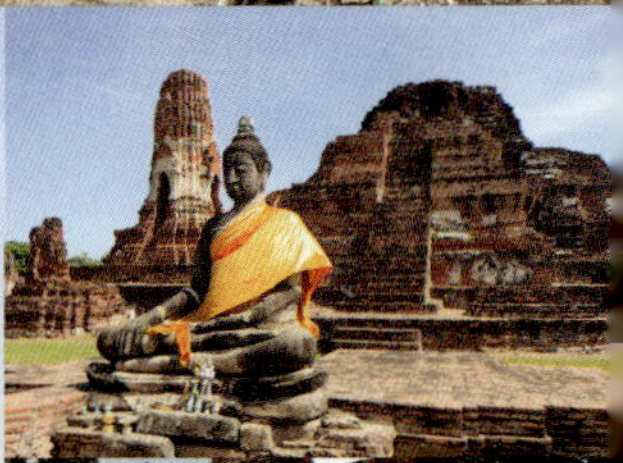
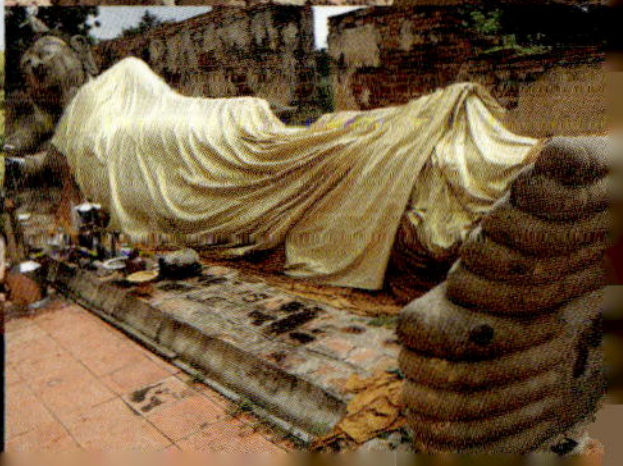

活気に満ちた首都
バンコクを一巡り！

DAY 3→5

高層ビル群から、軒下の屋台まで。街に遺る悠久の歴史と、今を生きるエネルギッシュなタイの人々。どれもこれもが、バンコクを成り立たせている重要な要素。3日目は、タイの中心地バンコクを一巡り。夜にはタイ式マッサージと古典舞踊を観賞しながら特別なディナーを楽しもう。4日目は出発までホテルでゆっくりしたり、ショッピングなどをして過ごそう。

ワット・アルン | SPOT:01 | DAY 3-5

暁の寺として知られるワット・アルン。バンコク市内の3大寺院のひとつ。日に照らされて煌くその様は、まるでチャオプラヤ川に浮かんでいるよう。バンコクを代表する風景だ。

ワットポー | SPOT:02 | DAY 3-5

バンコク最古の寺院。この中にある長さ49mもある黄金の涅槃仏が最大の見所。特に足の裏に108の絵によって描かれたバラモン教の宇宙観は必見！ 枕などにも細かく装飾が施されていてとても美しい。

王宮、エメラルド寺院 | SPOT:03 | DAY 3-5

バンコク最大のハイライトとも言える、歴代の王が居住していた王宮とエメラルド寺院。金に輝く尖塔をはじめとした建築物には、繊細な装飾が施されていて見応え充分。入場する際に服装チェックがあるので、露出が多い服装やサンダルは避けよう。

スケジュール / Schedule

- 3日目 （終日）✈ バンコク観光
- （夜）🍴 特別ディナー［ホテル泊］
- 4日目 （午後）✈ バンコク発〜成田へ［機内泊］
- 5日目 （午前）✈ 成田着

EXAMPLE ITINERARY ✈ THAILAND

travel information:

旅の予算 / Budget

大人1名分の総予算　22万円〜

総予算内訳

- 日本発着ツアー代金の目安　22万円〜
※本書オススメスケジュールのパッケージ料金目安

飛行機代、空港〜ホテルの送迎、アユタヤ観光、バンコク観光、特別ディナー、宿泊代（2ベッドルーム利用時の1名分料金）を含む、一部食費、燃油サーチャージ含まず

親子旅にオススメのホテル / Recommended hotel

Anantara Baan Rajprasong Bangkok（アナンタラ・バーン・ラジャプラソン・バンコク）
▶ rajprasong-bangkok.anantara.jp

バンコク有数の広さを誇るスイートを備えるラグジュアリーホテル。全室がスイートタイプというから驚き。2ベッドルームのスイートもあるので、両親と子供で別々のベッドルームを使うことができる。もちろんリビングは共有なので、寝る時だけ別ということになる。スイートと言っても比較的料金も安く設定されているので、親子旅に最適なホテルと言えるだろう。

時差 / Time difference

「-2時間」　日本より2時間遅れ。タイが正午の時、日本は午後2時。

飛行機に関して / About the flight

成田〜バンコクは直行便で**約6時間30分**。日本航空、全日空、タイ航空がバンコクまで直行便を運行している。アジアでも有数の乗り継ぎ地となっている為、便数も多く便利だ。また、羽田からも毎日直行便が運行している。

旅のシーズン / Best Season

1〜2時間程度のスコールが降る程度ではあるが、5〜10月が雨期だ。また気温を考えると、比較的暑さが和らぐ11〜2月がベストシーズンといえるだろう。3〜5月までは酷暑の為、避けた方がベター。

この旅の問い合わせ先 / Arranging the trip

［エス・ティー・ワールド］　▶ stworld.jp

日本を拠点としながらも、バンコクにも支店を持つ旅行会社。すべて日本語で手配依頼ができるし、日本語ガイドも簡単に手配が可能だ。旅の準備段階はもちろん、現地滞在中も日本語となるので、とても頼りになる。旅の日数や宿も含め、色々とアレンジできるので、まずは気軽に相談してみよう。

この旅のヒント
Hints for the trip

- バンコクからアユタヤ遺跡までの往路は、チャオプラヤ川を船で渡る形で紹介したが、もちろん陸路でいくことも可能だ。
- ホテルは2ベッドルームの使用を前提で紹介したが、もちろん1ベッドルームの部屋もある。料金も下がるので、人数や組み合わせによっては1ベッドルームの部屋もオススメだ。

+α周辺情報
One more trip

プーケット島　　　　　　　　　　　　| ONE MORE TRIP | SPOT:01

アジアのカリブ海と呼ばれる美しきアンダマン海に浮かぶタイ最大の島、プーケット。エメラルドに光る遠浅の海と、白い砂浜が大きな魅力。遺跡や都市に加えて、リゾートも巡りたいという親子には最適の+αだ。

アンコール遺跡群　　　　　　　　　　| ONE MORE TRIP | SPOT:02

隣国カンボジアのアンコール遺跡群はあまりにも有名な世界遺産だろう。バンコクからも直行便で、遺跡最寄りの空港シェムリアップまで行くことができる。これを機にアユタヤ遺跡とセットで、悠久の歴史にふれてみるのもいいだろう。

ニューハーフショー　　　　　　　　　| ONE MORE TRIP | SPOT:03

タイと言えばニューハーフ!? 歌、踊り、笑いで楽しませてくれるニューハーフショーをぜひ。夕食時にタイ風しゃぶしゃぶを食べながら、観賞する90分。タイの美しさを堪能しよう。

芸術の中へ
~Into the Earth's art~

TRIP: 18	国名：ニュージーランド
	🇳🇿 NEW ZEALAND
	5泊7日　　時差：+3時間

- ■旅の快適度　★★★☆☆
- ■アクセスの良さ　★★☆☆☆
- ■歩く時間の短さ　★★☆☆☆
- ■物価の安さ　★★★☆☆

① 直行便で行くことができる
② 時差が少なく、体に負担がかからない
③ 現地の食事が、日本人の口にも合いやすい

フライト時間：✈11時間30分（成田～クライストチャーチ）▶1時間45分（クイーンズタウン～オークランド）

TRIP:18　自然を感じる旅

南半球の楽園ニュージーランドへ！
地球が育んだ芸術作品の宝庫を巡る親子ドライブ！

南半球は太平洋の南西に浮かぶ、ニュージーランド。南島、北島と呼ばれるふたつの主要な島といくつもの小さな島々から構成される国だ。ここには、美しい海や川、湖、山、森林、草原、そして氷河までもが存在する。日中は眩しい太陽が大地を照らし、夜空には無数の星々が煌めく。この豊かな大自然を堪能するには、レンタカーでのドライブが最適の方法だ。南島最大の都市、クライストチャーチを起点として、ハンドルを握る。ニュージーランド最高峰アオラキ／マウント・クック、連なるサザンアルプス山脈と世界最大級の氷河。その氷河から溶けた水が流れ込み、ミルキーブルーに染まるテカポ湖。地球が育んだ奇跡の芸術品、ミルフォードサウンド。時折、道を横切る羊や牛の群れに遭遇したり、咲き乱れる色鮮やかな花々に目を奪われたり…。そして、夜空を見上げれば大航海時代の船乗り達が目指したサザンクロス（南十字星）が輝く。訪れる人々の心を清め、癒してしまうニュージーランドの大パノラマを、親子で巡る旅。真っ青な空を見上げながら、素敵な時間を過ごすドライブへ。

サザンクロスが見守る島、ニュージーランドを駆け抜ける

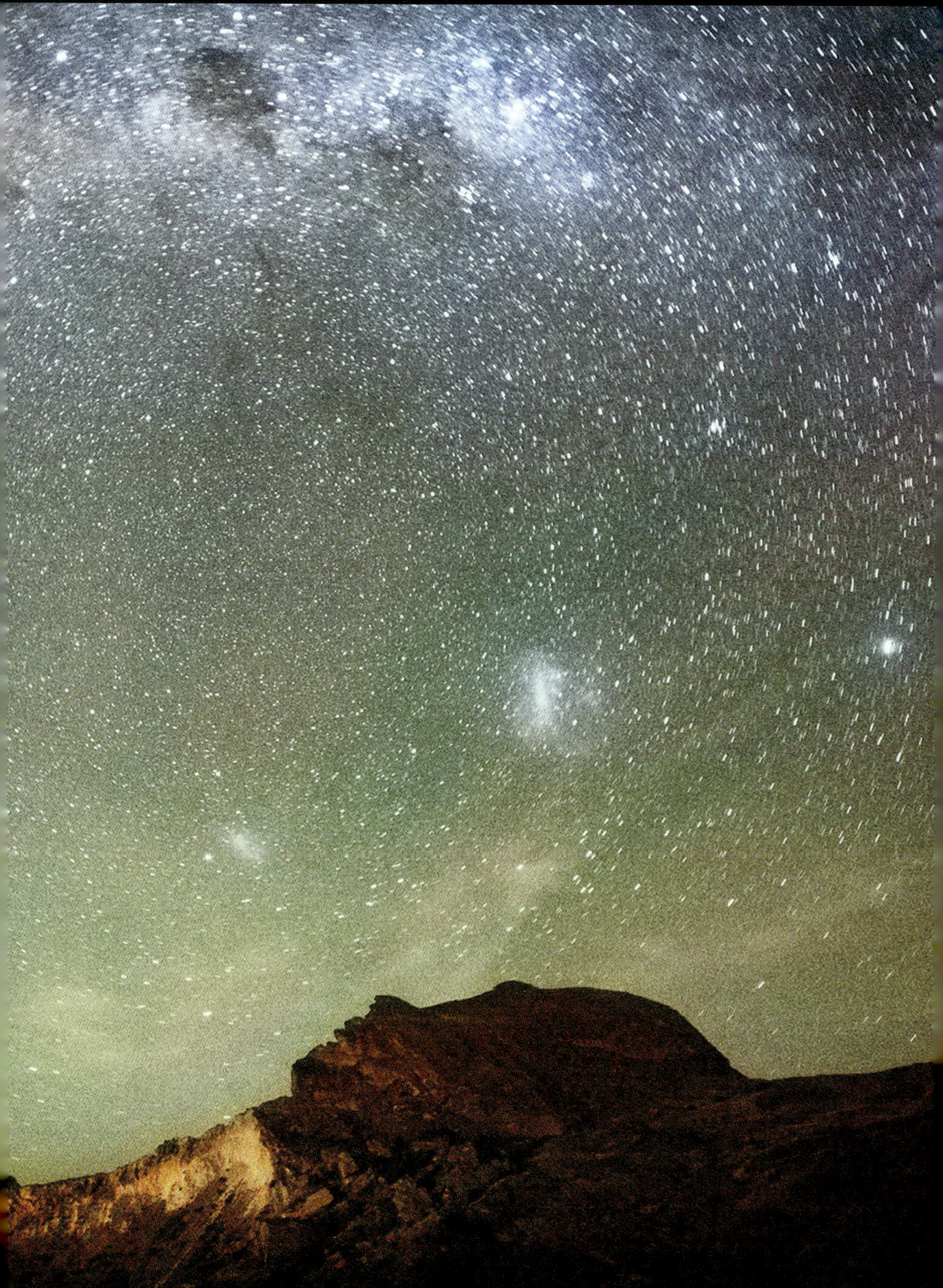

EXAMPLE ITINERARY
オススメのスケジュール例

クライストチャーチを出発し、旅が始まる

DAY 1▶2

空港に到着したら現地旅行会社のスタッフと合流し、レンタカーを借りていざ出発！と、意気込みたいところだが、ここから先は親子だけの旅。交通ルールや緊急時の連絡先等など現地事情を詳しく聞いて、準備万端で出発しよう。

クライストチャーチ | SPOT:01 | DAY 1-2

ニュージーランド第3の都市。イギリスからの移民が造った街で"イギリス以外で、最もイギリスらしい街"と言われている。市内中心部にあるキャッセル・ストリートに新設されたコンテナショッピングモールでは、震災から復興する力強さを感じることができる。

マウント・ジョン天文台 | SPOT:02 | DAY 1-2

テカポはニュージーランドの中でも最も晴天率が高く、空気も澄んでいる場所。また、近くに大きな街も存在しないので光が少なく、夜は真っ暗。その為、天体観測に最適な地となっている。抜群のロケーションで、最高の星空を堪能しよう。

スケジュール Schedule

- **1日目** 午前 ✈ 成田発〜クライストチャーチへ [機内泊]
  - 昼 🚗 クライストチャーチ着、レンタカーを借りてテカポへ
- **2日目** 夕方 🏨 ホテルチェックイン、マウント・ジョンの天文台
  - テカポのホテル泊

DAY 3▶4

ニュージーランドの最高峰、マウント・クック！

絵に書いたような美しい風景が広がるテカポ湖を散策し、ダイナミックな光景が広がるアオラキ/マウント・クック国立公園へ。いくつものハイキングコースが設定されているが、吊り橋を渡ったりできるフッカーバレーと呼ばれるコースがオススメ。往復は約4時間だが、平坦な道が多いので、気軽に歩くことができる。雄大な景色を望むホテルに1泊したら、翌日は山々が抱く氷河を楽しんで、クイーンズタウンへと移動しよう。

善き羊飼いの教会　| SPOT:01 | DAY 3-4 |

サザンアルプスの山々が映り込むテカポ湖畔に佇む、石造りの小さな教会。湖と教会がフレームに収まる様は、ニュージーランドで最もフォトジェニックな景色。場合によっては、湖に住むカモやブラックスワンに出逢えることも。

アオラキ/マウント・クック国立公園　| SPOT:02 | DAY 3-4 |

先住民マオリの言葉で"雲を突き抜ける山"を意味するアオラキ。標高は3,754m。この山を中心に3,000m級の山々が連なり、サザンアルプス山脈を形成している。世界遺産にも登録されているこの場所で、気軽にハイキングを楽しめる。

氷河観光　| SPOT:03 | DAY 3-4 |

氷河から溶け出した水によって形成される氷河湖。ボートに乗って巡ってみれば、大迫力の氷山を目の前にすることができる。また、小型飛行機やヘリコプターに乗って、空からも雄大な眺めを楽しむことも可能だ。

クイーンズタウンへ　| SPOT:04 | DAY 3-4 |

途中に通過するのが、オマラマという町。巨大な羊のモニュメントが迎えてくれる。ここでは、羊のふわふわの毛を刈る「羊の毛刈りショー」を見ることができる。職人の手によってみるみる"裸"になっていく様子はとても面白い。

EXAMPLE ITINERARY ✈ NEW ZEALAND

スカイラインで夕食　　SPOT:05 | DAY 3-4

クイーンズタウンでの夕食は、ぜひスカイラインレストランで。街中から出ているゴンドラに乗って約10分。標高790mまで一気に上る。眼下に広がる街並みとワカティプ湖、遠くにそびえるサザンアルプスの山々を眺めながらの夕食を。

スケジュール Schedule

3日目
- 午前　テカポ湖、善き羊飼いの教会、マウント・クックに向けてドライブ
- 午後　マウント・クック散策［マウント・クックのホテル泊］

4日目
- 午前　氷河観光
- 午後　クイーンズタウンへ向けてドライブ
- 　　　ホテルチェックイン［クイーンズタウンのホテル泊］

絶景の極み、ミルフォードサウンドへ

DAY 5

ミルフォードサウンドへ続く道は、長距離だし、曲がりくねったカーブが多いので、ドライブ移動は少々疲れてしまう。素晴らしい景色を思いっきり堪能するには、現地ツアーへの参加がオススメ。早朝にクイーンズタウンを出発し、朝露残る大草原を眺めながら、西へと進んでいく。到着したら、遊覧クルーズを楽しもう。

ミルフォードサウンド　　SPOT:01 | DAY 5

南島を代表する一大景勝地。気が遠くなるほどの時間をかけて繰り返されてきた氷河の浸食、それによって削り取られた入り江や山肌は、鋭利でとても美しい。クルーズで巡れば、滝やオットセイ、イルカとの出逢いも楽しめる。

スケジュール Schedule

5日目
- 終日　ミルフォードサウンド
- 　　　クイーンズタウンのホテル泊

南島に続き、北島にも行こう

DAY 6▶7

クイーンズタウンの空港で旅を共にしたレンタカーを返却したら、国内線で北島のオークランドへ。空港に到着したら日本語ガイドと合流し、オークランド市内を巡ってみよう。市内全体を見渡せる山マウントイーデンや、街の象徴でもあるスカイタワー、クイーンストリート周辺に軒を連ねる土産屋など…ニュージーランドの"都市"も楽しもう。

クイーンストリート | SPOT:01 | DAY 6-7 | チェック!!

オークランドの中心にあり、たくさんのお店やカフェが並ぶ目抜き通り。近くに免税店もあるので、ぜひ歩いてみよう。家族や友人へのお土産を探しに行くもよし、親子でプレゼント交換というのもオススメだ。

スカイタワー | SPOT:02 | DAY 6-7 | チェック!!

高さ328m、南半球で一番高いタワーはまさにオークランドのシンボル。220mの展望台からはオークランドの街並みや周りに散らばる島々、見事なヨットハーバーなどたくさんの見所が一望できる。

スケジュール / Schedule

- **6日目** 午前 ✈ クイーンズタウン発〜オークランド着
- 午後 🚶 オークランド観光[オークランドのホテル泊]
- **7日目** ✈ オークランド発〜成田着

EXAMPLE ITINERARY ✈ NEW ZEALAND

travel information:

旅の予算 / Budget

大人1名分の総予算　26万円〜

総予算内訳

現地予算　18万円〜
※現地予算は本書オススメスケジュールの料金目安
※親子3名で参加の場合の1人あたりの金額
レンタカー代、ホテル代（2人部屋利用時の1名分料金）、マウント・ジョン天文台星空ツアー代、氷河湖ボートクルーズ代、ミルフォードサウンド遊覧ツアー代、オークランド半日観光ツアー代を含む、食費（朝4回、昼2回、夕3回／スカイラインでの夕食含む）、ガソリン代含まず

航空券　8万円〜　※エコノミークラス往復料金、燃油サーチャージ含まず

親子旅にオススメのホテル / Recommended hotel

ニュージーランドはインフラが整っているので、ホテルの当たり外れは少ない。3つ星クラスでも充分快適に滞在することができるだろう。各地を転々としていく旅だけに、高級な宿というよりも、"快適"に宿泊できるものというのを主とした方が、リーズナブルになりオススメだ。基本的には、1泊1人8,000円前後を見積もれば十分だろう。
最初の宿は慣れない運転で疲れていることもあるので、ゆったりできる下記のホテルがオススメ。

Peppers Bluewater Resort（ペッパーズ・ブルーウォーター・リゾート）
▶ www.peppers.co.nz/bluewater
神秘的な色に染まるテカポ湖を見下ろせる、素敵なロケーションに建つホテル。部屋は清潔で広々としている。ゆっくりと過ごすのに最適だ。ホテルのディナーではマウント・クックの雪解け水で育った捕れたてのサーモンを堪能できる。

時差 / Time difference

「**＋3時間**」　日本より3時間進んでいる。ニュージーランドが正午の時、日本は午前9時。
※サマータイム実施時は+4時間となる。

飛行機に関して / About the flight

成田〜クライストチャーチは直行便で**約11時間30分**。この区間は、週に2便ほどで、曜日が限られてしまうので、どうしても予定が合わない場合は、オークランド乗り継ぎなどで。クイーンズタウン〜オークランドの国内線は毎日多くの便が飛んでいて、**約1時間45分**。帰国便のオークランド〜成田は**約11時間**。ニュージーランド航空が週5便ほど運行している。

旅のシーズン / Best Season

日本とは季節が真逆になる為、10〜4月頃が暖かくなるシーズン。中でも心地良い天候が続く12〜3月は、最高のドライブシーズンだ。ぜひこの時期に、咲き乱れる花々の中を駆け抜けたい。

この旅の問い合わせ先
Arranging the trip

[リアルニュージーランド] ▶ www.realnewzealand.net

ニュージーランド専門店のリアルニュージーランド。行きたい所も、見たいものも、食べたいものも。すべての要素に精通した頼れる旅行会社だ。もちろん移動や宿泊の手配も可能なので、ひとつの旅を一緒につくることができる。ひとりでも多くの人にニュージーランドの素晴らしさを知ってもらえるよう、スタッフもニュージーランドをフィールドに"遊び"続けているので、新しい情報も多いのが嬉しい。まずは気軽にどんな旅にしたいか相談してみよう。

この旅のヒント
Hints for the trip

- 本書で紹介したルートはオススメではあるが、あくまでも一例。日数を延長したり短くしたり、他の街や名所へ立ち寄ったり、というように組むことも可能だ。そのルートや内容によって、金額も異なってくる。各地を転々としていくので、手配は自身で行うよりも旅行会社にお願いした方が、安心確実だろう。
- ニュージーランドは英国の影響で日本同様左車線となる。交通量も少ないので、気軽に運転しやすい国のひとつだ。
- 忘れてはならないのが国際免許証。日本の免許を持っていても現地では運転できないので、最寄りの免許センターで取得しておこう。またレンタカーを借りる場合、クレジットカードは必須。

+α 周辺情報
One more trip

オービット・レストラン
ONE MORE TRIP | SPOT:01

オークランドにあるスカイタワーの高さ190m部分にあるレストラン。ここの最大の特徴は、回転式ということ。約1時間で一周するので、移りゆく景色を見ながら食事を楽しむことができる。旅の最終日にオススメだ。

逆バンジー
ONE MORE TRIP | SPOT:02

オークランドでは、スカイタワーやハーバーブリッジからバンジージャンプができる。さらに、街中には"逆バンジー"と呼ばれるアトラクションがある。地面に設置された3人乗りのものに乗り込むと名前の通り"逆"、すなわち上に向かって勢いよく飛び上がる。最高速は180kmとスリル満点。両親と共に絶叫してみては？

ギブストンバレーワイナリー
ONE MORE TRIP | SPOT:03

クイーンズタウンへ向かう道中、到着20分前ほどにあるワイナリー。ブドウの谷とも呼ばれている。ギブストンバレーワイナリーを代表とするセントラル・オタゴ地域は、高級品種のひとつとして挙げられるピノ・ノワールの生産地として世界的に高い評価を受けている。テイスティングを楽しんだりお土産用に購入してみよう。※ドライバーはテイスティングしないようにご注意を。

異国情緒に身を委ねる
～Crossroads where East meets West～

TRIP: 19

国名: **トルコ**

TURKEY

5泊7日　時差: -7時間

- ■旅の快適度　★★★☆☆
- ■アクセスの良さ　★★★☆☆
- ■歩く時間の短さ　★★★★☆
- ■物価の安さ　★★★☆☆

① 直行便で行くことができる
② 車での移動が少ない
③ 親日家が多いとも言われ、治安が良好

フライト時間: ✈12時間（成田〜イスタンブール）、1時間（イスタンブール〜カイセリ）

TRIP:19　自然を感じる旅

世界最大の奇岩群カッパドキア、文明の十字路イスタンブールを巡る、
エキゾチックトルコ旅！

東洋アジアと西洋ヨーロッパ。このふたつの世界の境界に位置することから、文化、習慣が混じり合い、独特の魅力を放つトルコ。異国情緒をたっぷりと感じることができる国だ。この国を代表する、ふたつの世界遺産を巡ろう。

ひとつ目となる「イスタンブール歴史地域」は、空の玄関口、首都イスタンブールの旧市街にある。宮殿や博物館などすべてがエキゾチックで魅力的だが、「ブルーモスク」は絶対に外せない。宗教施設という枠を超え、世界中の人々から愛されているポイントだ。

ふたつ目は「ギョレメ国立公園とカッパドキアの奇岩群」。世界最大規模の奇岩群を抱く大地だ。ここへは、イスタンブールから国内線で移動することになる。多くの見所の中でも、気球に乗って眺めるカッパドキアの景観はまさに別格！数百メートルの上空から、朝日に染まる奇跡の光景を望む究極の時間を味わおう。

「文明の十字路」とも呼ばれるトルコの、歴史と自然を巡る旅へ。

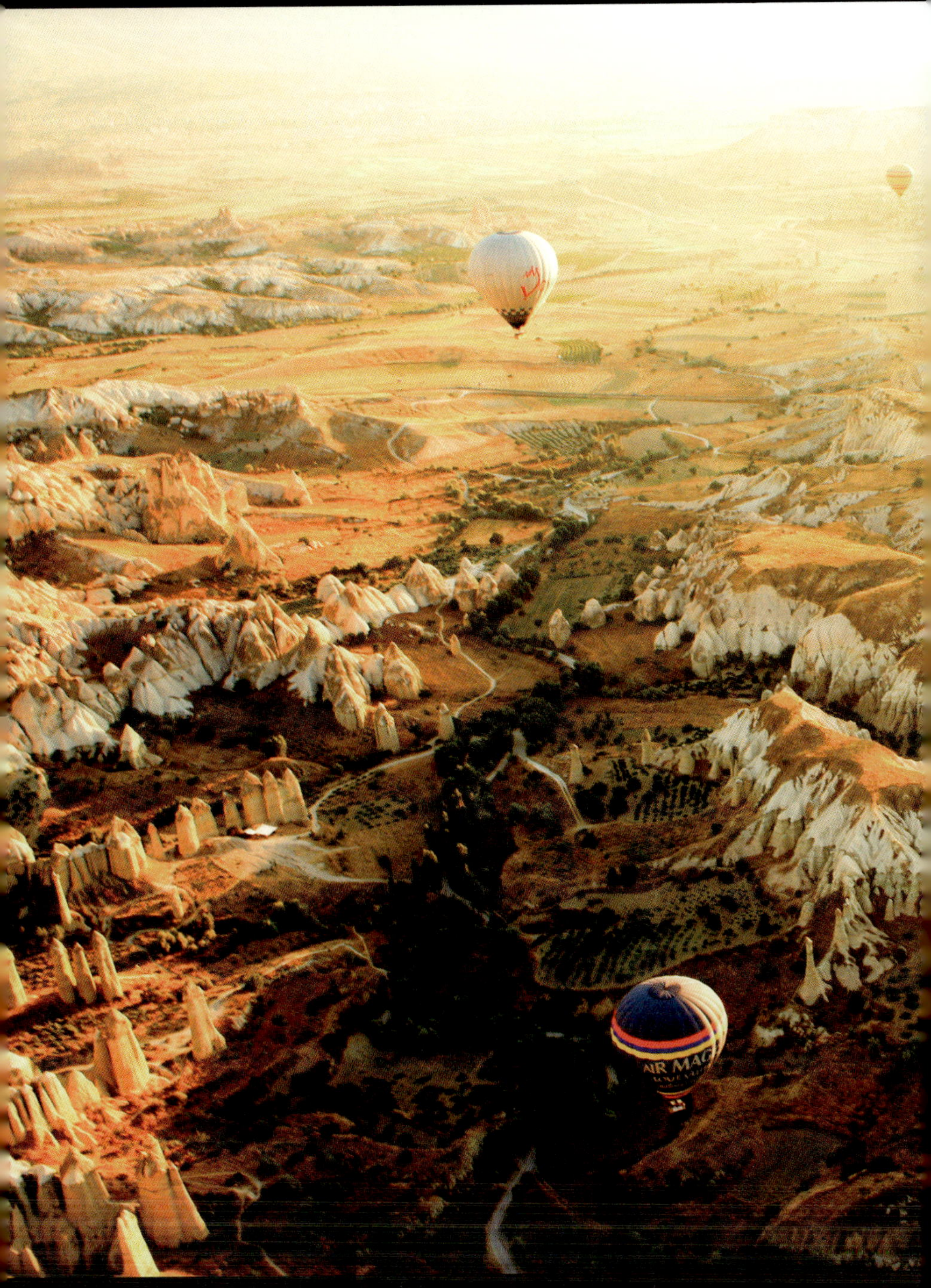

夜明けと共に、次々と朝日に染まりゆく奇岩群
悠久の時を経て創造された奇跡の景観を気球から望む

オススメのスケジュール例 / EXAMPLE ITINERARY

DAY 1▶2

首都イスタンブール到着。
歴史情緒を体感しよう！

到着日は移動の疲れをホテルで癒し、翌日にイスタンブール観光へ。イスタンブール歴史地区の見所は、それぞれ近い距離にあるので、徒歩やタクシーで気軽に移動できる。

ブルーモスク | SPOT:01 | DAY 1-2
正式名称はスルタンアフメットジャーミー。多く使われている"青"の美しさからブルーモスクと呼ばれている。また、ミナレットと呼ばれるモスクを囲む塔が、世界で唯一6本もあるのが特徴だ（通常は4本）。内外共に芸術性に富む、必見のモスク。

アヤソフィア | SPOT:02 | DAY 1-2
建造時は教会として建てられたが、その後モスクへと改装され、さらには無宗教の博物館へと転用された歴史を持つ。ビザンチン建築の最高傑作と呼ばれ、6世紀に建てられたとは思えないほどの巨大さと美しさを併せ持つ。イスタンブールでも最大の見所だ。

トプカプ宮殿 | SPOT:03 | DAY 1-2
オスマン帝国の君主が居住していた宮殿で、現在は世界でも屈指の博物館として公開されている。宝石や陶器、武器コレクションなどが展示されていて見応えがある。ここからヨーロッパとアジアを隔てるボスポラス海峡を見渡すことができる。

ドンドルマ | SPOT:04 | DAY 1-2
トルコを代表するアイス、ドンドルマ。粘りがあり、とてもよく伸びることが大きな特徴だ。しかし街中にはイタリアンジェラートのような伸びないものを取り扱う店も多いので、「マラシュ・ドンドルマ（伸びるアイス）」と言って、探してみよう。

スケジュール / Schedule

- 1日目 （終日） ✈ 成田発～イスタンブール着
  - 🛏 ホテルチェックイン、休憩
  - イスタンブールのホテル泊
- 2日目 （終日） 🚶 イスタンブール観光（ブルーモスク、アヤソフィア、トプカプ宮殿、ドンドルマ）
  - 🛏 イスタンブールのホテル泊

国内線でカイセリ空港へ。
洞窟ホテルを堪能しよう！

DAY 3

3日目は、カッパドキア最寄りの空港カイセリへ。宿泊地にオススメなのが、巨大な岩をくり抜いて作られた洞窟ホテル。洞窟内にあるとは言っても、設備や食事もしっかりしていて快適。旅の醍醐味、非日常を味わうひとときを。

洞窟ホテル　　| SPOT:01　| DAY 3 |

カッパドキアに多くある洞窟ホテルは、クラスやロケーションも様々。オススメなのは、高台にあるカッパドキア・ケーブ・リゾート。ホテルにいながら、カッパドキアの風景を楽しむことができる。

チェック!!

スケジュール　Schedule　　3日目　午後　✈ イスタンブール発〜カイセリ着
　　　　　　　　　　　　　　　　　　🔑 ホテルチェックイン［カッパドキアのホテル泊］

EXAMPLE ITINERARY ✈ TURKEY

DAY 4▶5

いざ、カッパドキアの大空へ！

4日目の早朝は、この旅一番のハイライト。気球に乗って大空へと飛び立とう。離陸後、奇岩群が朝焼けに染まる頃、最大の感動に包まれる。気球を降りて、朝食をとった後は、カッパドキアの見所を巡っていこう。

カッパドキア | SPOT:01 | DAY 4-5

柔らかな地層の上に固い地層が被さった大地。その柔らかな地層が長い年月をかけて風や雨などで浸食され、このような奇跡の景観が誕生した。今もなお変化し続ける奇岩群だ。この地球の芸術には、ただただ驚くばかり。

カッパドキアの奇岩群 | SPOT:02 | DAY 4-5

妖精の煙突とも称されるカッパドキアの奇岩群。キノコや煙突、ラクダのような形をした岩など多くの面白い形をした岩が溢れている。中でも三姉妹の岩と呼ばれるしめじの形をした3本岩は、一躍カッパドキアを有名にした。

ギョレメ野外博物館 | SPOT:03 | DAY 4-5

迫害を受けたキリスト教徒達が、巨大な岩をくり抜いて作った住居や教会。教会内のドーム型天井には、キリストなどのフレスコ画が色鮮やかに描かれている。当時の人々の生活跡も残っていて、見応えがある。

地下都市カイマクル | SPOT:04 | DAY 4-5

地下8階まであり、数千人が暮らしていたといわれる一大地下都市。中には教会、食料貯蔵庫、ワイン製造所、住居、台所、通風口など、様々な設備が整っている。ここも迫害から逃れる為に築かれたものだが、その規模に圧倒されるだろう。

スケジュール / Schedule

- 4日目
  - (早朝) 気球体験
  - (終日) カッパドキア観光［カッパドキアのホテル泊］
- 5日目
  - (午前) カイセリ発〜イスタンブール着
  - (午後) ホテルチェックイン、休憩
  - イスタンブールのホテル泊

DAY 6▶7

トルコ旅も終盤戦！
バザールを楽しもう！

6日目は夕方の出発。比較的ゆっくりできるので、観光地に行ったり、買い物にでかけたりしよう。お土産を買うなら、無数の店舗が集まっているグランド・バザールへ。驚くほど多くの商品から選ぶことができる。

グランド・バザール | SPOT:01 | DAY 6-7

数千もの店舗が賑わう屋根付き市場。世界最大とも言われるこの市場では、貴金属、布、革、陶器、絨毯、ガラス製品…など、たくさん売っている。見るだけでも充分に面白いが、迷子になりやすいので、買い物前にあらかじめ集合場所を決めておこう。

スケジュール Schedule

- 6日目 午前　グランド・バザールにてショッピング
- 　　　午後　イスタンブール発〜成田へ［機内泊］
- 7日目　　　成田着

EXAMPLE ITINERARY ✈ TURKEY

travel information:

旅の予算 / Budget

大人1名分の総予算　32万円〜

総予算内訳

- **現地予算　25万円〜**
※現地予算は本書オススメスケジュールの料金目安
現地送迎（イスタンブール観光は含まず）、飛行機代（国内線）、宿泊費（2人部屋利用時の1名分料金）を含む、食費を含まず
- **航空券　7万円〜**　※エコノミークラス往復料金、燃油サーチャージ含まず

親子旅にオススメのホテル / Recommended hotel

イスタンブールにもカッパドキアにもホテルは多いが、クオリティーの高い滞在には、下記のホテルがオススメ。もちろんリーズナブルなものも多くあるので、旅行会社と相談しながら決めよう。

The Ritz Carlton Istanbul（ザ・リッツ・カールトン・イスタンブール）
▶ www.ritzcarlton.com/ja/Properties/Istanbul/

イスタンブールの中心に立地するリッツ・カールトン・イスタンブール。世界を代表する高級ホテルチェーンだ。外観は壮麗なオスマン帝国調のもので、客室は上質なファブリックでまとめられている。

Cappadocia Cave Resort（カッパドキア・ケーブ・リゾート）
▶ www.ccr-hotels.com/jp/index1.htm

それぞれの見所へのアクセスが容易なカッパドキアの洞窟ホテル。客室は洞窟に作られたとは思えないほど快適だ。食事もシンプルなものから、ヨーロッパ、アジア、トルコ料理まで堪能できる。ホテルにいながらにして、カッパドキアの奇岩群を眺められるのも大きな特徴だ。

時差 / Time difference

「-7時間」　日本より7時間遅れ。トルコが正午の時、日本は午後7時。
※サマータイム実施時は-8時間となる。

飛行機に関して / About the flight

成田〜イスタンブールは直行便で**約12時間**。トルコ航空と全日空の共同運行便が毎日飛んでいる。また、カッパドキア最寄りの空港カイセリまでは、イスタンブールから国内線で約1時間。国内線なので手続きは簡単。気負わず利用できる。

旅のシーズン
Best Season

日本のように四季があるトルコ。訪れる地域によって、ベストシーズンは若干異なる。本書で紹介しているイスタンブールとカッパドキアであれば、4～9月あたりがオススメ。日本に比べ湿度が低いので、夏でも快適に過ごしやすいのが特徴だ。

この旅の問い合わせ先
Arranging the trip

🛈 [H.I.S.] ▶ www.his-j.com

日本全国にあるH.I.S.の営業所にて旅の相談や手配が可能だ。トルコにも支店があるので、現地入りしてから困ったことなどがあった場合、すぐに連絡できるので心強い。日本でも、現地でも頼りになる旅行会社だ。

この旅のヒント
Hints for the trip

- 現地にも旅行会社の支店があるので、滞在時に困ったことがあっても安心。
- イスタンブールにはタクシーが多いので、自身で回ることも比較的簡単だ。しかし、カッパドキアでの移動は多少難しいので、あらかじめ旅行会社に車やガイドの手配依頼をしておこう。
- 朝晩は冷えることが多いので、羽織れるものを持っていこう。

+α 周辺情報
One more trip

パムッカレ | ONE MORE TRIP | SPOT:01

綿の城という意味を持つパムッカレには、真っ白な石灰棚が広がっている。その魅力的な光景は世界遺産にも登録されている。湧き出る温泉に足を入れながら楽しむことができるトルコの名所だ。イスタンブールからパムッカレ観光の拠点デニズリまでは、国内線で1時間30分ほど。

エフェス | ONE MORE TRIP | SPOT:02

古代ローマの都市がそのまま残る大規模な遺跡。保存状態がとてもいいことも特徴のひとつで、当時の人々の生活を垣間見ることができる。イスタンブールからエフェス観光の拠点セルチュクまでは、国内線で1時間ほど。

ハマム | ONE MORE TRIP | SPOT:03

古来より清潔を重んじるイスラム文化から誕生したハマム。湿度の高い部屋で汗を出し、垢擦り師に体を洗ってもらい、心地よく温められた大理石に寝転ぶ。街中やホテルなどでできる異国体験だ。トルコの温泉は日本とは異なり、裸にはならず布を巻く。帰国前に旅の疲れを癒してみては？

時を超え、万里を歩く
～Walk the great wall beyond time～

国名:	**中国**
	CHINA
3泊4日	時差: -1時間

TRIP: 20

- ■旅の快適度 ★★★★☆
- ■アクセスの良さ ★★★★★
- ■歩く時間の短さ ★★★☆☆
- ■物価の安さ ★★★★☆

① 移動時間の短い直行便で行くことができる
② 食事が口に合いやすい
③ 1人10万円台〜行くことができる

フライト時間: ✈3時間50分（羽田〜北京）

TRIP:20 遺跡を望む旅

世界最大の建築物、万里の長城を歩く。
数多の歴史を抱く、悠久の都「北京」へ。

宇宙から肉眼で見ることのできる唯一の建造物。中国を代表する世界遺産「万里の長城」は、こう語り継がれてきた。もちろん実際には難しいかもしれないが、訪れ、歩き、ふれていると、そう信じてしまいたくなる。それほどの壮大なスケールがこの長城にはあるのだ。紀元前から現代へと受け継がれる、総延長8,851kmという途方もない迫力を持った、世界最大の遺産を歩いてみよう。
また、北京には名所旧跡が多く点在する。元来王宮であった歴史的建造物が博物館となった「故宮博物館」、博物館前に広がる「天安門広場」、皇帝が愛した庭園「頤和園」、古き良き町並みが残る路地「胡同」など満載だ。そして、迫力満点の中国雑技を観賞したり、本場の中国料理を堪能したり。3つの世界遺産（万里の長城、故宮、頤和園）をはじめ、ぎゅっと中国のいい所が詰まった3泊4日。悠久の歴史にふれる、親子旅へ。

皇帝が築きし、悠久の城壁
万里の先にある歴史に、想いを馳せる

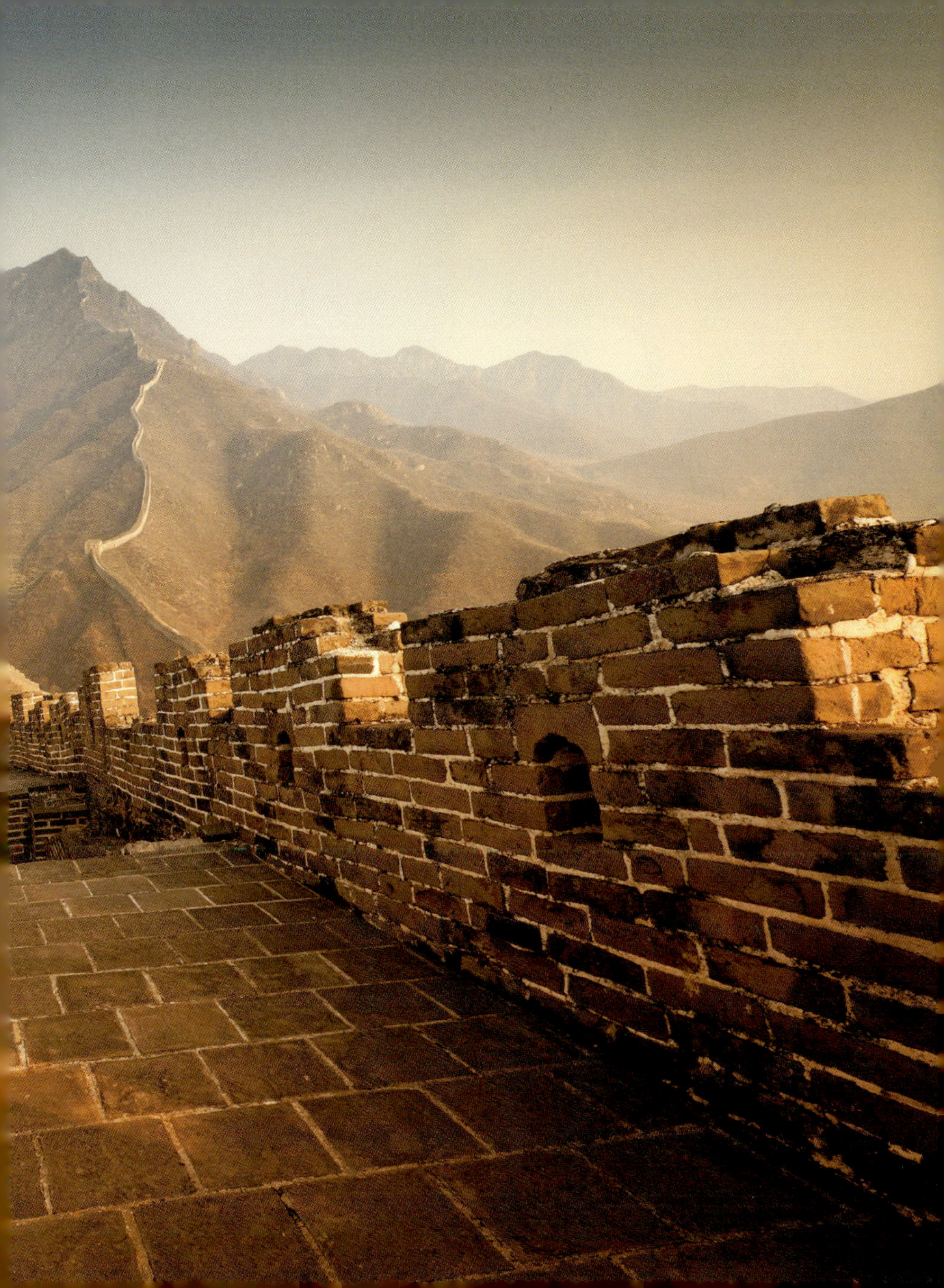

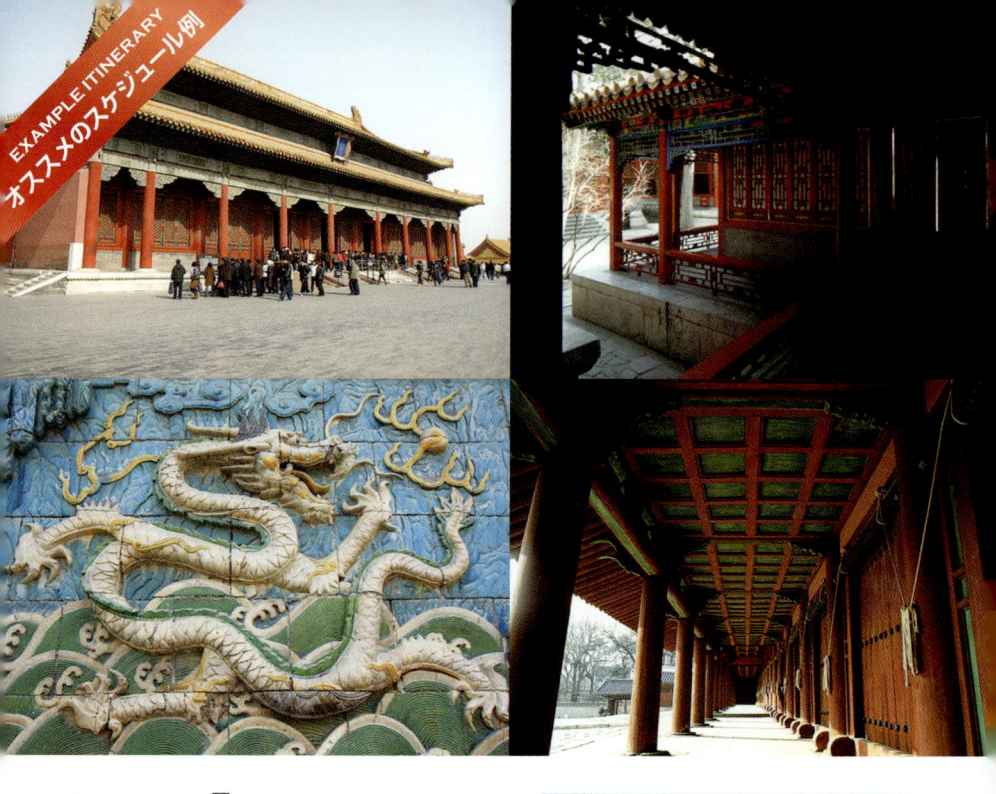

EXAMPLE ITINERARY
オススメのスケジュール例

DAY 1

ひとつ目の世界遺産、故宮へ！

北京へは成田からも羽田からも行くことができる。国内旅行並みの移動時間で到着したら、早速日本語ガイドと共に、世界遺産「故宮博物院」を観光しよう。

故宮博物院
SPOT:01 | DAY 1

この博物館は"紫禁城"とも呼ばれ、15世紀の明の時代から清朝時代まで王宮として使われていた。その後、美術品などを公開する博物館となった。数十万とも言われる収蔵物すべてを見るには数日かかるとも言われている。

チェック!!

スケジュール Schedule

1日目 午前 ✈ 羽田発〜北京着
    午後 🚌 故宮博物院見学、ホテルチェックイン［ホテル泊］

226 CHINA

壮大な防御の砦、万里の長城へ！

DAY 2

2日目は、チャーターした車で、ふたつ目の世界遺産、万里の長城へ向かおう。この長城を観光するポイントはいくつかあるが、オススメは八達嶺長城。北京から最も近くて有名なところだ。当時に想いを馳せながら、見果てぬ長城の上を歩いてみよう。昼食後は、皇帝たちの庭園であった頤和園で優雅な散歩を。夜は人間離れした雑技を観賞し、ヒヤヒヤ、ワクワクを楽しもう。

八達嶺長城（はったつれいちょうじょう） | SPOT:01 | DAY 2

北京から約60kmにある名所。数ある長城の中でもここは首都防衛の役割を果たし、王朝の威厳を示すために特に堅牢になっている。尾根沿いに延びる建物は、まるで蛇のように山肌をつたい、自然と調和し美しい。

チェック!!

頤和園（いわえん） | SPOT:02 | DAY 2

第二次アヘン戦争で破壊されたこの庭園。西太后が修復に費用をかけすぎたために清の滅亡を早めたとも言われている。スケールの大きさ、美しさ、贅沢さはさすが。西太后気分で庭を歩き、中国流の風流を感じよう。

チェック!!

朝陽劇場（ちょうよう） | SPOT:03 | DAY 2

一度は生で見たい中国雑技。身体の柔軟性や、驚きの技術に目を見張ること間違いなし。朝陽劇場は、北京にある雑技団の中でもトップクラスの実力。「北京で雑技を見るなら朝陽劇場」と言われるほどだ。

チェック!!

スケジュール Schedule　2日目
- 午前　万里の長城
- 午後　頤和園
- 　　　雑技観賞［ホテル泊］

EXAMPLE ITINERARY　✈ CHINA

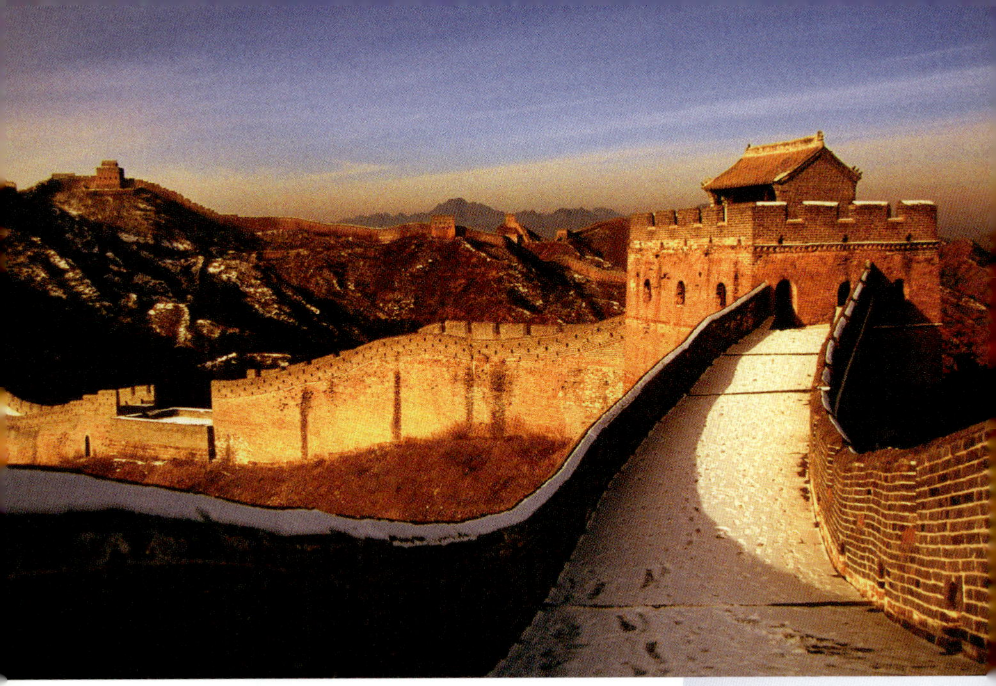
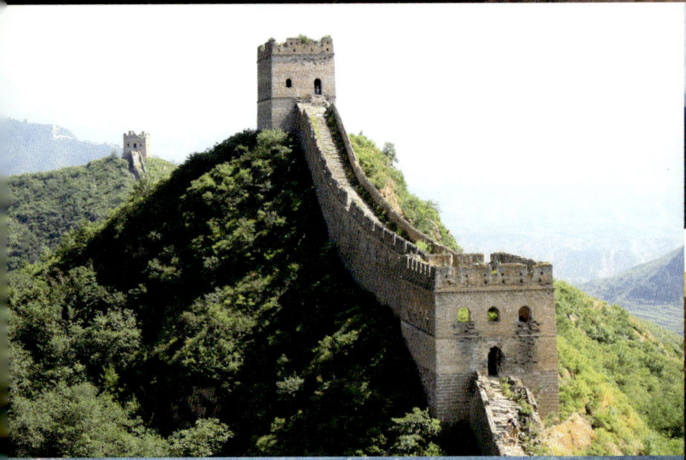
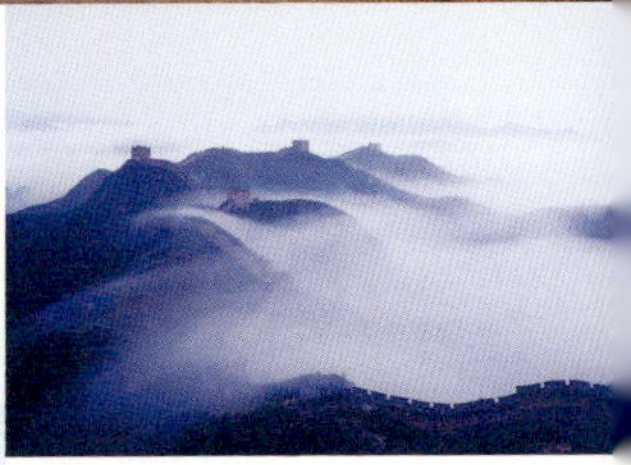
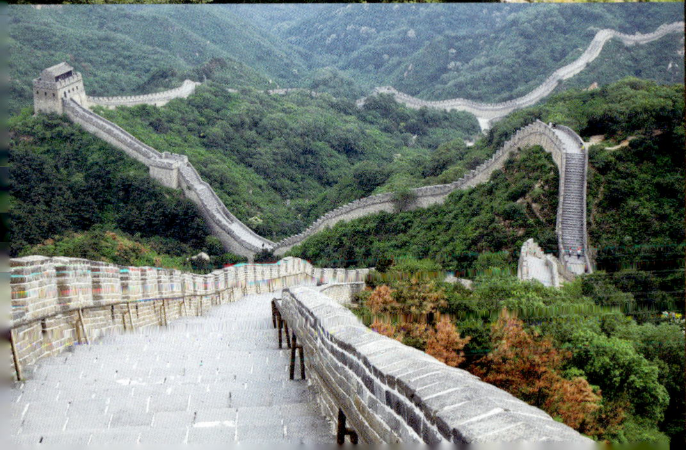
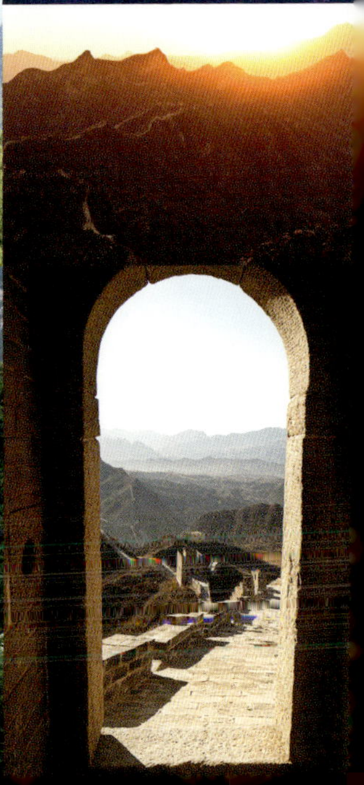

北京の下町も散策！

DAY 3▶4

3、4日目は、北京の町散策。まずは、古き良き町並みが残る路地「胡同(ごどう)」へ。伝統的家屋が軒を連ねる、昔ながらの生活を垣間見ることができる。そして、マッサージの本場でリラックス体験も。北京市内を巡ったら、最後の夜は、本場北京ダックと共に乾杯を。

胡同(しごういん) | SPOT:01 | DAY 3-4

胡同には四合院という伝統的家屋建築が多く見られる。四合院は、単なる建物ではなく生活様式とされ、北京人の心の故郷でもあるのだ。風情溢れるどこか懐かしい町並みは、きっと心に残る風景となるだろう。

マッサージ | SPOT:02 | DAY 3-4

本場でマッサージを受けてみよう。特に北京市内に10店舗以上展開している「朱国凡良子」は清潔なのはもちろんのこと、国家資格を有する按摩師によって施される超本格派。治療型全身マッサージ(大班経典全身招牌按摩)コースがオススメだ。

北京ダック | SPOT:03 | DAY 3-4

北京を代表する料理のひとつ。大釜で鴨を直に丸焼きし、そのサクサクになった黄金色の皮をスライス。そして白髪葱、キュウリと一緒に生地で包み、特製のタレと一緒に食べる料理。熟練の技が光るこの料理をぜひ本場で食したい。

スケジュール Schedule

- 3日目
  - 午前　胡同散策
  - 午後　マッサージ、天安門広場散策など[ホテル泊]
- 4日目
  - 午前　フリー
  - 午後　北京発〜羽田着

EXAMPLE ITINERARY ✈ CHINA

travel information:

旅の予算 / Budget

大人1名分の総予算　17万円〜

総予算内訳

現地予算　17万円〜
※現地予算は本書オススメスケジュールの目安の料金
航空券代、宿泊代（2人部屋利用時の1名分料金）、食事（朝3回、昼3回、夕3回）含む、マッサージ代、一部食費、燃油サーチャージを含まず

親子旅にオススメのホテル / Recommended hotel

北京貴賓楼飯店（グランド・ホテル・北京）　▶ www.grandhotelbeijing.com
北京の中心に位置し、世界の著名人も訪れる5つ星ホテル。スタッフの対応も良く、快適で便利。いつくか部屋のカテゴリーがあるが、一番のオススメは故宮博物院を望めるもの。宿泊しながら世界遺産を眺める贅沢な滞在を。

時差 / Time difference

「-1時間」　日本より1時間遅れ。北京が正午の時、日本は午後1時。

飛行機に関して / About the flight

羽田〜北京は直行便で**約3時間50分**。羽田からも成田からも毎日多くの航空会社が直行便を運行している。選択肢が多いので、値段で決めるのがベターだろう。

旅のシーズン / Best Season

大陸性気候のため、春先は黄砂が飛び、夏は暑く、冬は厳しい冷えこみとなる。これらを避けるとなると、気候の安定している5、6月、9〜10月頃がベストシーズンと言える。

この旅の問い合わせ先
Arranging the trip

[日中平和観光] ▶ www.nicchu.co.jp

50年もの歴史を持ち、日中の友好に貢献し続けてきた中国専門の旅行会社。経験豊富で、文化や歴史、経済など中国の最新情報にも詳しく、安心で安全な旅を提供している。本書で紹介したパッケージも日中平和観光が提供しているもの。

この旅のヒント
Hints for the trip

- すべて日本語で手配を進めることができる。また、現地では日本語ガイドが付くので安心して楽しめる。
- 万里の長城はアップダウンがあるので、歩きやすい靴を持参しよう。
- 旅行代金は、曜日や時期によって異なる。行きたい時期が確定したら、まずは気軽に見積もりをお願いするところからはじめよう。

+α 周辺情報
One more trip

居庸関長城 | ONE MORE TRIP | SPOT:01
八達嶺長城の手前にある居庸関長城も万里の長城を構成するひとつ。北京から車で約1時間と行きやすい。傾斜が若干厳しいが、険しい山の尾根を歩いた先には、感動の絶景が待っている。

北方射撃場 | ONE MORE TRIP | SPOT:02
北京の北の郊外にある人民解放軍経営の実弾射撃場で、拳銃からライフル、重機関銃まで体験できる。旧日本軍の三八歩兵銃の試射も可能。射撃時にはインストラクターがサポートしれくれる。

餃子作り体験 | ONE MORE TRIP | SPOT:03
北京っ子の家にお邪魔して本場の餃子を習うことができる。中身も皮も手作りのものだ。もちろん、作った餃子はその場で食べることができる。帰国後、習った料理を友達に作ってあげるのが、実は一番のお土産になるかも!?

自由の風を感じる
〜Feel the Free Winds〜

TRIP: 21	国名：**インドネシア**	
	INDONESIA	
	4泊6日	時差：-1時間

- ■旅の快適度　★★★★☆
- ■アクセスの良さ　★★★☆☆
- ■歩く時間の短さ　★★★★☆
- ■物価の安さ　★★★☆☆

①直行便で行くことができる
②日本語が通じるので、言語の心配が不要
③1人10万円台〜で、ヴィラを貸し切ることができる

フライト時間：✈7時間50分（成田〜デンパサール）

TRIP:21　自然を感じる旅

究極のプライベート空間に満ちる自由の風。
ヴィラを丸ごと貸し切り、神々の島バリに暮らす。

東南アジアに浮かぶ、インドネシア。1万数千もの島々によって構成される国だ。その中でも「バリ島」はあまりにも有名な島だろう。豊かな自然、優しい人々、異国情緒溢れる伝統文化に芸術、年中温暖な気候…幾重もの魅力が人々を惹きつけてやまない島。この島を巡るにあたって、ぜひこだわって欲しいのは「滞在スタイル」だ。家族旅というと、構成人数や組み合わせは人それぞれだが、特に3人以上の家族向けにオススメなのが「Bohemian Bali Tuka Terrace」という名のヴィラ。周囲にはライステラス（棚田）が広がり、町の喧噪とは無縁で穏やかな静寂に包まれている。そこには2棟のヴィラ、バレ（東屋）、キッチン、そしてプールまでもが備わる。加えて専属のスタッフも常駐し、身の周りのお世話まで。まさに家族だけの究極のプライベート空間だ。ここを拠点として、もちろんバリの名所へも繰り出していく。自分たちのペースで美しき海、ライステラス、高原、寺院、バリ雑貨店などへ。見所は満載だ。プライベートヴィラでの滞在も、島巡りも。家族と共に暮らすように旅する、バリトリップへ。

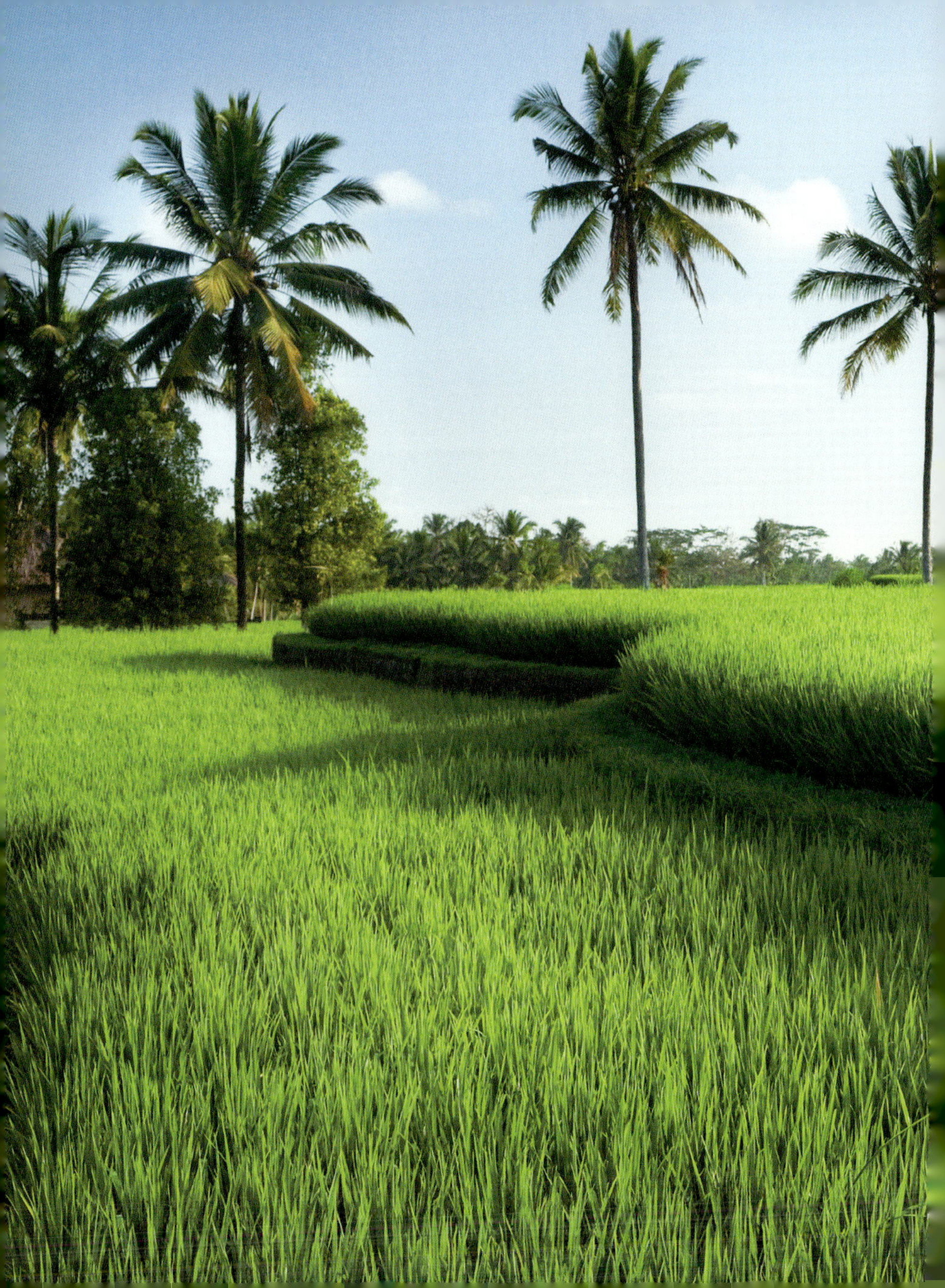

神々の島に広がる命の園　緑に染まり輝くライステラス

EXAMPLE ITINERARY
オススメのスケジュール例

極上ヴィラでの滞在スタート！

DAY 1▶2

バリの玄関口、デンパサール空港に到着したら、お迎えのスタッフと合流し、専用車でヴィラへ。到着したらスタッフから施設の案内を受け、それぞれのお気に入りの部屋を選び、荷物を解こう。少々休憩したら、敷地内にてバリ料理の夕食を。翌日の早朝には、バリ島1の絶景とも言われる田園地帯、ジャトゥルイへ。美しい朝日に照らされた広大な棚田を眺めながらの朝食とバリコーヒーは、別格の美味しさだ。ひと休みしたら、次は神々の島バリを象徴する寺院を巡っていこう。午後はヴィラでマッサージをしたり、ヨガ体験をしたり、プールに入ったり…と、ゆっくり過ごすのがオススメ。

ジャトゥルイ | SPOT:01 | DAY 1-2
バリ島に数ある田園の中でも、屈指の規模を誇るジャトゥルイ。朝日に染まる頃が特に美しい。ここで取れた天然水で淹れるバリ特産のコーヒーを、果てしなく続く棚田が生み出す絶景を眺めながら味わう。贅沢なバリの朝を、ぜひ。

ウルンダヌ・ブラタン寺院 | SPOT:02 | DAY 1-2
ブラタン湖に浮かぶように建てられた、ウルンダヌ・ブラタン寺院。湖面に映る寺院、辺りを囲む山、空…時間帯によって様々な表情が現れる。まさに「神秘」という言葉が相応しい美しい寺院。

タマンアユン寺院 | SPOT:03 | DAY 1-2
「美しい庭園」を意味するタマンアユン。一際目を惹くのがメルと呼ばれる10基の塔だ。その整然とした立ち姿と寺院を囲む美しき水路、緑の芝生。これらが織りなす景観によって、バリで最も美しい寺院と言われている。

タナロット寺院 | SPOT:04 | DAY 1-2
特に夕暮れ時に訪れたいタナロット寺院。寺院を支える小島は、長きに渡って潮や雨風に浸食され独特の景観が築かれている。夕陽に浮かび上がるシルエットは、バリを代表する有名な景色となっている。

スケジュール / Schedule

- **1日目**
  - 終日：成田発〜デンパサール着
  - 夜：ヴィラにチェックイン［ヴィラ泊］
- **2日目**
  - 早朝：ジャトゥルイのサンライズ
  - 午前：ウルンダヌ・ブラタン寺院、タマンアユン寺院
  - 午後：フリー
  - 夕方：タナロット寺院［ヴィラ泊］

EXAMPLE ITINERARY ✈ INDONESIA

DAY 3▶4

気の向くままに楽しむバリの日々

「遊び方」が無数にあるバリ。あれもしたい、これもしたいとワクワクしてしまうだろう。下記に参考となる遊びを紹介するので、家族会議を開催する際に参考にしてほしい。

ガムラン | SPOT:01 | DAY 3-4

バリの伝統舞踊ガムラン。鉄琴や太鼓、竹笛などで奏でられる音楽と共に、踊りで物語が表現されてゆく。ガムランを観賞できるレストランに行くのもいいが、楽団をプライベートヴィラに呼ぶことも可能だ。

マリンスポーツ | SPOT:02 | DAY 3-4

バリでは、ありとあらゆるマリンスポーツを体験することができる。パラセーリングから、バナナボート、ジェットスキー、シュノーケリング、ダイビング、グラスボートなどなど…最高の海遊びも盛りだくさん。

アイランドアクティビティ | SPOT:03 | DAY 3-4

海だけでなく、もちろん島内部も楽しめるバリ。辺り一面に広がる緑の海を自転車に跨がり漕いでゆく大自然サイクリングや乗馬体験も面白い。また、バリに暮らす人々との出会いも楽しみのひとつだ。

キンタマーニ高原 | SPOT:04 | DAY 3-4

バリ1の景勝地として名高い、キンタマーニ高原。目に飛び込んでくるのは、透き通った青空と、眼下に広がる大きな湖と山。大自然が作り出す大パノラマの芸術品をランチ食べながら楽しもう。

芸術の街、ウブド
SPOT:05 | DAY 3-4

世界中のホテルなどで、使われているアジアン家具に雑貨。これらはバリ芸術の中心地、ウブドという街から派生したものと言われている。街中には雑貨店はもちろん、絵画、木彫り、銀細工のアトリエなども多くあり、冷やかすだけでも楽しい街だ。

スパ
SPOT:06 | DAY 3-4

日本に比べ格安で体験できるのが、バリのスパ。ヴィラが熟練のセラピストと提携している為、移動せずにヴィラ内で施術を受けることができる。女性のみならず、男性にもオススメ。バリで完全にリフレッシュを。

スケジュール Schedule
- 3日目 (終日) ✈ フリー ［ヴィラ泊］
- 4日目 (終日) ✈ フリー ［ヴィラ泊］

DAY 5▶6
旅もいよいよ最終日。

最終日と言っても、飛行機の出発は深夜近くとなるので、丸々1日楽しむことができる。午前中はヴィラでのんびり過ごし、昼前にチェックアウトを。お世話になったスタッフらに別れを告げ、デンパサール市内へ。土産屋や市場を巡ろう。最後の晩餐は、ジンバランとよばれるリゾートエリアにある砂浜の上で、波の音を聴きながらシーフードBBQを楽しもう。

デンパサール
SPOT:01 | DAY 5-6

バリの州都でもあり、政治・経済の中心地デンパサール。毎日多くの人々が集い、喧噪を生む賑やかな街だ。市場からは台所を支えるお母さんたちの威勢の良い声が響く。農村部とはまた違ったバリを楽しもう。

スケジュール Schedule
- 5日目 (午前) ✈ フリー
  - (午後) 🚶 デンパサール散策
  - (夜) ✈ デンパサール発〜成田へ［機内泊］
- 6日目 (午前) ✈ 成田着

EXAMPLE ITINERARY ✈ INDONESIA

travel information:

旅の予算 / Budget

大人1名分の総予算　16万円〜

総予算内訳

- **現地予算　8万円〜**
  ※現地予算は本書オススメスケジュールの料金目安
  現地送迎（空港→ヴィラ往復）、宿泊費（3人で利用した場合の1名分料金）、2日目、5日目のツアー代を含む、3、4日目のツアー代、一部食費を含まず
- **航空券　8万円〜**　※エコノミークラス往復料金、燃油サーチャージ含まず

親子旅にオススメのホテル / Recommended hotel

Ⓗ Bohemian Bali Tuka Terrace　▶ http://playearth.jp/bali/

広大な敷地を有するBohemian Bali Tuka Terrace。2棟のヴィラには合計3つのベッドルームがあり、最大6人まで宿泊が可能。家族の組み合わせ次第で、ヴィラをどのように使うか決めよう。日々の朝食は宿泊料金に含まれるので、バリコーヒーと共にヴィラ内でとることができる。

時差 / Time difference

「**-1時間**」　日本より1時間遅れ。バリが正午の時、日本は午後1時。

飛行機に関して / About the flight

成田〜デンパサールは直行便で**約7時間50分**。オススメは往復共に運行しているガルーダインドネシア航空の直行便。インドネシアのジャカルタや他のアジア都市などで、乗り継ぎする便を選べば、費用が安くなることも。

旅のシーズン / Best Season

4〜10月が乾期、11〜3月が雨期。雨期でも、一日中降り続くというよりも、スコールがほとんど。雨期の晴れ間の輝きも魅力的だが、やはり乾期に訪れたい。

この旅の問い合わせ先
Arranging the trip

[バリ島・日本人旅行情報センター Bali Becik] ▶www.balibb.com/

バリ在住の日本人が、現地に拠点を構える「バリ島・日本人旅行情報センター」。島に関する様々な情報に精通している為、バリを訪れる際にはかなり頼りになる。旅のプランはもちろん、質問も気軽にメールしてみよう。もちろん日本語でOKだ。

この旅のヒント
Hints for the trip

- すべて日本語で手配を進めることができる。ホテルも日本語対応可なので、言語に心配のある人でも安心して楽しめる。
- 一番早く予約すべきは宿。通常のホテルとは異なり、1つの宿泊施設に対し、1組しか滞在できない為、希望日に予約が入っていれば、必然的に他の日にするしかない。旅の日程の目処がついたら、まずは予約をしよう。

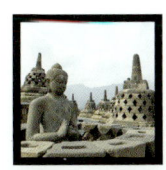

+α周辺情報
One more trip

ジャワ島 | ONE MORE TRIP | SPOT:01
バリのデンパサールから、首都ジャカルタのあるジャワ島までは飛行機で1時間。オススメは島の中部にある、ボロブドゥール遺跡。世界遺産にも指定された世界最大の仏教遺跡だ。バリとはまた異なる魅力を放つジャワ島も楽しもう。

バリ島一周 | ONE MORE TRIP | SPOT:02
バリ島一周の総距離は約400km。これを自転車で制覇する旅がある。平坦な道や坂道を漕ぎ続けること4日間。その間に出逢う素朴な田舎の風景、透き通った海、無邪気な子どもの笑顔や温かなバリの人々。体力は必要だが、バリを丸ごと身体で感じることができる。

田舎にホームステイ | ONE MORE TRIP | SPOT:03
自然に囲まれた田舎のお家にお邪魔するホームステイ体験。夕食には名物「ナマズ料理」を味わったり、夜は蛍の光に酔いしれ、満天の星空を楽しむ。どこか懐かしさ、そして温かさを感じる体験を。

移動空間を共に過ごす、懐かしき時
～Spending together～

TRIP: 22

国名：**アメリカ** 🇺🇸 USA

5泊7日　時差：**-17時間**

- ■旅の快適度　★★★☆☆
- ■アクセスの良さ　★★★☆☆
- ■歩く時間の短さ　★★★★★
- ■物価の安さ　★★★☆☆

①直行便で行くことができる
②24時間日本語でのサポートが付くので、言語の心配が不要
③現地の食事も、キャンピングカーで気軽に家庭料理も楽しめる

フライト時間：✈9時間45分（成田〜ロサンゼルス）

TRIP:22　自然を感じる旅

動く家「キャンピングカー」に乗って大地を駆け抜ける。
美しき荒野に出逢うアメリカンドライブ！

気が遠くなる様な年月を経て作り上げられた巨大渓谷、突如現れる巨大な岩山、地平線までひたすら続く道路、果てしない荒野———。そんな驚異的な風景が、アメリカ西部には広がっている。その雄大な景色の中を巡る方法はいくつもあるが、中でも最も快適で楽しい方法は、居住空間がまるごと収まっているキャンピングカーでの旅。テントを張る必要も、荷物を背負う必要もなく、暮らすように移動することができるからだ。日中は点在する見所を巡り、夜は満天の星空の下、RVパークと呼ばれるキャンプ場で一夜を過ごす。

映画をはじめとする様々な産業がひしめくアメリカ西部の大都市ロサンゼルス。ここからアメリカの広大な大地を巡る旅は始まる。ゴールドラッシュの時代を感じることができる「ルート66」を走り、世界遺産の「グランドキャニオン」を眺め、世界有数のパワースポット「セドナ」を感じる…。そんなアメリカの大地を存分に感じる旅「グランドサークル（大いなる周遊）」。キャンピングカーの中で一家団欒の時を過ごしたり、自然が作り出すスケールの大きな芸術に驚愕したり。"動く家"で一緒に過ごす数日間は、かけがえのない想い出となるだろう。

USA　243

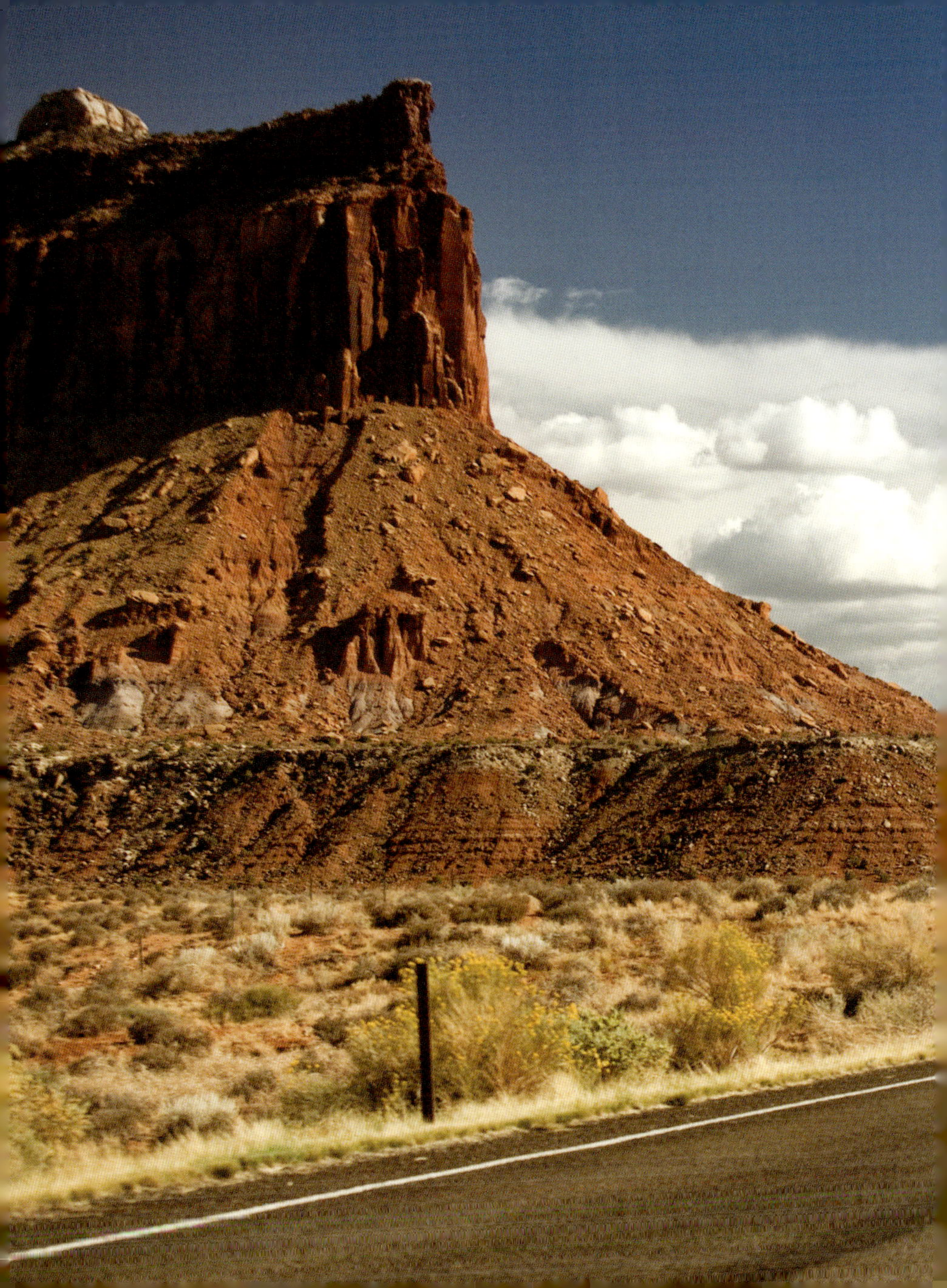

伝説のマザーロードを疾走し、荒野で出逢う、神秘の彫刻群

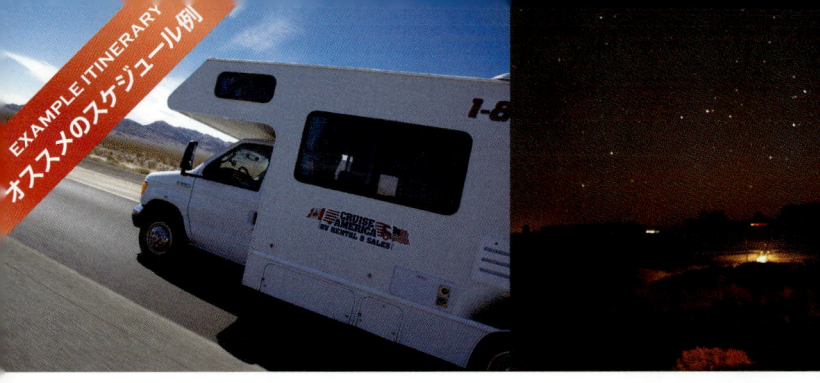

EXAMPLE ITINERARY
オススメのスケジュール例

キャンピングカーを借りて出発！

DAY 1▶2

ロサンゼルスの空港に到着したら、現地日本人スタッフに出迎えてもらい、キャンピングカーとご対面。操作方法や運転時の諸注意などをを丁寧に教えてもらったら、まずは食料の買い出しにスーパーマーケットへ。この日の目的地はルート66上にある町、バストゥーのRVパーク。チェックインしたら、電気コードや水・排水ホースをセット。これでキャンピングカーは、移動手段から「家」に変身するのだ。豪快にBBQをしたり、星空を眺めながらお酒を楽しんだりして、夜は更けていく。翌日はいよいよ、ルート66をひた走る。左右に現れる街は、さながら西部劇の世界。オートマン、キングマン、セリグマンなどのノスタルジーに溢れた街も訪れてみよう。

RVパーク | SPOT:01 | DAY 1-2

アメリカにはRVパークと呼ばれる、キャンピングカー専用のキャンプ施設が点在している。その数１０,０００以上！キャンピングカーの旅をサポートする為の電源や水、排水設備などが充実しているのが特徴だ。

バグダッドカフェ | SPOT:02 | DAY 1-2

バストゥーのRVパークからルート66を走ること15分の場所にあるカフェ。映画の舞台になったことにより一躍有名になった。今でも映画好きや、ルート66に憧れる人々が集う場所となっている。２日目の朝食はぜひここで。

スケジュール Schedule

- １日目 （午後）🛫 成田発～ロサンゼルス着
  　　ルート66上のバストゥーへ（約３時間）
  （夜）🚐 RVパークチェックイン［バストゥー泊］
- ２日目 （午前）🚐 バストゥー発～キングマン着（約４時間）
  （午後）🚶 ルート66博物館
  🚐 キングマン発～セリグマン着（約１時間30分）
  🚶 街並散策
  🚐 セリグマン発〜セドナ着（約２時間30分）［セドナ泊］

世界有数のパワースポットと世界最大級の渓谷へ
DAY 3▶4

複数のパワースポットが点在する街、セドナ。佇んでいるだけで、身体や心が元気になると言われ、世界中から多くの人々が訪れる。セドナで1泊したら、この旅のハイライトであるグランドキャニオン国立公園を目指そう。

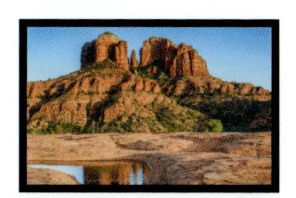

セドナ
| SPOT:01 | DAY 3-4 チェック!!

「全米で最も美しい街」と称されるセドナの街中はオシャレなショップやカフェ、スパが点在している。街中を巡ったら、赤褐色の岩々から放たれる"パワー"を、時間の許す限り感じよう。

グランドキャニオン
| SPOT:02 | DAY 3-4 チェック!!

長い年月をかけ、コロラド河の侵食作用により作り上げられた大渓谷。あまりのスケールの大きさに、訪れた人は誰もが息を呑む。特に日の入り、日の出の時間は必見。渓谷の色合いと空の色が刻々と変化し、自然の芸術作品が生み出される。

スケジュール Schedule

3日目
- 午前 🚶 セドナ観光
- 午後 🚗 セドナ発~グランドキャニオン着（移動約2時間30分）
- 夕方 🚶 グランドキャニオンで日の入り鑑賞
- 🏨 グランドキャニオン泊

4日目
- 午前 🚶 日の出観賞
- 午後 🚗 グランドキャニオン発~ラスベガス着（約5時間）
- 🏨 ラスベガス泊

EXAMPLE ITINERARY ✈ USA

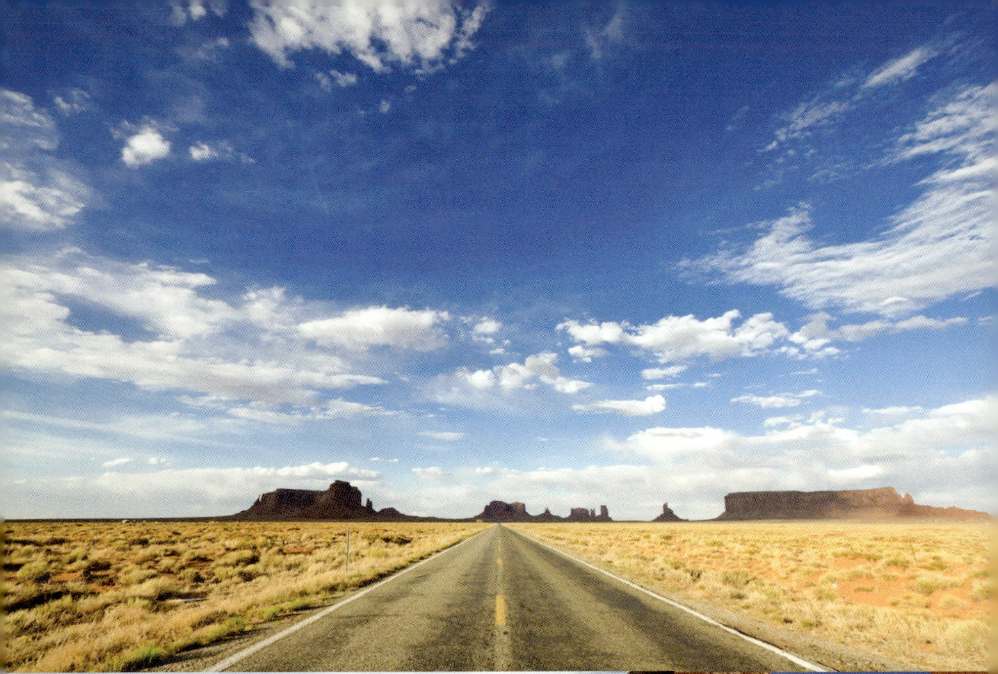
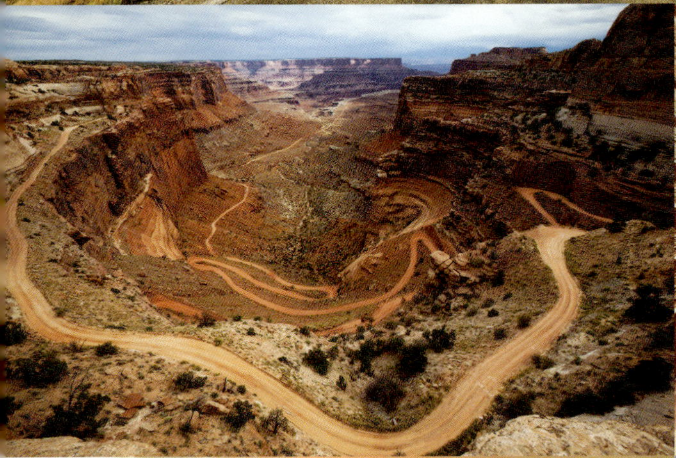
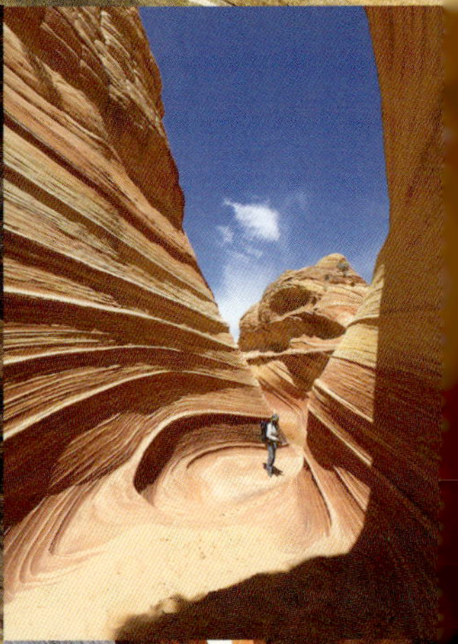
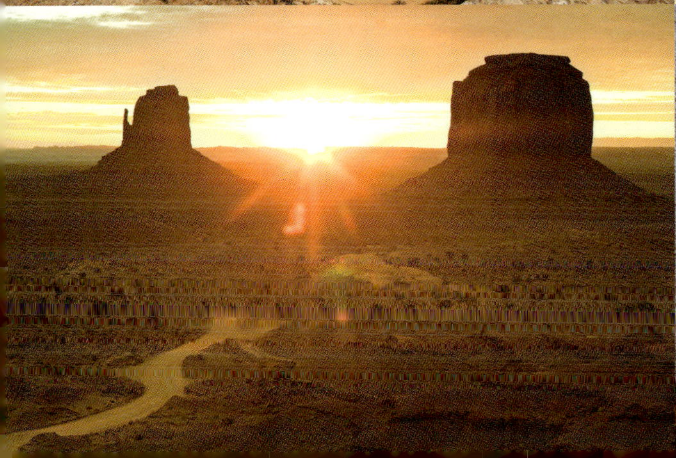
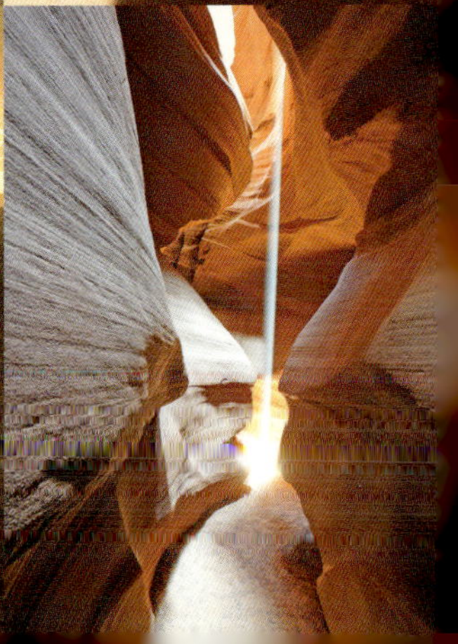

旅の締めくくりは
アメリカ西海岸で

DAY 5▶7

旅の終盤にはアメリカを代表する大都市、ラスベガスも満喫したい。カジノで有名な街だが、近年ではサーカスや演劇などのショーや、巨大なアウトレットモールも出現。複合的なエンターテインメント都市に変貌を遂げている。ロサンゼルスはアカデミー賞の授賞式が行われるシアターやビバリーヒルズといった、お馴染みの見所も満載だ。

ビバリーヒルズ　　SPOT:01　DAY 5-7　チェック!!

様々な映画の舞台になった、ロサンゼルス随一のショッピングエリア。街を歩くだけで流行の最先端を感じることができる。街歩きに疲れたら、ちょっとオシャレなカフェで映画のワンシーンの様にコーヒーを飲んでみるのもオススメ。

サンタモニカ　　SPOT:02　DAY 5-7　チェック!!

ロサンゼルス空港の近く、太平洋に面するサンタモニカ。埠頭にはルート66の終着点の看板が立てられている。旅の最後にこの埠頭から日の入りを眺め、楽しかった想い出を胸に帰国の途に向かおう。

スケジュール / Schedule

5日目	終日	🚶 ラスベガス発〜ロサンゼルス着(約5時間)
		🛏 ロサンゼルス泊
6日目	午前	🚐 キャンピングカーを返却
	午後	✈ ロサンゼルス発〜成田へ[機内泊]
7日目	午後	✈ 成田着

EXAMPLE ITINERARY ✈ USA

travel information:

旅の予算 / Budget

大人1名分の総予算　11万円〜

総予算内訳

- **現地予算　6万円〜**
  ※現地予算は本書オススメスケジュールの料金目安
  ※親子4名で参加の場合の一人あたりの金額
  キャンピングカーレンタル代、レンタル&返却時の日本人スタッフによる手続きサポート、空港往復送迎、旅中の24時間電話サポート、RVパーク利用代含む、食事、ガソリン代含まず
- **航空券　5万円〜**　※エコノミークラス往復料金、燃油サーチャージ含まず

親子旅にオススメのホテル / Recommended hotel

本書で紹介している旅では、ホテルを利用しない。すべてルート上にあるRVパークでキャンピングカーに宿泊するスタイルだ。自由気ままに動いて、その日ごとにRVパークを選んで旅をするスタイルも面白いが、日程やルートが決まっている場合は事前にRVパークを予約した方が安心だ。

時差 / Time difference

「-17時間」　日本より17時間遅れ。ロサンゼルス、ラスベガスが正午の時、日本は翌日の午前5時。　※サマータイム実施時は-16時間となる。

飛行機に関して / About the flight

成田〜ロサンゼルスは直行便で**約9時間45分**。日系、アメリカ系のみならず、最近はアジア系の航空会社も直行便を運行している。毎日多くの便が飛んでいるので、選択肢は豊富。

旅のシーズン / Best Season

気候や航空運賃、キャンピングカー料金などを考慮すると、5月のゴールデンウィーク明けから6月いっぱいと9、10月がオススメの時期。値段は少々上がってしまうが、夏真っ盛りの7、8月も素晴らしい時期だ。

この旅の問い合わせ先 / Arranging the trip

[トラベルデポ]　▶ www.motor-home.net

日本を拠点としながらも、アメリカ（ロサンゼルス）にも日本人スタッフを常駐させている旅行会社。その為、すべて日本語での手配依頼や相談が可能だ。旅の準備段階はもちろん、現地滞在中も実際にキャンピングカーを所持している日本人スタッフによる24時間サポートがあるため、とても安心できる。旅の日数や行き先等、オーダーメイドでアレンジできるので、まずは気軽に相談してみよう。

22: アメリカ

この旅のヒント
Hints for the trip

- 本書で紹介したルートはオススメではあるが、あくまでも一例。日数を延長したり短くしたり、他の街や名所へ立ち寄ったり。自由に組むことができる。ルートや内容によって、金額も異なってくる。
- 見たい場所や行きたい場所をあらかじめ調べたり、旅行会社の人と相談したりして、ある程度ルートを事前に決めておこう。自分の希望する内容がまとまったら、見積もりと行程案をもらって旅を煮詰めていこう。
- 長時間の運転がなるべく少なくなるよう、無理のない行程にしよう。どうしても長時間の運転になってしまう場合は、サービスエリアなどで適度な休憩を。
- 忘れてはならないのが国際免許証。日本の免許を持っていても現地では運転できないので、最寄りの免許センターで取得しておこう。またレンタカーを借りる場合、クレジットカードは必須アイテムだ。

+α周辺情報
One more trip

モニュメントバレー | ONE MORE TRIP | SPOT:01

壮大な荒地に突如現れる巨大な「像」の様な岩山。点在するその立ち姿はとても神々しい。ここではキャンピングカーから降りJEEPに乗り換えよう。そして、岩山の間を走り抜ける最高のドライブを。

スカイダイビング | ONE MORE TRIP | SPOT:02

ロサンゼルスは砂漠性気候なので、周囲に木や障害物が少ない。スカイダイビングをするには絶好のロケーションだ。スカイダイビング発祥の地としても知られるこの地で、最高のダイブを！ もちろん、インストラクターと一緒にダイブするタンデム式なので心配不要。

マッスルビーチ | ONE MORE TRIP | SPOT:03

サンタモニカの埠頭の南。ビーチ沿いに突如として、たくさんの筋肉トレーニング施設が並んでいる。こここそが筋肉自慢が身体を鍛えにやってくるマッスル・ビーチ。興味本位でちょっとだけ覗いてみるのもいいし、もしくは実際に筋トレをしてみるのもいいかも？

優雅なるノスタルジックな旅へ
～Nostalgic journey～

TRIP: 23	アジア
	ASIA
	3泊5日　時差：-2時間（タイ）／-1時間（シンガポール）

- ■旅の快適度　★★★★★
- ■アクセスの良さ　★★★★☆
- ■歩く時間の短さ　★★★★☆
- ■物価の安さ　★★★★☆

① 往路、復路共に直行便を利用できる
② 日本人の口にも合いやすい最高の食事が楽しめる
③ 時差が少なく、体に負担がかからない

フライト時間：✈6時間30分（成田〜バンコク）

TRIP:23　豪華列車で巡る旅

豪華列車イースタン&オリエンタル・エクスプレスで、マレー半島を縦断！
美しき東洋の風景に出逢う旅。

アジア1の豪華列車「イースタン&オリエンタル・エクスプレス」。"列車"という移動手段でありながら、乗車自体が目的そのものとなる旅。乗客に至福の時をもたらす、列車好きでなくとも憧れを抱かずにはいられない旅のスタイルだ。
深い緑をベースに淡いクリーム色のラインが配された外観。熟練の職人による細工が施された高級感溢れる調度品や、美しい木目が特徴のインテリア。ヨーロッパから招聘されたシェフが腕を振るう、格別の創作料理。そのどれもが、落ち着いた大人の旅を演出してくれる。また、客室もシャワーやトイレ、エアコンなどが完備され、居住性は抜群だ。
タイの首都バンコクを出発すると、左右に悠々と流れるのは、素朴な農村風景に青々とした田園、海、川、山、寺院、南国情緒溢れる椰子の木々…。途中の停車駅では、現地の名所や歴史にふれたり、その地に生きる人々と出逢ったり。
"点"ではなく、"線"で巡るアジアの旅。タイからマレーシアを抜け、シンガポールまでの約2,038km、3泊4日。マレー半島を縦断する極上の列車旅へ。

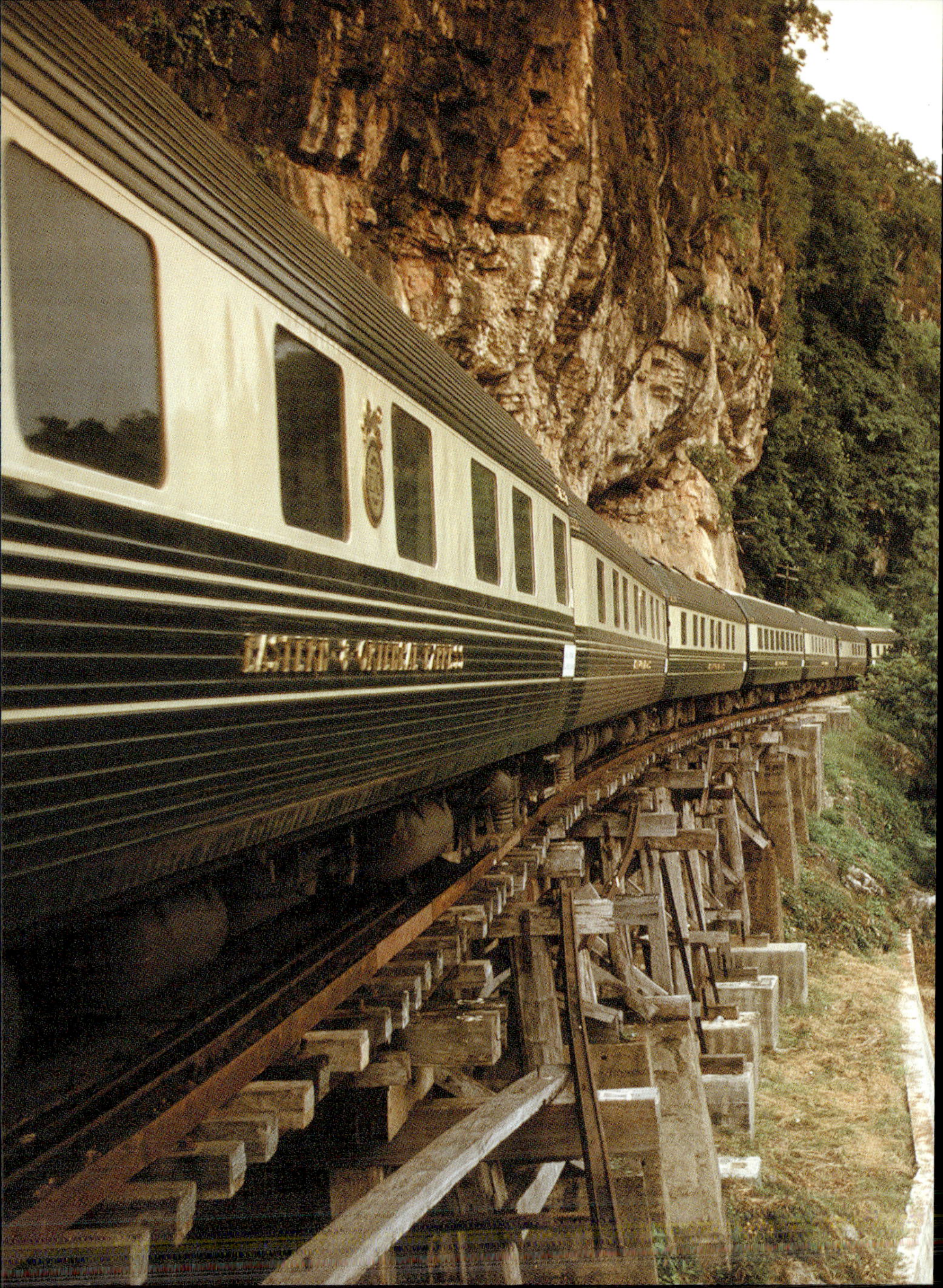

左右に映り、流れゆくアジアの原風景
レールの上で出逢う極上の感動体験

EXAMPLE ITINERARY
オススメのスケジュール例

微笑みの国、タイに到着

DAY 1

早朝、タイに到着したらまずはホテルにチェックインを。ゆったりと午前中を過ごしたら、午後はタイの首都、バンコク観光にでかけよう。列車の出発までの限られた時間だが、王宮、エメラルド寺院はバンコク最大の見所だけに、ぜひ押さえておきたい。その後、バンコクのフアランポーン駅へ。いよいよ列車とご対面。圧倒的な存在感と漂う風格に、旅への期待が高まっていく。そしていよいよ出発だ。

王宮、エメラルド寺院 | SPOT:01 | DAY 1

歴代の王が居住していた王宮とエメラルド寺院。金に輝く尖塔をはじめとした建築物には、繊細な装飾が施されていて見応え抜群。入場する際に服装チェックがあるので、露出が多い服装&サンダルは避けよう。

イースタン&オリエンタル・エクスプレス | SPOT:02 | DAY 1

20以上の車輌で構成され、全長は約400m。車内で提供される格式高いサービスと、上質のホスピタリティは、同乗する約50人のスタッフによるもの。乗客は100人ほどなので、2人の乗客に1人のスタッフが付くようなレベル。細かな心配りが、極上の快適さを生み出している。

食事 | SPOT:03 | DAY 1

この列車旅の大きな楽しみのひとつは、なんといっても食事。ヨーロッパから招聘されたシェフが腕を振るう料理は絶品。フランス料理をベースに、アジアの食材と調理方法を融合させた創作料理を堪能しよう。

スケジュール Schedule

1日目
- 深夜　✈ 羽田発〜バンコク着
- 午前　🏨 ホテルチェックイン、休憩「ホテル休憩」
- 午後　🚃 バンコク観光、列車に乗車「車内泊」

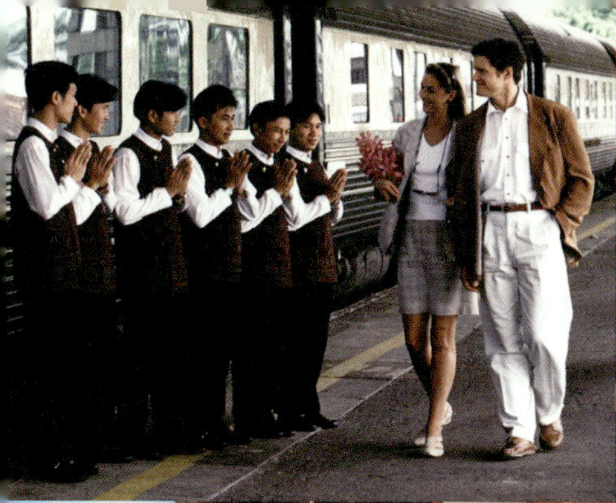
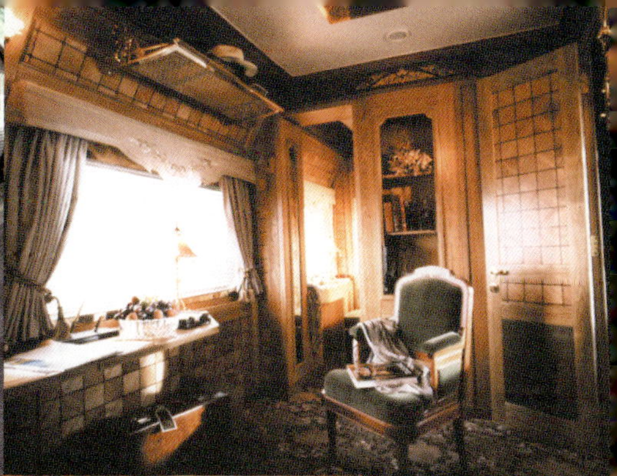
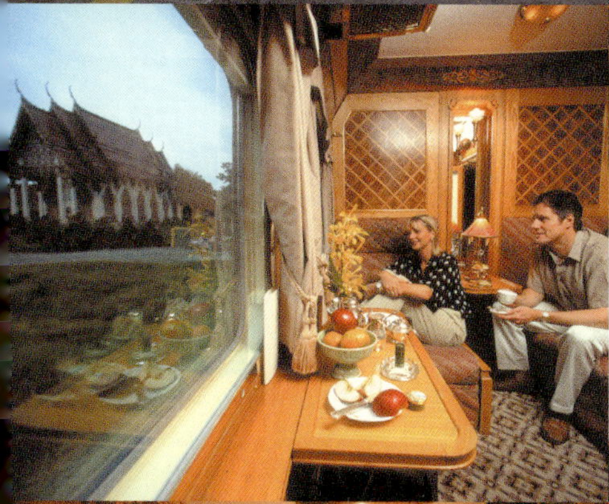
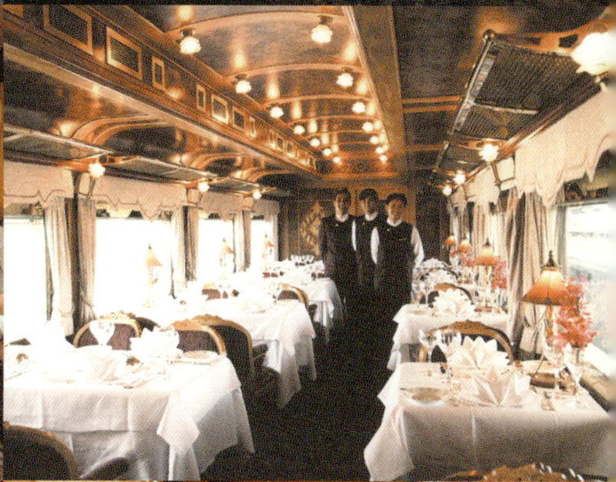
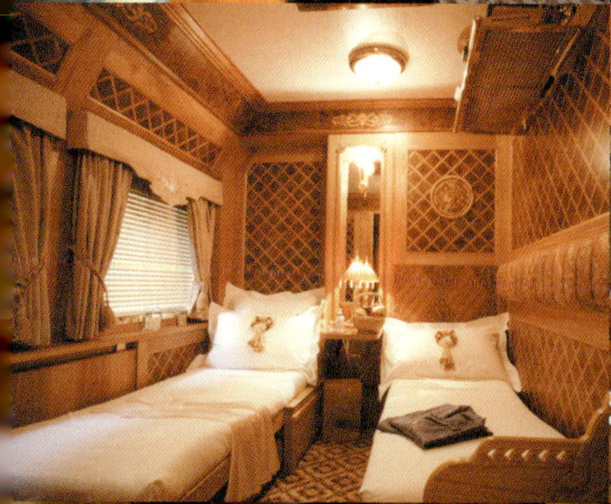
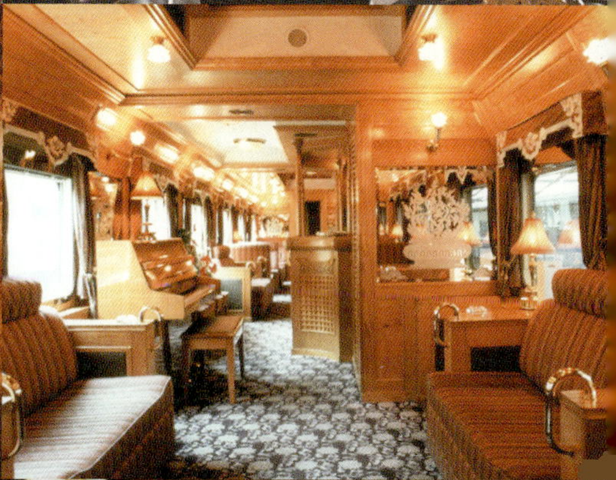
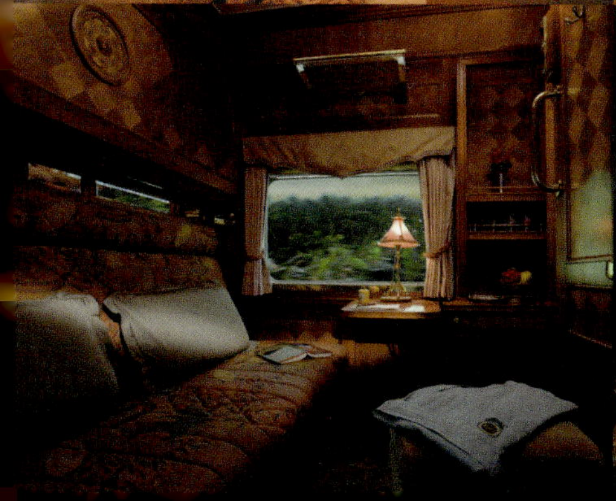
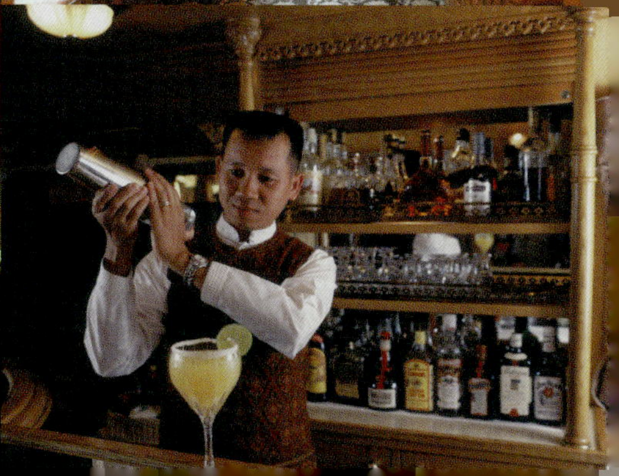

DAY 2-3

列車内も停車中も、優雅に楽しもう。

イースタン＆オリエンタル・エクスプレスの1日は、優雅な朝食から始まる。朝食前の、朝日に染まるアジアの美しい大地も必見だ。2日目は、クワイ川鉄道駅に停車。ボートに乗り、クワイ川を遊覧する。歴史あるクワイ川鉄橋や寺院、川岸の風景などを眺める。3日目はマレー半島対岸にあるペナン島への小旅行。世界遺産に登録された歴史風情の残るジョージタウンなどを巡る。日中は小旅行や移りゆく景色を楽しみ、夜はお洒落をして食事やピアノ演奏を楽しもう。

朝食 | SPOT:01 | DAY 2-3

朝食は各キャビンまでスチュワードがトレイに載せて運んできてくれる。焼きたてのクロワッサン、注がれたコーヒーから放たれる香ばしい匂いがキャビンに充満し、気持ちの良い朝がスタートする。

展望車 | SPOT:02 | DAY 2-3

列車最後尾に連結される展望車。バーやラウンジもあり、ドリンクを楽しみながら外の風景を楽しむことができる。窓がないのでアジアの風を体全体で感じることができ、とても心地良い。きっとお気に入りの場所となるだろう。

クワイ／カンチャナブリー | SPOT:03 | DAY 2-3

カンチャナブリーの街にあるクワイ川鉄道駅。すぐ目の前を流れるクワイ川に架かる"クワイ川鉄橋"は第二次世界大戦中に日本軍が敷設したもの。タイとミャンマー（ビルマ）を繋ぐ対緬鉄道の一部だ。映画「戦争に架ける橋」に登場したことで一躍有名となった。

ペナン島 | SPOT:04 | DAY 2-3

バターワース（ペナン）の駅に着いたら、列車から降りてバスに乗り込む。そしてバスごとフェリーに乗り、対岸のペナン島に移動。島では、トライショーと呼ばれる3輪の自転車タクシーでペナン市内を巡る。

スケジュール Schedule

- 2日目
  - 午前：クワイ／カンチャナブリー停車
  - 午後：車内にてフリー［車内泊］
- 3日目
  - 午前：車内にてフリー
  - 午後：バターワース（ペナン）停車
  - 夜：クアラルンプール停車［車内泊］

旅の終点 シンガポールに到着

DAY 4▶5

北部の素朴な田園風景に始まり、南国特有の椰子の木々の間を抜けると、次第に背の高い建物が目立つようになってくる。アジア有数の近代国家シンガポールの駅に到着だ。優雅な時間の余韻に浸りながら、飛行機出発までシンガポールを巡ろう。

マーライオン | SPOT:01 | DAY 4-5

頭はライオン、体は魚。誰もが一度は見たことのあるシンガポール名物。口から水を吐き出し続け、多くの観光客の視線を奪い続けてきた像は必見。

チェック!!

フードコート | SPOT:02 | DAY 4-5

フードコートと呼ばれる、多国籍料理が集まる一大飲食店街。国内に大小30以上もあり、様々な料理を安く楽しむことができる。ほとんどの店には料理の写真があるので、見た目で選ぶこともできる。

チェック!!

スケジュール / Schedule

- 4日目 午前 ✈ シンガポール着
- 午後 ✈ シンガポール発〜成田へ [機内泊]
- 5日目 午前 ✈ 成田着

EXAMPLE ITINERARY ✈ ASIA

travel information:

旅の予算 / Budget

大人1名分の総予算　38万円〜

総予算内訳

- **現地予算　28万円〜**
  ※現地予算は本書オススメスケジュールの料金目安
  現地交通費、ホテル代（2人部屋利用時の1名分料金）、列車代（2人部屋「プルマン・キャビン」利用時の1名分料金、食事／朝3回、昼2回、夕3回、現地観光代）を含む、列車上の個人的費用（飲み物等）、一部食費含まず
- **航空券　10万円〜**　※エコノミークラス料金、燃油サーチャージ含まず

親子旅にオススメのホテル / Recommended hotel

Ⓗ Mandarin Oriental Hotel Bangkok（マンダリン・オリエンタル・ホテル・バンコク）
▶ www.mandarinoriental.co.jp/bangkok

開業以来、世界の要人が定宿としてきた由緒あるバンコクトップクラスのホテル。チャオプラヤ川を望むことができるロケーションも嬉しいポイント。列車の出発当日にチェックインした場合でも、1泊の扱いとなるが、せっかく優雅な旅をするなら宿にもこだわりたい。

飛行機に関して / About the flight

羽田〜バンコクは直行便で**約6時間30分**。日本航空、全日空、タイ航空がバンコクまで直行便を運行している。成田からも出ているが、列車出発時刻ギリギリの到着となってしまう為、早朝に着く羽田発の利用がオススメだ。

旅のシーズン / Best Season

一年を通して運行しているので、どの時期でも参加が可能だ。ただし、出発日（月に1、2回）は決まっているので、それに合わせて予定を組もう。雨が多い時期もあるが、そもそも雨が降りやすいこともあるので、それほど雨を気にする必要はないだろう。

この旅の問い合わせ先
Arranging the trip

[マゼランリゾーツアンドトラスト株式会社] ▶ http://journeyinstyle.jp

海外のラグジュアリーリゾートを専門に取り扱うマゼランリゾーツ株式会社。その中で展開している旅行ブランド「Journey in Style」がこのコンテンツを手配している。豊富な知識と経験は、旅をより優雅で快適なものにしてくれる。ホテルや列車などの現地手配は旅行会社に依頼し、飛行機は格安航空券を自身で手配。これが安心かつリーズナブルな方法だ。

この旅のヒント
Hints for the trip

- 本書では、バンコク到着日から列車に乗ることを提案した。しかし時間に余裕があれば、前日の夕方に着く便でゆったりと1日過ごしてから乗車というのもオススメだ。また、もちろんシンガポールに宿泊することで、旅の日数を増やすことも可能だ。
- 列車のキャビンは、大きく分けて3クラスある。2段ベッドのプルマン・キャビン、ツインベッドのステイト・キャビン、列車内とは思えない広さのプレジデンシャル・スイート。プルマン・キャビンが最もリーズナブル。
- 豪華列車だけに、ドレスコードがある。日中はスマートカジュアル、夜はフォーマルまたはセミフォーマルとなる。日中でもダイニングや展望車に行くときは、ジーンズ、短パン、サンダル、スニーカーは避けよう。また、停車中の小旅行はカジュアルな服装で問題ない。
- 列車旅中に不要な荷物は、荷物車に預けておくことができる。ただしシンガポールに到着するまで開けることができないので注意しよう。

+α周辺情報
One more trip

クロニクルス | ONE MORE TRIP | SPOT:01

本書で紹介したルートは、クラシック・ジャーニーと呼ばれるバンコクとシンガポールを結ぶ定期運行のもの。他にもクロニクルスとよばれるアジア周遊ルートというものもある。タイ北部のチェンマイ、中部のカンチャナブリ、ミャンマー（ラオス）の首都ビエンチャンなどに行くものだ。日数も長くなり、金額ももちろん高くなるが、まだまだ列車の旅を続けたい人にオススメだ。

シンガポール・フライヤー | ONE MORE TRIP | SPOT:02

シンガポールに誕生した、世界最大の観覧車「シンガポール・フライヤー」。1周にかかる時間は約30分、1つのゴンドラは定員が28名という大型のもの。天気が良ければ、マレーシアやインドネシアも見えるほど。ゴンドラを貸し切ることもできるので、家族だけのプライベート利用も面白いだろう。

最高峰の山々と星空に包まれて
~Magnificent scenery of the peak~

TRIP: 24

国名: **ネパール**
NEPAL
8泊10日　　時差: -3時間15分

- ■旅の快適度　★★★☆☆
- ■アクセスの良さ　★☆☆☆☆
- ■歩く時間の短さ　★★☆☆☆
- ■物価の安さ　★★★★☆

①特別な訓練やハードなトレッキングなしで、ヒマラヤへ行くことができる　②ホテルは日本語対応、さらに日本食の準備もある　③山登りのスペシャリストと共に行くことができるので安全

フライト時間：7時間（成田〜バンコク）▶ 3時間30分（バンコク〜カトマンズ）▶ 1時間（カトマンズ〜シャンボチェ）▶ 30分（カトマンズ〜ポカラ）

TRIP:24　自然を感じる旅

大迫力のヒマラヤ山脈に抱かれ過ごす天空トレッキング。
世界最高峰、エベレストを望む旅！

ブータン、中国、インド、ネパール、パキスタン、アフガニスタン———。これら6つの国にまたがるヒマラヤ山脈。地球上で最も標高の高い地域として知られ"世界の屋根"とも呼ばれている。この山脈の中でも"世界最高峰"の名を持つエベレストは誰もが知り、そして山好きなら特別な憧れを抱く山だろう。

この山を望みヒマラヤを歩くことが、登山初心者でも簡単にできるとしたら…。親子で目指してみるのはどうだろう？ ネパールからであれば比較的傾斜が緩く、一般観光客でも気軽にヒマラヤでのトレッキングを楽しむことができる。宿泊するホテルの窓の外には、エベレストをはじめとした迫力満点の峰々が、そして夜には、満天の星空が広がる。

山岳民族が暮らす村を訪問したり、美しい湖畔を訪れたり、ネパールという国の素朴な一面に触れてみたり。山好きの両親に絶対おすすめしたいスペシャルな旅。両親が元気なうちに、ぜひ！

天高くそびえる、雄大な山々
世界最高峰に泊まり、歩く、親子旅

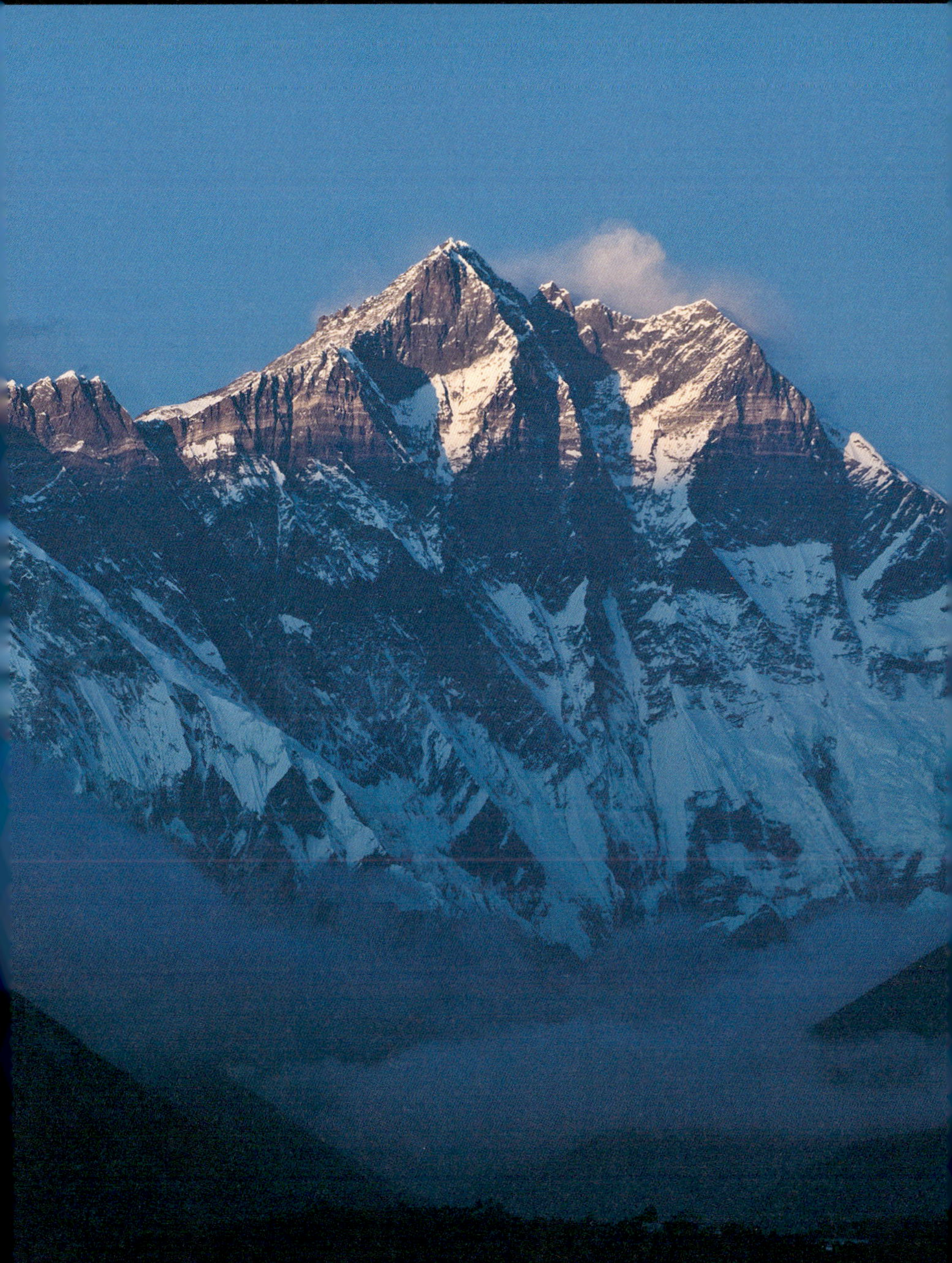

EXAMPLE ITINERARY
オススメのスケジュール例

エベレスト街道のナムチェへ！

DAY 1▶3

まずネパールの首都カトマンズを目指すことになるが、直行便はないので、初日はバンコクなどアジアの経由都市で1泊し、2日目に首都カトマンズ（標高1,330m）に到着。さらに1泊し、3日目。空路、シャンボチェ（3,800m）へ。ここで初めてエベレストを見ることができる。一度エベレストに別れを告げ、登山の拠点となるナムツェ・バザール（3,440m）へ、約1時間歩いて行く。言葉を失う圧倒的な山々が織りなす景観を眺めながら、高度順応を兼ねた初トレッキングを楽しもう。

ナムツェ・バザール村　| SPOT:01 | DAY 1-3

チェック!!

登山の拠点として知られるナムツェ・バザール村。食料品や土産物、インターネットカフェ、トレッキング用品店などのお店がたくさんある。近くのシャンボチェの丘は絶好のエベレスト鑑賞地としても知られている。

スケジュール Schedule

- **1日目** （終日）✈ 成田発～バンコク着、ホテルチェックイン
  - 🛏 バンコクのホテル泊
- **2日目** （午前）✈ バンコク発～カトマンズ着
  - （午後）🛏 ホテルチェックイン［カトマンズのホテル泊］
- **3日目** （午前）✈ カトマンズ発～シャンボチェ着
  - 🚶 徒歩にてナムツェ・バザールへ（歩行約1時間）
  - （午後）🛏 ホテルチェックイン、ナムツェ・バザール散策
  - ナムツェのホテル泊

266　NEPAL

世界で一番高所のホテル「エベレスト・ビュー」に泊まろう！ DAY 4▶5

4日目は、絶景ホテルへ向かってトレッキング。いつもより深い青色の空の下、雪をまとった山々を満喫しながら、エベレスト街道をゆっくり歩こう。約3時間のトレッキング、自分の足で一歩一歩進むことによって、エベレストに近づいていることが実感できる。

SPOT:01 DAY 4-5
ホテル・エベレスト・ビュー
標高3,880m。国立公園内にあり、自然と調和したホテル。12の客室すべてからエベレストを展望できる。昼間はテラスで世界中のトレッカー達と共に壮大な風景を眺め、夜は暖炉の前で談笑を。外に出れば、息を呑むほどの星空が広がっている。

SPOT:02 DAY 4-5
日帰りトレッキング
ホテルの専属ガイドが同行する安心のトレッキング。馬に乗ってエベレストに近づいていくものや、標高4,000mを超えるピークへ行くものなどがある。所要3～6時間ほどなので、体力に合わせて選択しよう。

スケジュール Schedule

- **4日目** 午前　ホテル・エベレスト・ビューまでトレッキング（歩行約3時間）
- 午後　ホテルチェックイン［ホテル泊］
- **5日目** 終日　日帰りトレッキングに参加［ホテル泊］

EXAMPLE ITINERARY ✈ NEPAL

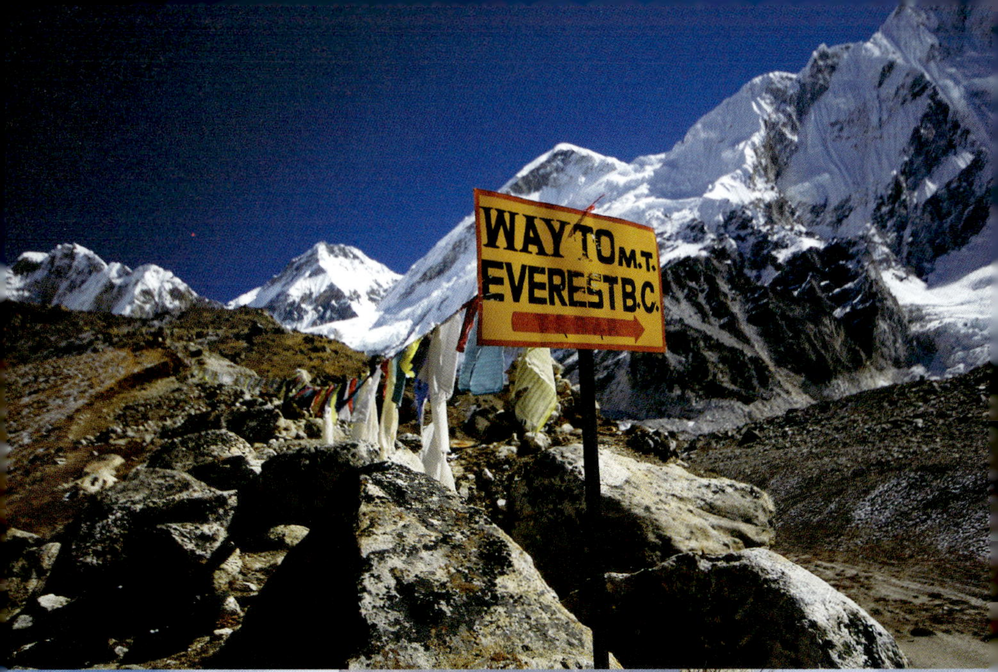
WAY TO M.T.
EVEREST B.C.

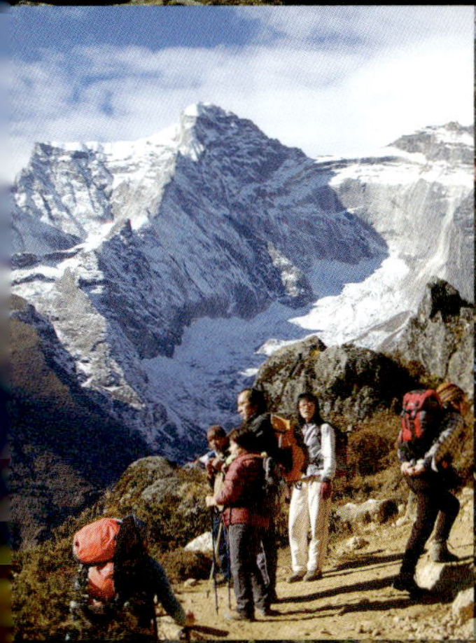

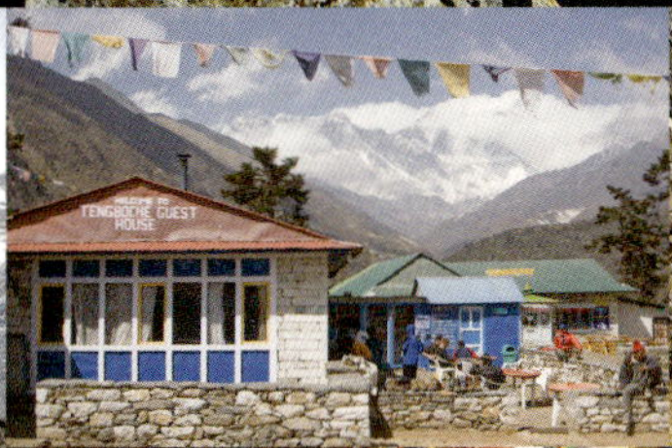
TENGBOCHE GUEST HOUSE

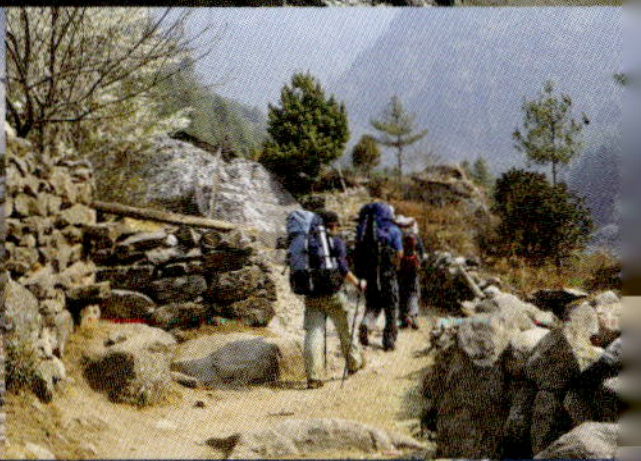

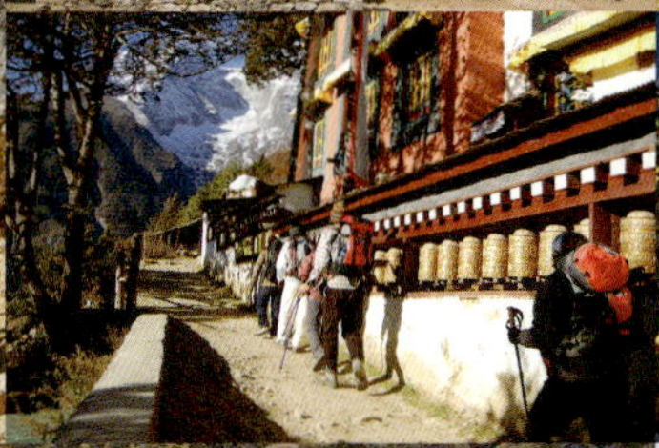

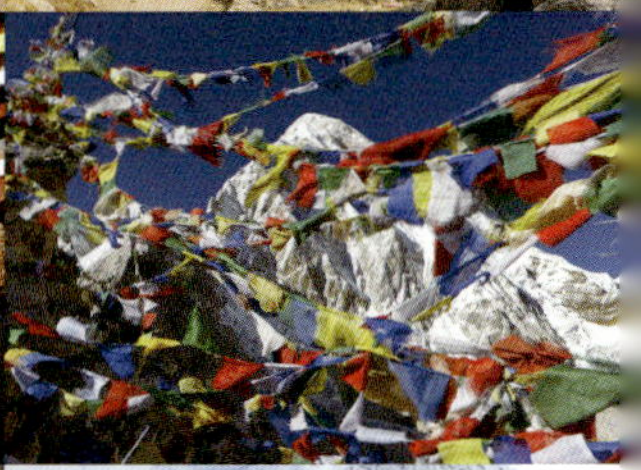

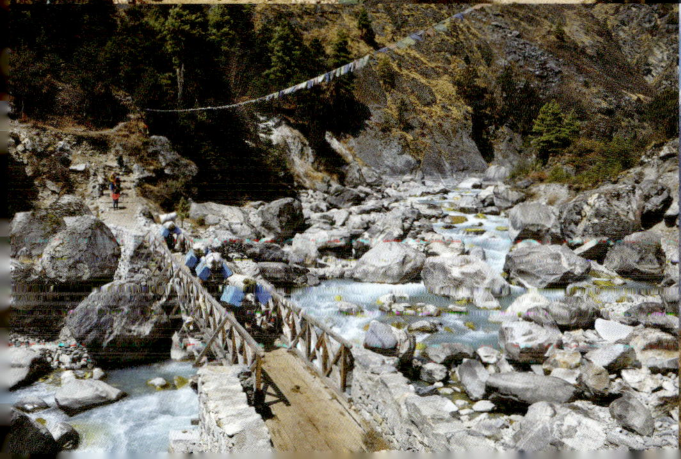

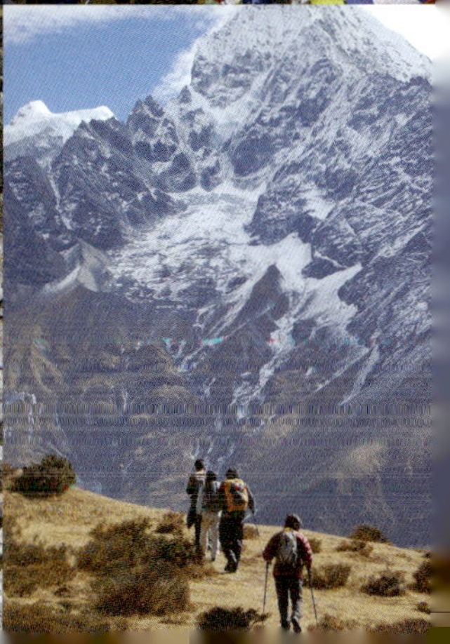

ヒマラヤ山岳リゾート「ポカラ」へ！

DAY 6▶10

6日目は、エベレストに後ろ髪を引かれながら山を下り、首都カトマンズへ。標高が下がるので身体も軽く感じ、町歩きも楽しみやすい。7日目は国内線でネパール随一の保養地とされるポカラへ向かおう。8日目の午後にカトマンズに戻り宿泊したら、一路日本への帰路につく。

ネパール料理　| SPOT:01 | DAY 6-10 |

多くの民族が共生するネパール。言語や宗教も様々で、料理はインドと中国とチベットの影響を受けている。インドほど辛くないカレーや、モモというスパイス入りの蒸し餃子は定番。主食は、インディカ米やチャパティというパン、焼きそばなど様々だ。

ポカラ　| SPOT:02 | DAY 6-10 |

ヒマラヤのトレッキングを満喫した後は、比較的温暖なポカラでゆっくり疲れを癒そう。美しいペワ湖の湖畔では、6,000〜8,000m級の山々が連なるパノラマを眺めることができる。もっとネパールを満喫したい人は、近隣の村まで足を伸ばすことも可能だ。

カトマンズ　| SPOT:03 | DAY 6-10 |

様々な民族やトレッカー、バックパッカー、行き交う車にリキシャが織りなす喧噪は、賑やかで楽しい。レストランや土産屋が軒を連ねるチョーク(路地)、ダルバール広場や国立博物館などもぜひ訪れたい。

スケジュール / Schedule

6日目	午前	徒歩にてシャンボチェへ　シャンボチェ発〜カトマンズ着
	午後	カトマンズで自由行動 [カトマンズのホテル泊]
7日目	午前	カトマンズ発〜ポカラ着
	午後	フリー [ポカラのホテル泊]
8日目	午前	フリー
	午後	ポカラ発〜カトマンズ着 [カトマンズのホテル泊]
9日目	午前	空港へ移動
	午後	カトマンズ発〜バンコク着
10日目	深夜	バンコク発〜成田へ [機内泊]
	午前	成田着

EXAMPLE ITINERARY ✈ NEPAL

travel information:

旅の予算
Budget

大人1名分の総予算　42万円〜

総予算内訳

- 本書オススメスケジュールのパッケージ料金目安　42万円〜
  ※現地予算は本書オススメスケジュールの料金目安
  飛行機代、宿泊代、食事（朝8回、昼4回、夕7回）含む、燃油サーチャージ、一部食費含まず

親子旅にオススメのホテル
Recommended hotel

Hotel Everest View（ホテル・エベレスト・ビュー）
▶ www.himalaya-kanko.co.jp/hev/hev.htm

標高3,880mに位置するこのホテルでは、日本語が通じる他、日本食の提供も行っている。世界一のエベレストを眺めながら飲むお味噌汁をぜひ！　また、高所にある特別なホテルなので、安全管理と山岳飛行のスケジュールの管理をする必要があり、ホテルのみの宿泊予約は受け付けていない。

時差
Time difference

「-3時間15分」　日本より3時間15分遅れ。ネパールが正午の時、日本は午後3時15分。

飛行機に関して
About the flight

成田〜バンコクは**約7時間**、バンコク〜カトマンズは**約3時間30分**となる。国内線のカトマンズ〜シャンボチェは**約1時間**、カトマンズ〜ポカラは**約30分**だ。成田〜カトマンズはバンコク乗り継ぎが一般的。

旅のシーズン
Best Season

ヒマラヤの山々を見るなら乾期の9月後半〜5月がベストシーズン。特に3〜4月、10〜11月はトレッキングに最適だ。カトマンズとポカラは一年を通して比較的過ごしやすいが、高地では室内外ともに、しっかりとした防寒が必須となる。

この旅の問い合わせ先
Arranging the trip

[マウンテントラベル]　▶ www.himalaya-kanko.co.jp

気軽に楽しめるハイキングから本格的なトレッキングまで、ネパールをはじめ世界の山旅を専門に扱っている日本の旅行会社。山のプロでもある。山登り初心者でも、海外自体が初心者であっても、親身になって準備段階から相談にのってくれる頼もしい存在だ。

24: ネパール

この旅のヒント
Hints for the trip

- すべて日本語で手配を進めることができ、ホテルも日本語対応可なので、言語に心配のある人でも安心して楽しめる。
- 高山病を防ぐために、水分補給による新陳代謝の促進と充分な保温が大切。軽度の高山病は、旅行会社が用意している携帯酸素缶で酸素を吸入すれば治るが、重度になると命を落とす場合もあるので、具合が悪いと思ったら早めにガイドに伝えよう。

+α 周辺情報
One more trip

アンナプルナ内院トレッキング 15 日間 | SPOT:01
アンナプルナとは、ヒマラヤ山脈に属する山群の総称。このツアーは、世界中のトレッカー憧れの地アンナプルナの内院＝ベースキャンプに向かう。登るのが非常に難しいとされる垂直壁や、360度のヒマラヤのパノラマを楽しめる。帰路の途中に、温泉村ジヌーに宿泊できるのも魅力。

ゴーキョピーク登頂とレンジョ・パス越え 18 日間 | SPOT:02
本格的にトレッキングしたい人向け。荒々しい岩崖とエメラルドグリーンの氷河湖が点在するコースで、エベレスト、ローツェ、チョ・オユー、マカルーの8,000m峰の大展望を目前にできる。数あるネパールのトレッキングコースの中でも、登頂、雪上歩行、峠越えを組み込んだ山歩きの楽しさを凝縮した16泊18日のツアー。

バンジージャンプ | SPOT:03
カトマンズからチベット国境に向かうこと約3時間。世界第2位となる高さ160mから飛び降りるバンジージャンプがある。経験豊富なスタッフのサポートによって、吊り橋の上から渓谷に向かう瞬間はスリル満点。親子で度胸試しをしてみては？

太古の森と対話する
～Talk with the ancient forest～

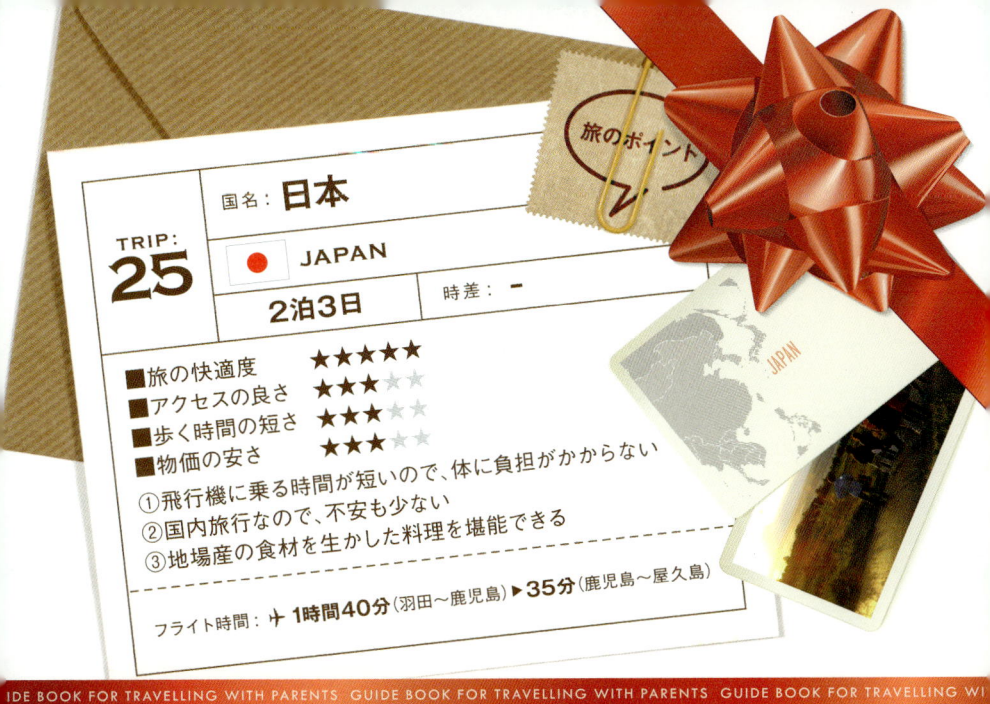

TRIP: 25	国名：**日本**
	JAPAN
	2泊3日　時差：-

- ■旅の快適度　★★★★★
- ■アクセスの良さ　★★★☆☆
- ■歩く時間の短さ　★★★☆☆
- ■物価の安さ　★★★☆☆

①飛行機に乗る時間が短いので、体に負担がかからない
②国内旅行なので、不安も少ない
③地場産の食材を生かした料理を堪能できる

フライト時間：✈1時間40分（羽田〜鹿児島）▶35分（鹿児島〜屋久島）

TRIP:25 自然を感じる旅

紀元前より続く、神秘の息吹。
生命力みなぎる世界遺産の島、屋久島へ！

本土最南端の鹿児島県は佐多岬。そこから南南西へ約60kmの地点に屋久島は浮かぶ。一周約130km、車で3時間もあれば一周できる島だ。中心には九州一高い山、"宮之浦岳"がそびえ、周りには標高1,000mを超える峰が連なる。この大きな起伏が"洋上のアルプス"とも呼ばれる由縁だ。そして、この特殊な地形が「1ヶ月のうち、35日は雨が降る」と言われるほど、豊富な水の恵みを島にもたらすのだ。水の恩恵を受けた大自然は現在、旅人の心を癒す存在となった。中でも「縄文杉」は特に知名度が高く、屋久島＝縄文杉と考えている人も少なくないだろう。しかし、縄文杉に出逢うには往復10時間もの道のりを歩かなければならない。実際、誰もが簡単に行ける場所ではないだろう。

では、屋久島に行く価値はないのだろうか？　答えは「否」。島に入れば、樹齢1,000年を超える屋久杉や苔むす森に簡単に出逢えるし、他にも魅力的な場所は幾つもある。日本初の世界自然遺産にも登録された、屋久島へ。自然が育んだ神秘の別世界を訪ねよう。

森の神々が纏う風格
力強くも優しい清風の中へ

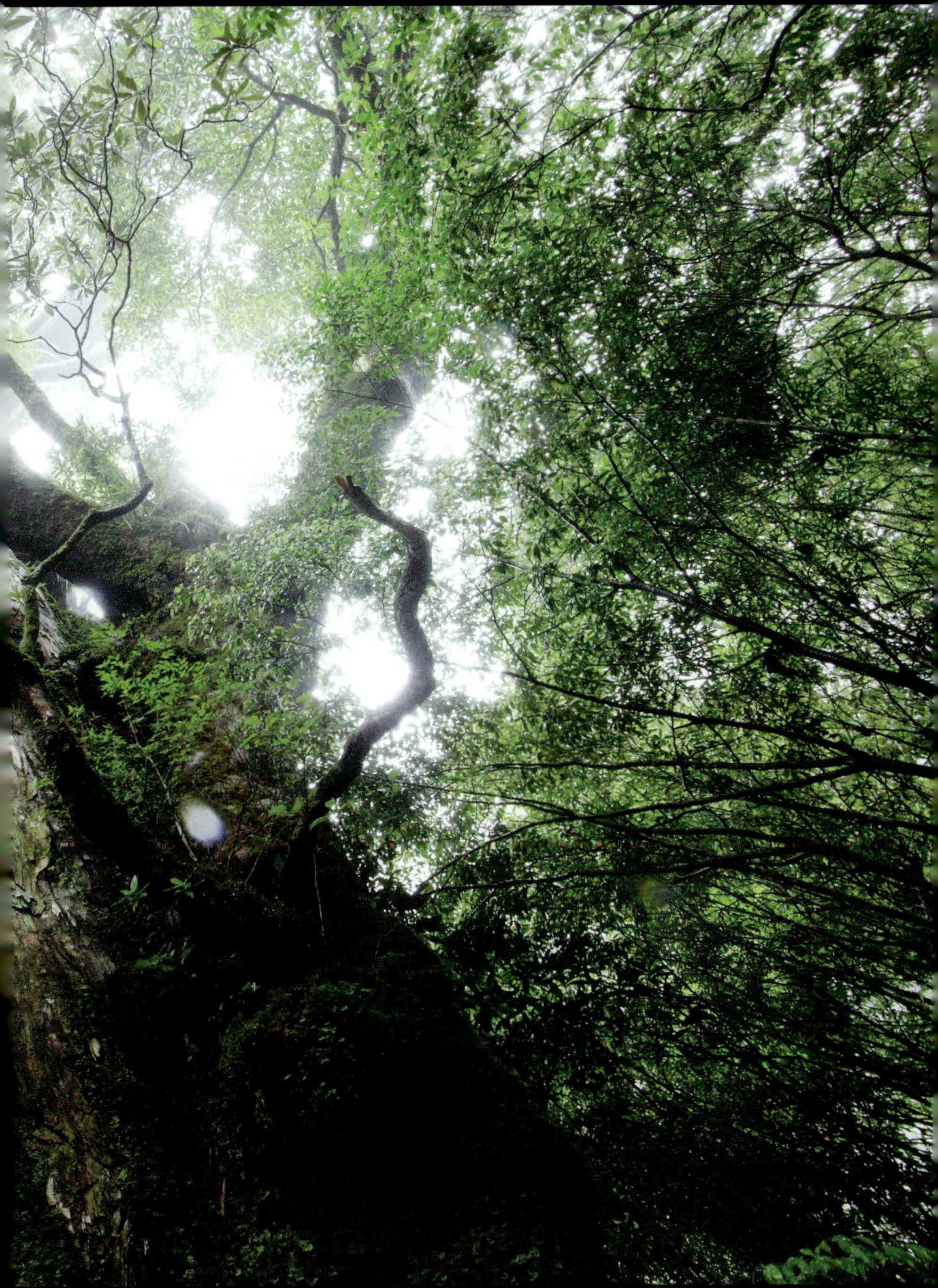

EXAMPLE ITINERARY オススメのスケジュール例

悠久の時を超えて
立ち続ける屋久杉に出逢う

DAY 1▶2

屋久島に到着。初日は快適なホテルでのんびりと寛ごう。翌日は、訪れる人のコンディションによってコースを選ぶことができるヤクスギランドへ。少し歩くだけで、推定樹齢1,000年を超える杉を見ることができる。屋久島初心者からリピーターまで幅広く楽しめる森林公園だ。その後、紀元杉を眺めたら、森の王者「縄文杉」に触れることができる屋久杉自然館を楽しもう。ホテルに戻れば、海に沈みゆく夕陽を見ながら浸れる温泉が待っている。

屋久島 | SPOT:01 | DAY 1-2

樹齢1,000年を超える屋久杉や、前後左右上下を緑に染める美しき森で知られる。だが、魅力はそれだけではない。他にも豊かな植生や、ウミガメが訪れる美しい海岸、清流での川遊び、絶品の島料理など、魅力が尽きない島だ。

屋久杉と縄文杉 | SPOT:02 | DAY 1-2

島には多くの杉の木があるが、推定樹齢1,000年を超えるものを「屋久杉」と言い、未満のものは「小杉」と呼ばれる。縄文杉や大王杉などは個別に付けられた名前で「屋久杉」であることに変わりはない。

ヤクスギランド

| SPOT:03 | DAY 1-2 チェック!! |

最短30分から最長150分まで、様々なコースの設定が可能。自分の体力と相談しながら、適切なコースを歩こう。入口から15分も歩けば、推定樹齢1,000年の「千年杉」を見上げることができる。ガイド付きでじっくり巡れば楽しさが倍増する。

紀元杉

| SPOT:04 | DAY 1-2 チェック!! |

車で簡単に行くことができる最も大きな屋久杉。推定樹齢は3,000年とも言われていて、高さは19.5m。圧倒的な存在感を手軽に感じることができる。すぐ近くに湧き出る「紀元命水」と名付けられた水を飲む楽しみも。

屋久杉自然館

| SPOT:05 | DAY 1-2 チェック!! |

屋久杉に関する知識を深めることができる施設。積雪により折れてしまった縄文杉いのちの枝(1mもある巨大なもので、推定樹齢1,000年)が展示されている。生存する縄文杉にはふれることができない為、"縄文杉"に唯一ふれることができる場所だ。

スケジュール / Schedule

- **1日目** (終日) ✈ 羽田発〜鹿児島乗り継ぎ〜屋久島着
  🏨 ホテルチェックイン[ホテル泊]
- **2日目** (午前) ヤクスギランド
  (午後) 🚶 紀元杉、屋久杉自然館[ホテル泊]

EXAMPLE ITINERARY ✈ JAPAN

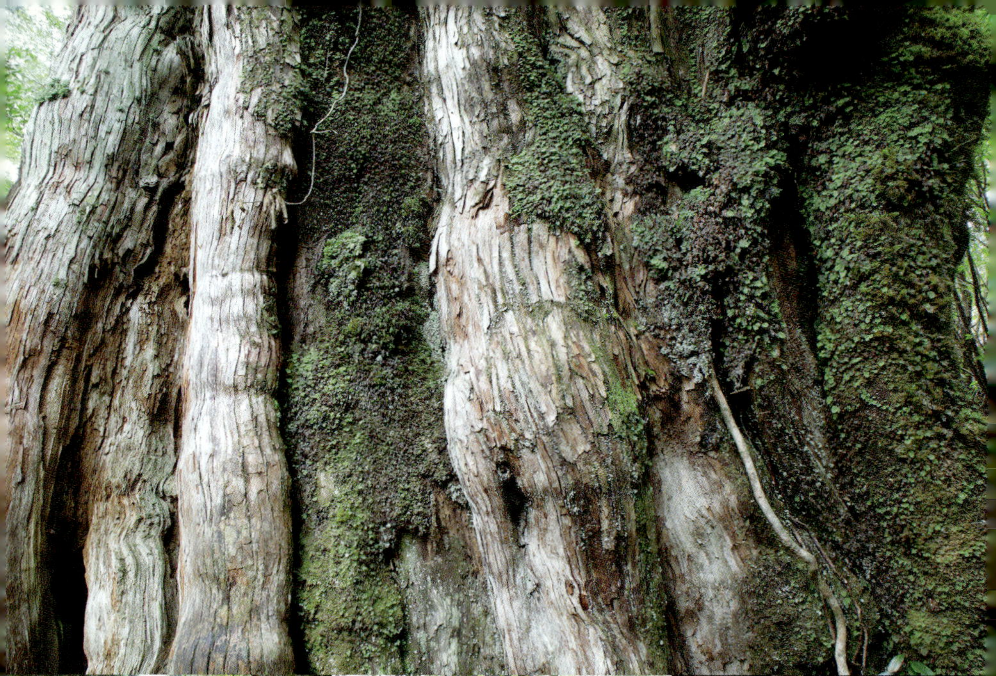
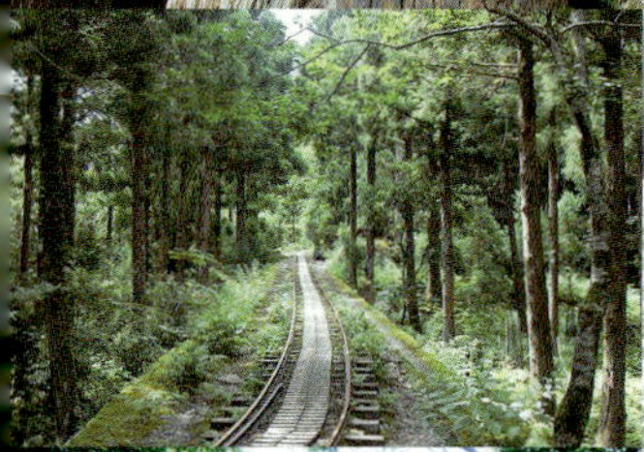
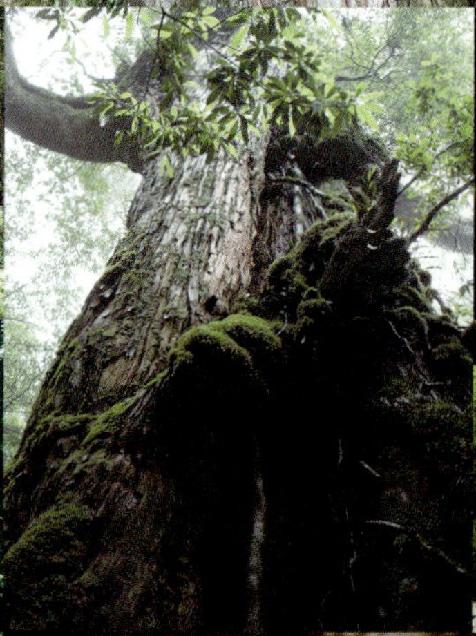
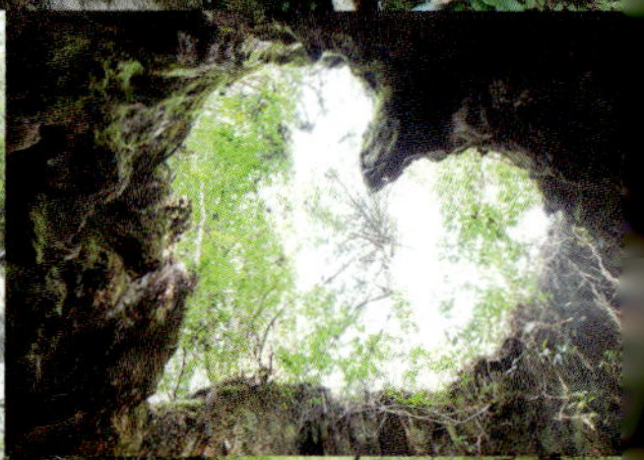
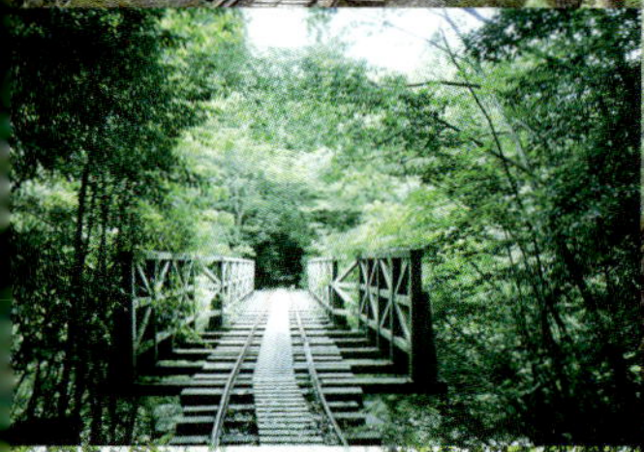
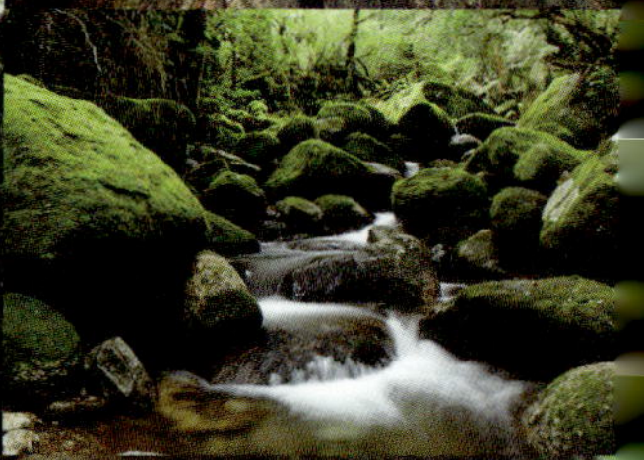
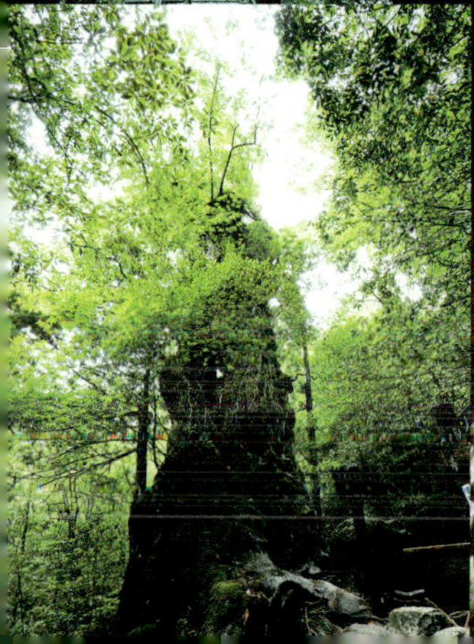
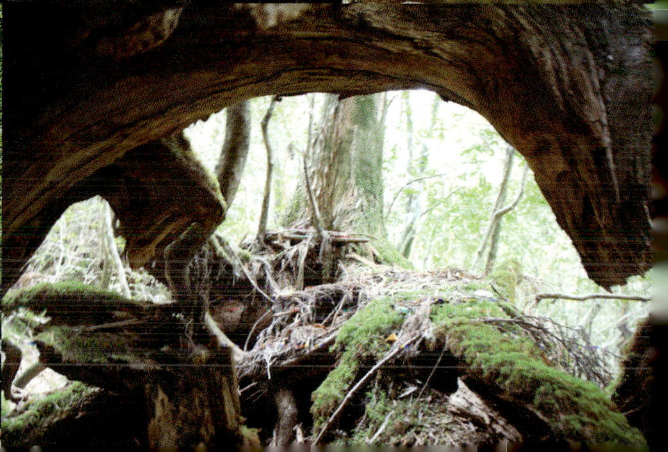

旅の最終日は、
屋久島の芸術作品を見に行こう

DAY 3

屋久島の魅力は屋久杉でだけではない。最終日は、豊かな自然が生み出した美しい景観を見に行こう。屋久島3大銘瀑のひとつ、千尋の滝を眺めたら、白谷雲水峡へ。往復3時間かけて奥地へ進めば、映画『もののけ姫』の舞台となった「苔むす森」へ行くことができる。しかし、もっとお手軽に同様の景観を堪能できる場所が、白谷雲水峡にはあるのだ。そこは、地理学や人類学など様々なジャンルを取り扱う雑誌"ナショナルジオグラフィック"に掲載されたほどの美しさ。最後の最後まで屋久島を満喫しよう。

千尋の滝 | SPOT:01 | DAY 3
大きな一枚の花崗岩によって形成されたV字の窪み。そこに流れ落ちる、落差60mもの滝が千尋の滝だ。滝と巨大な岩のふたつが揃って創り上げた、大スケールの景観を楽しもう。

白谷雲水峡 | SPOT:02 | DAY 3
屋久島に流れる白谷川の渓谷。原生林に覆われた緑豊かな所だ。奥地に佇む"苔むす森"で有名だが、入口近くにも美しい"苔むす森"がある。ここなら大幅に歩く時間を短縮でき、息を呑む景色に簡単に出逢うことができる。

スケジュール Schedule
3日目
- 午前　白谷雲水峡
- 午後　屋久島発〜鹿児島乗り継ぎ〜羽田着

EXAMPLE ITINERARY ✈ JAPAN

travel information:

旅の予算
Budget

大人1名分の総予算　14万円〜

総予算内訳

- 🟠 **現地予算　6万円〜**
※現地予算は本書オススメスケジュールの料金目安
現地送迎、現地ガイド、(ホテル滞在時を除く)、ホテル代(2人部屋利用時の1名分料金)、食事(朝2回、夕2回)を含む、一部食費含まず
- ✈️ **航空券　8万円〜**　※エコノミークラス往復料金、燃油サーチャージ含む

親子旅にオススメのホテル
Recommended hotel

🅗 **JR ホテル屋久島**　▶ http://www.jrk-hotels.jp/Yakushima/

島南部に位置するこのホテルへは、空港から車で40分ほど。部屋は広く、3名での利用も可能だ。一番の楽しみはやはりホテル内の天然温泉。壁一面に張り巡らされた大きな窓からは、東シナ海から太平洋へと続く大海原の展望を楽しめる。親子旅にオススメだ。

飛行機に関して
About the flight

鹿児島〜屋久島は直行便で**約35分**。屋久島には空港の他に、南北に港の設備もあるため、鹿児島から船で行くこともできる。高速船で**約1時間45分〜2時間30分**、フェリーでは4時間ほど。特に飛行機は、ゴールデンウィークや夏休みなどの繁忙期はかなり混み合う為、早めに予約しよう。その方が、費用を抑えることができる。

旅のシーズン
Best Season

新緑が芽吹く4、5月、梅雨が終わり夏真っ盛りの7〜9月、秋晴れが心地良い10、11月。どれもオススメのシーズン。いずれにしても雨は降りやすいので、必ず雨具を持参しよう。

この旅の問い合わせ先
Arranging the trip

ℹ️ [屋久島野外活動総合センター（YNAC）]　▶ www.ynac.com

屋久島に関するありとあらゆる知識や情報が豊富で、とても頼りになる存在。「屋久島に行きたい！」と思ったら、どういったプランがいいか気軽に相談してみよう。ありきたりのプランではなく、本当に訪れる人が満足できるプランを提案してくれる。経験豊富なガイドによる案内は屋久島滞在をより有意義なものにするだろう。訪れた際は、ぜひガイド付きツアーで巡ろう。

25: 日本

この旅のヒント
Hints for the trip

- 本書では縄文杉や白谷雲水峡奥地を訪れない形で紹介したが、体力に自身があれば、ぜひ。本格的に歩くとなると、荷物など事前の準備が必要となるので、屋久島野外活動総合センターに確認しておこう。
- 縄文杉には日帰りで行くことができる。一方で、1泊することも可能だ。日帰りは、多くの人たちと一緒に朝一に出発し、夕方前に戻ってくるので、縄文杉付近が少々混み合う場合も。一泊する場合は、縄文杉付近にある小屋に宿泊し、朝夕の縄文杉を静かに見ることができる。しかし宿泊用の荷物を持っていかなければならないという点も。どちらにもプラスマイナスの両面があるので、どういった形で縄文杉を見たいかによって決めよう。
- 単独登山は遭難の可能性があり危険。必ず専門のガイドと行こう。また、山登り前には登山届けを出しておこう。

+α 周辺情報
One more trip

平内海中温泉　　　ONE MORE TRIP ｜ SPOT:01
島の南部にある、干潮の前後2時間だけ海中から姿を現す温泉。海に面した自然の岩場を利用して作られているため、満潮時は完全に水没してしまうのだ。混浴で水着の着用は不可だが、タオルを巻くのはOK。湯船から大海原を一望できるワイルドなロケーションが素晴らしい。

高級ケータリング　　　ONE MORE TRIP ｜ SPOT:02
豊かな自然がもたらす、屋久島の澄んだ空気。評判のいいレストランやホテルもたくさんあるが、おいしい空気に包まれたアウトドアでの食事はまた格別。都市部での暮らしでは考えられないロケーションで、ワインと共に味わう高級ケータリング。これは、屋久島野外活動総合センターオリジナルプランで、近日発表予定。

"地球"を体感する
~Around the world cruise~

TRIP: 26 世界一周
AROUND THE WORLD

約100日 　時差：ー

- ■旅の快適度 ★★★★☆
- ■アクセスの良さ ★★★☆☆
- ■歩く時間の短さ ★★☆☆☆
- ■物価の安さ ★★★★☆

① 日本（主に横浜）発着なのでアクセスが容易＆大きな荷物を船に簡単に送ることができる
② 船上でも寄港地（ツアー参加時）でも日本語が通じるので、言語の心配が不要
③ 少しずつしか時差が発生しない為、体に負担がかからない

地球を舞台にした最大スケールの親孝行へ！
幾多もの感動に出逢う、憧れの世界一周クルーズ！

聞けば胸踊り、口にすれば冒険心を掻き立てる言葉、「世界一周」。いつの世も人々の憧憬を集め、"いつかは叶えたい夢"の代名詞的存在だ。
空路、海路、陸路、それらを組み合わせたもの…と、世界一周の方法は幾通りもある。しかし"両親と共に"と考えた時のベストは船旅だろう。移動、荷物、時差、食事、娯楽…など、旅を快適にする要素が最も揃っているからだ。その分高額になり、一部の人々にしか縁がないと思われがちだが、それはまったくの誤解。リーズナブルなものもたくさんある。中でも、ピースボートの"世界一周の船旅"はオススメだ。料金はもちろんだが、乗客の年齢層が幅広い為、家族で共有する幸せな時間と共に、両親世代も自分世代も、新たなる出逢いを楽しむことができる。アジアの喧噪も、中東の歴史も、アフリカの自然も、ヨーロッパの文化も、中南米の活気も…。自転車を漕ぐようなゆっくりとしたスピードで海を進み、巡る20もの国と地域。地球の色模様に触れる3ヶ月は、どんな大海よりも深く大きな感動となる。

母なる地球に刻む航跡、潮の道
世界一大きな和を描く航海へ

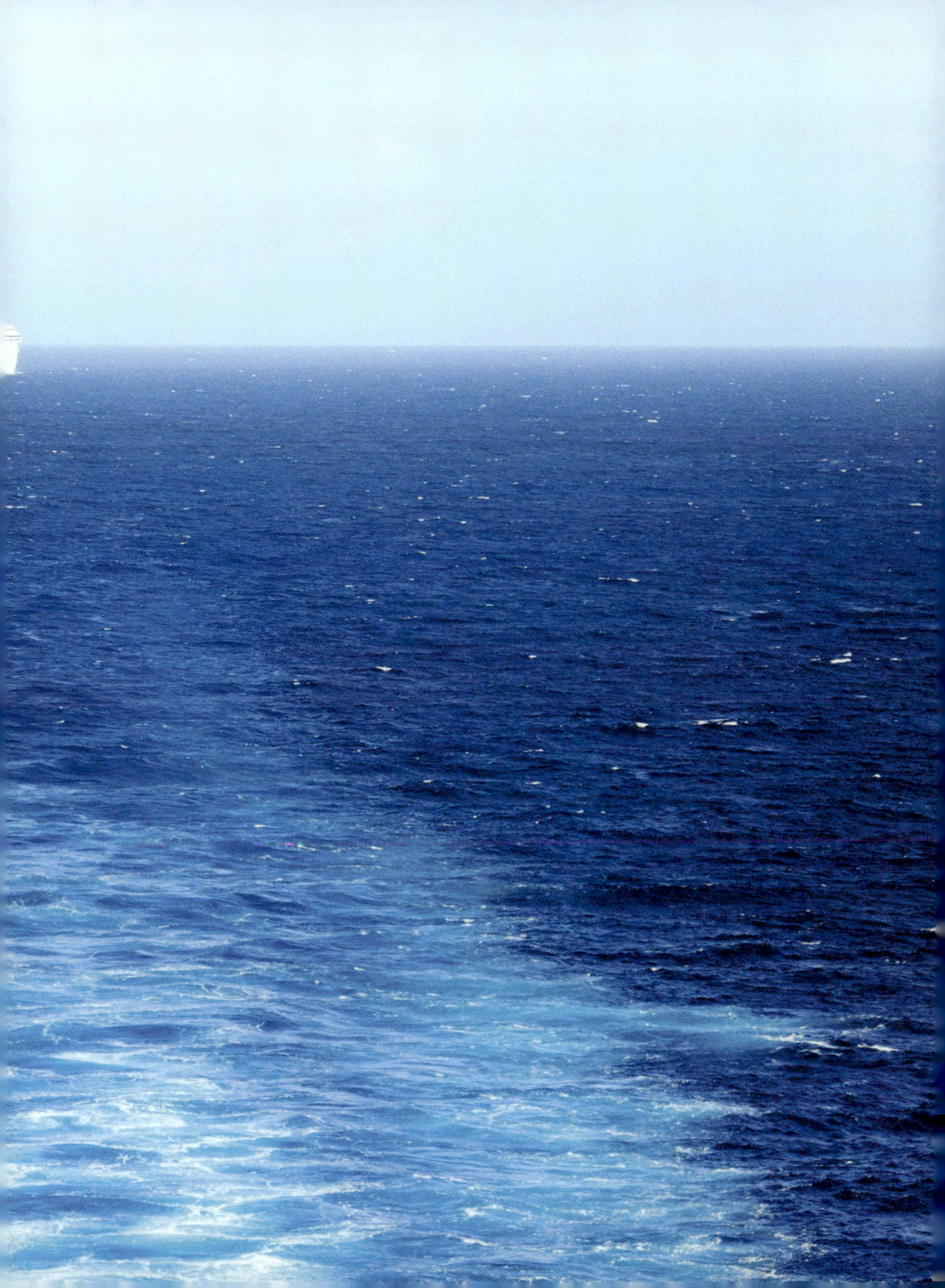

EXAMPLE ITINERARY
オススメのスケジュール例

待望の世界一周へ出発！

出航の日。5色の紙テープが宙を舞う中、船は多くの人々と期待を載せ、最初の寄港地へ向けゆっくりと舵を取る。この日から約3ヶ月間に及ぶ夢のクルーズ生活が始まるのだ。
船旅は大きく分けて2つの楽しむ場がある。ひとつは船上、もうひとつは数日毎に訪れる寄港地。これら船旅の魅力を紐解いていこう。

寛ぎも刺激も。
誰もが楽しめる洋上生活。

ゆっくりとしたスピードで進む船旅。それだけに船内ものんびりムード？と連想するが、答えはない。遮る物が何もない青空の下、デッキチェアに寝転がりながら読書をしたり、遥か彼方へと続く水平線を眺めたり…という寛ぎの時間も、もちろん楽しめる。一方で、船内のラウンジなどでは様々な企画・イベントが催されているので、退屈という言葉とも無縁だ。むしろ多くに参加しようとすると多忙になってしまうほど。参加する人によって、忙しくとものんびりとも。どちらも楽しめる船旅なのだ。

船上プログラム
POINT:01

船上プログラムは基本無料だ。語学教室、専門家による講演、音楽演奏や鑑賞会、サッカーやバスケットなどのスポーツ大会、お祭りにダンスパーティーまで。ありとあらゆるものが、催される。3ヶ月、まず退屈することはない。

水先案内人
POINT:02

"水先案内人"と呼ばれる各分野におけるスペシャルゲスト。訪れる寄港地の魅力や、環境、平和、ライフスタイルなど、様々なテーマの講演等で、乗客の知的好奇心を満たしてくれる。他にも音楽やパフォーマンスなどが行われることも。

船上の食事
POINT:03

通常日はモーニングコーヒーに始まり、朝食、昼食、そしてアフタヌーンティーを挟んで夕食というスケジュールとなる。和洋中とバラエティに富んだ食事は飽きることがない。朝昼はビュッフェスタイル、夜はサーブスタイルが基本となる。

船上のバー
POINT:04

船内には4つのバーがあり、お酒を楽しむ環境も整っている。静かに落ち着いた雰囲気のものから大音量の音楽を楽しめるものまで。また、いわゆる居酒屋もあるので、和風おつまみと共に生ビールで乾杯もOK。

EXAMPLE ITINERARY ✈ AROUND THE WORLD

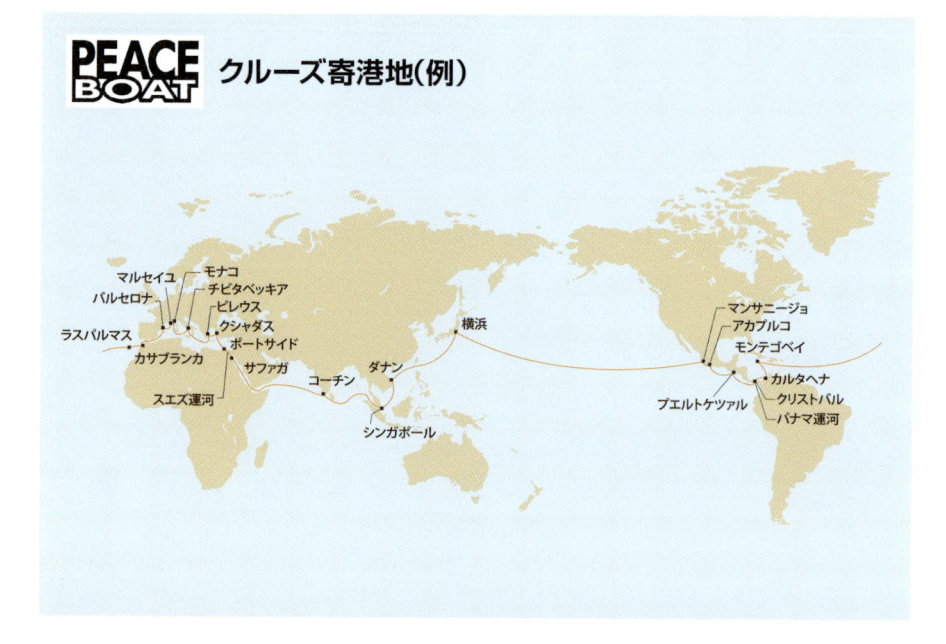

PEACE BOAT クルーズ寄港地(例)

マルセイユ　モナコ
バルセロナ　チビタベッキア
　　　　　　ピレウス
ラスパルマス　クシャダス
　カサブランカ　ポートサイド
　　　　　サファガ　　　　　　横浜
　　スエズ運河　　　コーチン　ダナン
　　　　　　　　　　シンガポール

マンサニージョ
アカプルコ
モンテゴベイ
カルタヘナ
クリストバル
プエルトケツァル
パナマ運河

東西南北に散らばる魅惑の寄港地へ

クルーズ毎に訪れる国や地域は異なるが、楽しみ方は変わらない。その国の風光明媚な土地を訪れたり、異国情緒溢れる街並みを散策したり、世界遺産に酔いしれたり、ローカルレストランで舌鼓を打ったり、地元の人々と交流したり…。楽しむバリエーションは無限大。各寄港地では、"自由行動で楽しむ"か、"オプショナルツアーに参加する"という2つの行動スタイルがある。前者は船を下りたら、港に待機するタクシーや自分の足で、気の向くまま、思うままに出かけていくもの。後者は有料となるが、港からバスに乗り込み、ツアーに参加するものだ。観光に特化したものや、現地の人々との交流に特化したものなどがある。特に交流コースは、他に類を見ないピースボートならではの企画が多く、人気を博している要因のひとつにもなっている。

アジア
| POINT:01 |

世界有数の経済都市やどこか懐かしい田舎の風景、街中に溢れる喧噪、絶品料理など、多くの要素が同居するアジア。観光名所はもちろん、人々の笑顔にもふれ、発展・変貌と躍動するアジアの今を感じよう。

288　AROUND THE WORLD

ヨーロッパ
POINT:02

風光明媚な観光地、瀟洒な町に佇む歴史的建造物、絵画や彫刻などの芸術…。どの町、どの国に訪れても、見所は盛りだくさん。レストランやカフェも多いので、町歩きも最高に楽しめる。

アフリカ
POINT:03

地平線まで続くサバンナや砂漠など、圧倒的なスケールの大自然がいっぱい。サバンナでは縦横無尽に駆け巡る動物に出逢い、砂漠では地球上とは思えない別世界に我が目を疑う。地球が育んだ芸術に触れよう。

運河
POINT:04

世界一周クルーズの魅力のひとつでもある2大運河の航行。紅海と地中海を繋ぐ"世界最長"のスエズ運河、大西洋と太平洋を繋ぐ"船が階段を上下する"パナマ運河。大迫力の1日が楽しめる。

ラテンアメリカ
POINT:05

マヤやインカなどの古代文明が築いた叡知の結晶。現代へも継承され続ける伝統文化。街中には陽気な音楽が溢れ、人々は踊り、そして笑う。情熱のラテンアメリカに吹く熱い風を感じよう。

EXAMPLE ITINERARY ✈ AROUND THE WORLD

travel information:

旅の予算 / Budget

大人1名分の総予算　178万円〜

総予算内訳

- **船室代金　168万円〜**
  クルーズ代（2人部屋「エコノミークラス」利用時の1名分料金）、食費含む
- **諸経費目安　10万円〜**
  出入国税およびポートチャージ、チップ含む、燃油サーチャージ、現地行動費用（オプショナルツアー代など）含まず

親子旅にオススメのホテル / Recommended hotel

船旅で最も迷うのは、どのクラスのキャビンにするかということだろう。キャビンは、1〜4人部屋まで多様な選択肢がある。どの部屋にもシャワーとトイレは完備されているが、窓やバスタブ、バルコニーの有無は部屋のクラス次第。それらによって費用が大きく異なるので、参加人数や好みに応じて決めよう。

時差 / Time difference

船は西へ西へと進む。時差はどんどんマイナスとなっていくが、最大でも1日1時間程度。その為、体への負担はほとんどなく、時差ボケという言葉とも無縁だ。

旅のシーズン / Best Season

ピースボートでは1年に3回の世界一周の船旅を企画している。どれも行き先が異なることから、クルーズ自体のベストシーズンは存在しない。自分が行ける時期というというのが、ベストシーズンと言えるだろう。

ピースボートとは？ / What is "PEACE BOAT"?

1983年に設立されたNGOで、世界一周の船旅をコーディネートし続けて29年になる。2012年には69周目となるクルーズが出航する。船旅の企画・実施は、旅行会社（株）ジャパングレイスが行っている。

この旅の問い合わせ先
Arranging the trip

[ピースボートセンターとうきょう] ▶ www.pbcruise.jp

世界で一番"世界一周"をしているだけに、旅の準備から、各地での楽しみ方まで知識が豊富で頼れる存在。まずは電話で相談してみたり、全国各地で毎週開催されている説明会に足を運んでみたりしよう。

この旅のヒント
Hints for the trip

- 船旅に参加する年齢層は10～20代が全体の4割、50～60代以上も4割ほどだ。世代を問わない交流ができる場になっている。
- 問い合わせから相談、申込み、船上生活、寄港地でのツアーなどは基本すべて日本語となる。言語の心配はまったくする必要がない。
- 大きい荷物はあらかじめ船に送り、出航当日は手荷物だけで船にチェックインできる。帰りも港から荷物を自宅へ送ることができるので、重いスーツケースを運ぶ必要がなく便利。
- この船旅には医師と看護師が同乗する。世界一周中の健康面も安心だ。
- クルーズ代金がリーズナブルになる「早期割引」という制度を採用している。割引額や条件は時期によって異なるが、参加する際はぜひ利用しよう。

+α周辺情報
One more trip

世界二周の船旅!?　| ONE MORE TRIP | SPOT:01

毎回航路が異なる世界一周。乗船して、船旅の魅力に取りつかれてしまったら…。友人の数も訪れる国や地域の数もすべてが倍となる、二周連続乗船も面白い。もちろん費用も倍になるけど…。

「両親に贈りたい旅」
素敵な旅作りの為のヒント集
GUIDE BOOK FOR TRAVELLING WITH PARENTS

> HINT!

旅行会社と相談する上で欠かせないポイント！

旅先や時期が決まったら、いよいよ旅行会社に相談だ。本書で紹介した旅を、問い合わせ先として記載した旅行会社に依頼したり、様々な旅行会社が募集している「パッケージツアー」への申込をしたりするのであれば、もちろん話は早い。しかし、どちらも"旅を構成するすべての条件が希望通り"ということが前提となる。

では、希望条件が大なり小なり合わない場合はどうすればいいのだろうか？　そんなときは、パッケージをちょっと変更する「セミオーダーメイド」や、1から旅を作る「完全オーダーメイド」で希望の旅に変えてしまおう！　もちろんこだわる部分によっては金額が上がる場合もあるが、そんなに追加費用をかけなくても、希望の旅を作ることが可能だ。

まずは旅行会社にイメージできる限りの要望を伝えて、見積もりをもらうところから。それが予算以下であれば何かをグレードアップしてもいいし、予算以上であれば何かを削るなどの検討を。

海外旅行が初めての人でも、旅慣れた人でも。旅を作る上でかかせないチェック事項を紹介するので、ぜひとも参考にしてほしい。YESが多いほど、旅行会社との相談はスムーズに進むが、もちろん少なくてもOK。せっかく時間を割いてお金を使うのだから、希望を詰め込んだ自分だけの旅を作ろう。

□ 人数は決まっていますか？

YES▶ ホテルや飛行機など、様々な部分の手配を始めよう。
NO ▶ まずは人数を決めることから。もちろん後から追加したり減らしたりすることも可能だが、人数が確定している方が、より正確に旅の見積もりをとることができる。また、小児や幼児も一緒の場合、飛行機やホテルの料金も大幅に変わることがほとんど。航空会社やホテルによっても条件が異なるので、子どもと一緒の場合はあらかじめ伝えておこう。

□ 日数は決まっていますか？

YES▶ 旅の日数が決まっているのであれば、その中で一番効率良く楽しめる内容を考えよう。
NO ▶ まずは、「何を見たいか？」「何を体験したいか？」を考えながら必要日数を計算してみよう。

□ ホテルの希望はありますか？

YES▶ 希望が決まっているのであれば、後は金額を確認するだけ。
NO ▶ 希望を決めるにあたり、金額やロケーション、ホテルや客室からの眺め[※1]、バスタブの有無(シャワーのみというホテルも多い)、部屋のタイプ(1人部屋や2人部屋、コネクティングルーム[※2]やツーベッドルーム[※3]など)、日本語対応可能なスタッフの有無など確認すべきことが多い。まずは、こだわりたい要素を決めて、旅行会社にオススメを聞くのが得策。
※1 **客室からの眺め**＝海に面したホテルでは、一般的に海側にある客室

の方が金額は高くなる。「ホテルは夜寝るだけ」というスケジュールであれば、海側じゃない客室にした方が料金を抑えられることも。
※2 コネクティングルーム＝隣合う部屋に専用のドアがあるもの。簡単に行き来できるのが特徴。
※3 2ベッドルーム＝1つの客室の中にベッドルームが2つあるもの。リビングがついているものが多く、家族団欒しやすいのが特徴。

☐ ガイドを付けるかどうか決まっていますか？

YES ▶ 空港到着時やホテルチェックイン時、観光時など、どの部分に付けるかも決めておこう。また、英語ガイドなのか日本語ガイドなのかも確認を忘れずに。

NO ▶ ガイドを付けた方がもちろん安心感は高まる。一方、同行区間が多くなればなるほど金額も上がっていく。また同様に英語よりも日本語ガイドの方が料金は高くなることがほとんど。
せっかくの家族旅。できることなら言語の心配なく行きたいところ。必要な区間、不要な区間の見極めは、旅行会社と相談して決めるのがベストだろう。

☐ 送迎を付けるかどうか決まっていますか？

YES ▶ 空港からホテルへ、ホテルから観光地へなど、どの部分に付けるかも決めておこう。また、英語ガイドなのか日本語ガイドなのかも確認を忘れずに。

NO ▶ 現地での移動手段は、タクシーや電車、バスなども考えられるが、一番安心できるのは、旅行会社に手配を依頼する専用の送迎車。基本的にドライバーの言語は、現地語や英語がほとんど。日本語が話せるドライバーを手配できたとしても、高額になる場合が多いので、ガイド付きの場合は不要だろう。また、短い距離であればタクシーもオススメ。その場合は流しのタクシーよりも、ホテルで呼んでもらう方が安心だ。簡単にタクシーを呼べる場所であれば、タクシーの方がリーズナブルになるので、手配が必要な区間、不要な区間を旅行会社と相談して見極めよう。

☐ 希望の飛行機の便はありますか？

YES ▶ 希望が決まっているのであれば、後は金額を確認するだけ。

NO ▶ 1日1便であれば選択の余地はないが、朝から夜まで複数あるものは、飛行機の発着時間帯も気にしたいところ。現地到着時間によっては、1日、半日が無駄になってしまうことも。一方で、効率的に行くことができる便ほど金額は上がっていくのが一般的。しかしながら、ほんの数千円だけで、現地滞在時間が大幅に変わり、満足度が変わる場合も。複数の便の見積もりを出してもらい、ベストのものを選ぼう。

☐ 絶対に外せない、現地でのこだわり条件はありますか？

YES ▶ こだわりの条件を中心として、その他の部分を固めていこう。

NO ▶ 「ここだけは絶対に行きたい！」「そこには3時間滞在したい！」というものがあれば、それを中心に移動時間などを考え、他の部分が固まっていく。もちろんなくても問題ないが、こだわりを満たす為に削らなければならないものも出てくるので、旅行会社と相談する際には最初に伝えておこう。

☐ 絶対に食べたい食事はありますか？

YES ▶ 同じ料理でもレストランによって、評判がマチマチなことも。レストランが決まっていなければ、旅行会社にオススメを聞くのも得策だ。

NO ▶ せっかく旅に行くのであれば、そこの名物料理もぜひ堪能しよう。旅行会社にオススメの料理やレストランなどを聞いてみれば、いろいろ教えてくれるだろう。もちろん、全てを高級レストランにする必要はない。繁華街を歩き、ローカルなレストランに入ってみるのも面白い。地元の人が多く集まっている所ほど、おいしい可能性は大だ。また、メニューが読めない場合は他の人が食べているものと同じものをオーダーするという方法もアリだろう。

HINT! 旅をリーズナブルにするヒント！

高い費用を支払えば、いくらでも快適にできる。飛行機だって、ビジネスクラスやファーストクラスにすれば、格段に快適な旅ができるというもの。しかし、無駄に高くなっても意味がないので、本当に必要な"快適さ"かどうかは、よく検討した方がいい。本当にかけるべき部分とそうでない部分を見極めるには、以下のポイントを抑えておこう。

☐ 航空券

予定が明確に決まっているのであれば、予約が早ければ早いほど安くなる。また、直行便を乗り継ぎ便にしたり、キャンセル条件が厳しいものにしたりすることなどでも安くなる。また、格安航空会社を利用するのも手だ。しかし、安さを追求するあまり満足できない旅程に…ということもあるので、希望の便と金額のバランスに気をつけよう。

☐ ホテル

星の数や、ホテル・客室からの眺めや、ロケーション、設備、接客…様々な要素が良ければ良いほど金額が上がるのが常識。まずは全ての希望を満たすようなホテルを選び、その値段が高いと感じれば、少しずつ条件を落としていこう。特に寝るだけで充分という場合は、3つ星クラスでも充分に満足できるものも多くある。

☐ 食事

やはり現地の大衆食堂が一番安い。しかも、地元の人々が集まるような所では、外れも少なく、驚くほど美味しいものに出逢えることも。たまには高級レストランも楽しみたいけど、極力ローカルな所をセレクトすることを心がけるとリーズナブル

になる。また、ホテルの食事は近くて便利だけど、割高な所がほとんど。今日は疲れたので外に行くのはちょっと面倒…というような時に利用するのがいいだろう。

☐ ガイド、送迎車…

ガイドも送迎車も、付ければ付けるほど金額は上がる。特に先進諸国では驚くような金額になることも。しかし物価の安い国では意外と安いことも事実。国の物価にもよるが、自分達で行ける自信がある所なら、ガイドも送迎もカットすれば、リーズナブルにできる。自分達で行ける＆楽しめるかどうかの判断は、旅行会社に相談してみよう。

HINT! 海外旅行に行く場合の持ち物は⁉

海外旅行へ行く場合は、国内とは違って持ち物も多少変わる。以下に海外旅行ならではの持ち物を紹介するので、準備を始める際にぜひ参考にしてほしい。

☐ パスポート

絶対忘れてはならないのが、パスポート。中でも一番気をつけなければならないのが、残存期間だ。訪れる国毎に必要な残存期間が異なるので、旅行会社などに確認しよう。パスポートを持っているだけで安心していて、残存期間が足りないと、出発当日に行けないことが判明してしまう場合も。そうならない為にも絶対に確認しておきたい。

☐ 海外旅行傷害保険

様々な保険会社で取り扱っている海外旅行向けの保険。現地でお腹を壊して病院に行くだけでも、多額の費用がかかる場合もある。万が一の大小に関わらず、備えあれば憂いなしということで、必ず入っておきたい。クレジットカードに付帯しているものでもいいだろう。加入については旅行会社に相談するのもOK。

☐ 電化製品

カメラ、ビデオ、パソコン、髭剃りなどの電化製品は、海外ではそのまま使えないものがほとんど。製品に変圧器がついていたとしても、プラグの形状が異なるだけで使用できなくなる。行き先が決まったら、その国の電圧とプラグを調べてみよう。もし分からなければ電気屋さんで相談してみよう。

☐ 常備薬

いつも服用している薬が現地で手に入らない場合も。やはり安心できるのはかかりつけのお医者さんから処方してもらったものだろう。特に高齢者が旅に出る場合、お医者さんと相談し、旅の日数＋α（予備）を持って旅に出るのが安心だ。

> **HINT!** 想い出を形に！

旅は、人生に特別な時間をもたらしてくれるもの。その"特別な時間"は、目に焼き付き、心に在り続けるだろう。そんな想い出をいつでも蘇らせてくれるもの…それが写真だろう。

写真が残ることによって、帰国後も楽しめ、一生残る形にもなる。絶景から笑顔、何気ないふとした瞬間、家族の記念撮影まで…どんな瞬間も美しく残したいもの。ここでは、カメラの種類や、形として残す方法を紹介。旅立つ前に"撮影した写真"を帰国後どうするかイメージしてみよう。

□ カメラの種類

フィルムカメラと異なり、枚数を気にせず気軽に撮れるデジタルカメラ。その場で撮ったものをすぐに見ることができるので、とても便利だ。カメラによって撮影スタイルも変わってくる。またカメラの重量も旅を楽しむための重要チェックポイントだ。自分の旅のスタイルに合ったカメラを選ぼう。

1　コンパクトカメラ

値段：1〜6万円前後

ポケットに入るほど小さく、移動にはとても便利。100g台という驚きの軽さながら、写真＆動画が撮れ、液晶モニターもキレイ。フラッシュ、セルフタイマーも付いているから夜の記念撮影までカバーできる。広角撮影が苦手なのと、ボケを活かす撮影が難しいのが難点。

2　ミラーレス一眼カメラ

値段：5〜15万円前後

軽いのにクオリティの高い写真が撮れるカメラ。コンパクトカメラと一眼レフカメラの中間で、いいとこ取りのカメラだ。マクロから望遠まで、レンズを交換することもでき、一眼レフの写真までとはいかないものの、こだわりの写真を撮影できる。軽量化が進み、持ち運びにも便利だ。

3　一眼レフカメラ

値段：7〜100万円前後

圧倒的なクオリティの写真を撮ったり、カメラという機械の操作を楽しみたければ、やっぱり一眼レフ。重量もあり、操作も覚えることが多少あるが、旅で最高の写真を撮りたいなら苦にならない。カメラを保護するカメラバッグや、交換レンズなど多少かさばるのが難点。

☐ おすすめ記録方法

旅先で写真を撮ったら、次は形に。写真集にしたり、スライドショーにしたりと方法は様々。あらかじめどのような形にしたいかイメージしておくと、旅先で撮る写真も変わってくるかも。下記にいくつかサイト紹介をするので、ぜひ参考にしてほしい。写真の楽しみ方は日進月歩を続けている。最新情報はやはり電気屋さんで入手しよう。

1 写真集にするには？

- マイブック　http://www.mybook.co.jp/
- 富士フイルム　http://fujiphoto.co.jp/

2 インターネット上にあげて、家族と共有するには？

- picasa（Googleアカウント取得が必要）　https://picasaweb.google.com/home
- LUMIX CLUB　http://lumixclub.panasonic.net/jpn/

3 プリントしてアルバムにするには？

- しまうまプリント　http://n-pri.jp/
- ネットプリントジャパン　https://netprint.co.jp/

※ネットで注文すれば格安になることが多い。

☐ 撮影時はここに注意を

- カメラは高価なもの。旅中に盗難にあう可能性もあるので、外出時は肌身離さず、注意しよう。
- 誰だって急に撮影されるとあまり気分はいいものではない。人を撮影する際は、必ず事前に一言確認しよう。現地の言葉ができなくても、仕草などで確認を。
- 国によっては、撮影した後お金を請求される場合も。あらかじめ確認の上、撮影しよう。
- 軍事施設はもちろん、空港や駅、美術館、教会など撮影不可な場所がある。罰金やカメラの没収もあり得るので、撮影禁止サインに気をつけよう。
- 旅に行くと予想よりも多く撮ってしまうもの。メモリーカードは、余分に持って行こう。

"HAVE A HAPPY FAMILY TRIP!"

編集後記

2012年1冊目となるA-Worksの旅ガイド。毎度のことながら原稿に追われる日々を経て、なんとか完成！シリーズ第5弾を数える本作も、内容の濃いワクワクできる1冊に仕上がったと思っています。

今回のテーマは"親孝行"。「親と一緒に旅をする」と考えてみると、飛行機の乗り継ぎ有無や移動時間・時差の大小、忙しくない行程、口に合う食事、治安、言語…など、様々な要素が出てくるものです。本書では、できるだけこれらの快適旅の条件をクリアしながらも、目一杯楽しめる旅先を厳選しました。
地球が創造した息を呑むような絶景から、先人が築いた古代遺跡、異国情緒漂う素敵な街、大自然の中を駆けるドライブ、そして大海原を巡るクルーズまで。「一生に一度は見てみたい！体験してみたい！」というバラエティに溢れるものばかりです。

この「一生に一度」を家族で共有し、かけがえのない時間を共に過ごすこと。これこそが、最高の親孝行になるのではないでしょうか？

実家暮らしの人も、親元を離れて暮らしている人も。両親に「どこか行きたい所ある？」と本書を渡してみたり、共にページをめくってみたり。親孝行の旅への第一歩が、本書によって踏み出され、素敵な時間を共有するきっかけになれば、嬉しい限りです。

Have a nice Life with your parents!

A-Works 編集部

協力一覧（敬称略、順不同）

構成協力、写真提供：
エス・ティー・ワールド、スタークルーズ日本オフィス(ノルウェージャンクルーズライン)、高橋真樹、トラベルデポ、日中平和観光、マウンテントラベル、バリ島・日本人旅行情報センター Bali Becik、マゼランリゾーツアンドトラスト株式会社、屋久島野外活動総合センター（YNAC）、ヨーロッパトラベル、吉松侑紀、リアルニュージーランド、ロイヤル・カリビアン・インターナショナル日本総代理店 ミキ・ツーリスト、a.t.s. Pacific、Earth&Sky、H.I.S、ICC Travel、ism、JRホテル屋久島、PEACE BOAT、Planet Africa Tours、Robyn Lin、SKY BIRD TRAVEL

写真提供：
内田和稔、韓国観光公社、台湾観光局、千賀健史、中村充利、水本俊也、Courtesy Hotels & Resort、Don Weixl、Erilk Liongoren、PEACEBOAT、Tourism NT、Tourism Queenland、Travel Alberta、P88上段、中段左上下、中央、下段左上下の写真：ヒロ・アライ hiroarai5@gmail.com

---

本書は制作時(2012年)のデータをもとに作られています。掲載した情報は現地の状況などに伴い変化することもありますので、その点、ご注意ください。

また、あらためて言うまでもありませんが、旅はあくまで自己責任です。本書で描いている旅の見解や解釈については、個人的な体験を基に書かれていますので、すべてご自身の責任でご判断のうえ、旅を楽しんでください。
万が一、本書を利用して旅をし、何か問題や不都合などが生じた場合も、弊社では責任を負いかねますので、ご了承ください。

では、また世界のどこかで逢いましょう。
Have a Peace Trip！

2012年5月25日　株式会社 A-Works 編集部

地球は僕らの遊び場だ。
さぁ、どこで遊ぼうか？

自分の心に眠る、ワクワクセンサーに従って、ガンガン世界へ飛び出そう。
旅をすればするほど、出逢いは広がり、人生の視野は広がっていく。
あなたの人生を変えてしまうかもしれない、大冒険へ。
Have a Nice Trip!

自由人・高橋歩プロデュース！
最強旅ガイドシリーズ！

- 地球を遊ぼう！
- 7日間で人生を変える旅 
- 地球でデート！ 
- WONDERFUL WORLD 
- 両親に贈りたい旅 

【A-Works】http://www.a-works.gr.jp/
【旅ガイド Facebook】http://www.facebook.com/TRIPGUIDE

最強旅ガイドシリーズとは？

- 😃 行き先を決めてから読む旅ガイドではなく、行き先を決めるために、ワクワクセンサーを全開にする旅ガイド。
- 😃 企業広告に縛られることなく自分たちの感性で自由に創るインディペンデント旅ガイド。
- 😃 自由人・高橋歩をはじめとする、様々な旅人、旅のプロ、現地ガイドたちのナマ情報を集め、旅の予算から手配方法まで、丁寧に説明したガイド付き。
- 😃 旅の準備にツカえる割引テクニック満載の情報ノートも充実！
- 😃 フルカラー、写真満載の豪華版。見ているだけでも楽しくなっちゃう！

地球を遊ぼう！ DREAM TRIP GUIDE

人生で一度は行ってみたい…
そんな夢の旅に、手頃な値段で、本当に行けちゃう！
究極の旅ガイドが誕生。

大自然アドベンチャーから、衝撃フェスティバルまで、自由人・高橋歩を始め、旅のプロや現地ガイドたちのナマ情報を集め作られた、地球を遊びつくすための完全ガイド！

地球は僕らの遊び場だ。さぁ、どこで遊ぼうか？

●ゾウと泳ぐ魅惑のダイビング●120tのトマトを投げ合う最狂ファンキー祭り●アマゾンの密林で高さ70mの木に登り、ハンモックで泊●熱帯雨林の秘境で鳥人体験●オーロラを求めて、犬ぞりキャンプツアー●ラクダのキャラバンでサハラ砂漠を歩く●5カ国をまたぐアフリカ大陸縦断の旅●グランドキャニオンの谷底をラフティング etc....

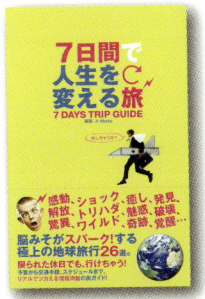

定価：1575円（税込）
発行・発売：A-Works
ISBN978-4-902256-27-7

7日間で人生を変える旅 7DAYS TRIP GUIDE

脳みそがスパーク！する極上の地球旅行！
限られた休日でも行けちゃう！ 予算から交通手段、スケジュールまで、リアルでツカえる情報満載の旅ガイド！

この旅をきっかけに、人生が変わる。
きっと、新しい何かに出逢える。

●極楽砂漠！ 世界一過酷で世界一美しいフェス●氷河に囲まれた秘境の海をシーカヤックで放浪●世界一のバンジー＆カジノで人生を賭けた一発勝負！●タイの秘境で山岳民族と暮らす●スペインの古城に泊まりお姫様体験！●灼熱の砂漠を走り続ける世界一過酷なサハラマラソンへ挑戦！●格安＆超弾丸世界一周プラン6！ etc....

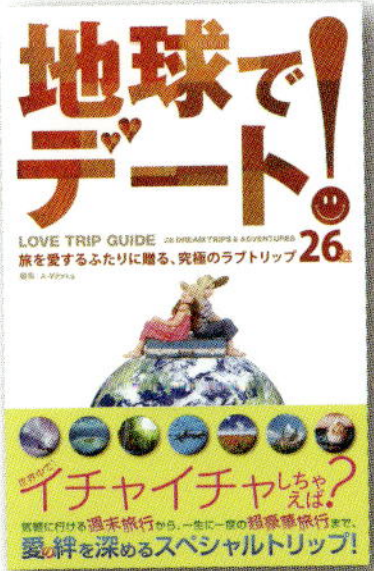

定価：1575円（税込）
発行・発売：A-Works
ISBN978-4-902256-29-1

地球でデート！ LOVE TRIP GUIDE

ふたりきりで、夢のような別世界へ。
旅を愛するふたりに贈る、究極のラブトリップ26選。
気軽に行ける週末旅行から、一生に一度の超豪華旅行まで、愛の絆を深めるスペシャルトリップ！

世界中で、イチャイチャしちゃえば？

●窓も天井もないベッドで眠り、サバンナと星空に包まれ、野生動物に出逢う●すべてが氷で創られたアイスホテルに泊まり、オーロラに包まれる●地球史上最大、夢の豪華客船でカリブ海クルーズ●バイクでヨーロッパアルプスへ！5カ国の大地を駆け抜ける、超贅沢ツーリング●別次元の碧が広がる、世界最高峰のビーチリゾートへ●豪華客船に乗り込み、地球の生命が溢れるアマゾン川の秘境を巡る etc....

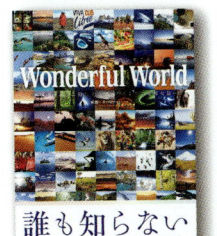

定価：1575円（税込）
発行・発売：A-Works
ISBN978-4-902256-34-5

Wonderful World
冒険家のように激しく、セレブのように優雅な旅へ

誰も知らない秘密の大冒険

冒険と優雅が融合した、新しいスタイルのジャーニー
さぁ、素晴らしき Wonderful World へ
世界中の秘境が、僕らを待っている。

さぁ、次は、どこに旅しようか？

●南極点へ！世界一の秘境キャンプ●モルディブの島をまるごと貸し切り●砂漠のど真ん中の極上オアシスへ●世界一の星空鑑賞地アタカマ砂漠へ●オーストラリアのアウトバックで探検クルーズ●ロッキー山脈でヘリスキー●カナダの秘境でシーカヤック●19世紀の探検家の様にゾウに跨がりタイの奥地を巡る●世界最強の砕氷船で北極点へ●地球を脱出し、成層圏へ！夢にまで見た地球を望む旅 etc....

定価：1575円（税込）
発行・発売：A-Works
ISBN978-4-902256-38-3

両親に贈りたい旅

SERIES 5 GUIDE BOOK FOR TRAVELLING WITH PARENTS

2012年5月25日 初版発行

編集 A-Works

デザイン　高橋実（アシスト　大津祐子）
構成　高橋歩、多賀秀行、小海もも子、滝本洋平、伊知地亮
経理　二瓶明

発行者　高橋歩

発行・発売　株式会社A-Works
東京都世田谷区北沢2-33-5 下北沢TKSビル3階　〒155-0031
TEL：03-6683-8463 ／ FAX：03-6683-8466
URL：http://www.a-works.gr.jp/
E-MAIL：info@a-works.gr.jp

営業　株式会社サンクチュアリ・パブリッシング
東京都渋谷区千駄ヶ谷2-38-1　〒151-0051
TEL：03-5775-5192 ／ FAX：03-5775-5193

印刷・製本　中央精版印刷株式会社

ISBN978-4-902256-43-7
乱丁、落丁本は送料負担でお取り替えいたします。
本書の無断複写・複製・転載を禁じます。

©A-Works 2012　PRINTED IN JAPAN